教育部哲学社会科学创新基地浙江大学
基督教与跨文化研究中心资助项目

两希文明哲学经典译丛

包利民　章雪富◎主编

论凝思的生活

ON CONTEMPLATIVE LIFE

[古罗马] 斐 洛◎著

石敏敏◎译

中国社会科学出版社

图书在版编目（CIP）数据

论凝思的生活／（古希腊）斐洛著；石敏敏译.—北京：
中国社会科学出版社，2004.10（2008.1重印）
（两希文明哲学经典译丛）
ISBN 978 - 7 - 5004 - 4681 - 1

Ⅰ. 论… Ⅱ.①斐… ②石… Ⅲ. 犹太教 - 宗教哲
学 - 研究 Ⅳ. B985

中国版本图书馆 CIP 数据核字（2004）第 089963 号

特约编辑 刘景钊
策划编辑 陈 彪
责任校对 韩天炜
封面设计 河东河西工作室
版式设计 王炳图

出版发行 **中国社会科学出版社**
社 址 北京鼓楼西大街甲 158 号 邮 编 100720
电 话 010—84029450（邮购）
网 址 http://www.csspw.cn
经 销 新华书店
印 刷 北京金瀑印刷有限公司 装 订 广增装订厂
版 次 2008 年 1 月第 2 版 印 次 2008 年 1 月第 2 次印刷
开 本 880×1230 1/32
印 张 9.875 插 页 2
字 数 246 千字
定 价 22.00 元

两希文明哲学经典译丛

总　序

　　西方文明有一个别致的称呼，叫做"两希文明"。顾名思义是说，西方文明有两个根源，由两种具有相当张力的不同"亚文化"联合组成，一个是希腊—罗马文化，另一个是希伯来—基督教文化。国人在地球缩小、各大文明相遇的今天，日益生出了认识西方文明本质的浓厚兴趣。这种兴趣不再停在表层，不再满意于泛泛而论，而是渴望深入其根子，亲临其泉源，回溯其原典。

　　我们译介的哲学经典处于更为狭义意义上的"两希文明时代"——即这两大文明在历史上首次并列存在、相遇、互相叩问、相互交融的时代。这是一个跨度相当大的历史时代，大约涵括公元前3世纪到公元5世纪的八百年左右的时期。对于"两希"的每一方，这都是一个极为具有特色的时期，它们都第一次大规模地走出自己的原生地，影响别的文化。首先，这个时期史称"希腊化"时期；在亚历山大大帝东征的余威之下，希腊文化超出了自己的城邦地域，大规模地东渐教化。世界各地的好学青年纷纷负笈雅典，朝拜这一世界文化之都。另一方面，在这番辉煌之下，却又掩盖着别样的痛楚；古典的社会架构和思想的范式都在经历着巨变；城邦共和体系面临瓦解，曾经安于公民德性生活范式的人感到脚下不稳，感到精神无所归依。于是，"非主流"型的、非政治的、"纯粹的"哲学家纷纷兴起，企图为个体的心灵宁静寻找新的依据。希腊哲学的各条主要路线都在此时总结和集大成：普罗提诺汇总了柏拉图和亚里士多德路线，伊壁鸠鲁/卢克来修汇总了自然哲学路线，怀疑论汇总了整个希腊哲学中否定性的一面。同时，这些学派还开出了与古典哲学范式相当不同的、但是同样具有重要特色的新的哲学。有人称之为"伦理学取向"和"宗教取向"的哲学，我们称之为"哲学治疗"的哲学。这些标签都提示了：这是一个在巨变之下，人特别关心人自己的幸福、宁静、命运、个性、自由等等的时代。一个时代应该有一个时代的哲学。那个时代的哲学会不会让处于类似时代中的今人感到更多的共鸣呢？

另一方面，东方的另一个"希"——希伯来文化——也在悄然兴起，逐渐向西方推进。犹太人在亚历山大里亚等城市定居经商，带去独特的文化。后来从犹太文化中分离出来的基督教文化更是日益向希腊—罗马文化的地域慢慢西移，以至于学者们争论这个时代究竟是希腊文化的东渐、还是东方宗教文化的西渐？希伯来—基督教文化与希腊文化是特质极为不同的两种文化，当它们终于遭遇之后，会出现极为有趣的相互试探、相互排斥、相互吸引，以致逐渐部分相融的种种景观。可想而知，这样的时期在历史上比较罕见。一旦出现，则场面壮观激烈，火花四溅，学人精神为之一振，纷纷激扬文字、评点对方、捍卫自己，从而两种文化传统突然出现鲜明的自我意识。从这样的时期的文本入手探究西方文明的特征，是否是一条难得的路径？

还有，从西方经典哲学的译介看，对于希腊—罗马和希伯来—基督教经典的译介，国内已经有不少学者做了可观的工作；但是，对于"两希文明交汇时期"经典的翻译，尚缺乏系统工程。这一时期在希腊哲学的三大阶段——前苏格拉底哲学、古典哲学、晚期哲学——中属于第三大阶段。第一阶段与第二阶段分别都已经有了较为系统的译介，但是第三阶段的译介还很不系统。浙江大学外国哲学研究所的两希哲学的研究与译介传统是严群先生和陈村富先生所开创的，长期以来一直追求沉潜严谨、专精深入的学风。我们这次的译丛就是集中选取希腊哲学第三阶段的所有著名哲学流派的著作：伊壁鸠鲁派、怀疑派、斯多亚派、新柏拉图主义、新共和主义（西塞罗、普鲁塔克）等，希望向学界提供一个尽量完整的图景。同时，由于这个时期哲学的共同关心聚焦在"幸福"和"心灵宁静"的追求上，我们的翻译也将侧重介绍伦理性—治疗性的哲学思想；我们相信哲人们对人生苦难和治疗的各种深刻反思会引起超出学术界的更为广泛的思考和关注。另一方面，这一时期在希伯来—基督教传统中属于"早期教父"阶段。犹太人与基督徒是怎么看待神与人、幸福与命运的？他们又是怎么看待希腊人的？耶路撒冷和雅典有什么干系？两种文明孰高孰低？两种哲学难道只有冲突，没有内在对话和融合的可能？后来的种种演变是否当时就已经露现了一些端倪？这些都是相当有意思的学术问题和相当急迫的现实问题（对于当时的社会和人）。为此，我们选取了奥古斯丁、斐洛和尼撒的格列高利等人的著作，这些大哲的特点是"跨时代人才"，他们不仅"学贯两希"，而且"身处两希"，体验到的张力真切而强烈；他们的思考必然有后来者所无法重复的特色和原创性，值得关注。

这些，就是我们译介"两希文明"哲学经典的宗旨。

另外，还需要说明两点：一是本丛书中各书的注释，凡特别注明"中译者注"的，为该书中译者所加，其余乃是对原文注释的翻译；二是本译丛属于教育部哲学社会科学创新基地浙江大学基督教和跨文化研究中心项目成果。我们希望以后能推出更多的翻译，以弥补这一时期思想经典译介之不足。

包利民　章雪富

目　　录

中译本导言

章雪富①

在希腊与希伯来文明交替时期，斐洛（Philo）是一个极具代表性的思想家。这是由多重因素造成的。这个时期曾经出现过庞大的希腊化犹太教群体，今天所残存的部分文献还足以说明这一点。绝大部分文献因为亚历山大里亚（Alexandria）图书馆的焚毁而荡然无存，斐洛的文献出于某种偶然的原因才得以幸存，因此我们所见到的斐洛文献就成了较为完整的希腊化犹太教的代表作。当然，即使希腊化犹太教的主要著作大部分有幸存世，斐洛的文献仍然具有特殊的价值，因为斐洛的文献与基督教传统有着十分紧密的联系。他的影响主要发生在希腊基督教的范围内，对拉丁基督教例如奥古斯丁也有影响。斐洛之所以重要，在于他似乎成了希伯来、希腊以及基督教的某种关节点，不同传统的思想家似乎都在这里探及了文明共生的某种机理。尤其是基督教，更是从中找到了诠释、借用并更新希腊主义的方式。关注斐洛的思想，就不局限于他本人的文存，而涉及希腊化时期区域文明诸形态的相关性。

---

① 章雪富：博士，浙江大学哲学系副教授。

一

斐洛，又称犹太人斐洛，通常称为亚历山大里亚的斐洛，也称为朱迪亚（Judaeus）的斐洛。希腊化时期还有另外两位斐洛。一位是柏拉图学院的最后一位怀疑派领袖，被称为拉里萨的斐洛（Philo of Larissa），生于公元前约 159/158 年，死于约公元前 84/83 年，略早于犹太人斐洛半个世纪。[①] 另一位是历史学家斐洛，可能就是史诗诗人斐洛，也被称为年长者斐洛（elder Philo）。本书的作者即犹太人斐洛是亚历山大里亚人，亚历山大里亚的克莱门（Clement of Alexandria）[②] 和犹太历史学家约瑟夫（Josephus）[③] 都提到他的名字，他的某些残篇被辑录在欧西比乌（Eusebius）的著作之中。本文所称的斐洛专指这位犹太思想家。

有关斐洛的生平事迹史料，极为少见。斐洛自己的著作也少有谈及自己生平及家族。仅有一则涉及斐洛年龄的资料来自于他的《向盖乌斯请愿的使团》（De Legatione ad Gaium），文中描述了他初到罗马见到帝国皇帝盖乌斯（Caius）的场景：

> 在靠近台伯河（Tiber）边的空旷之地第一次接见我们后，他［指盖乌斯］驾临他母亲留给他的庭园，再次向我们致意，向我们挥手致意，表达他良好的愿望，并派了一位名叫何密露（Homilus）的使团接待官员，带来他的信息：

① Charles Brittain, Philo of Larissa, the Last of the Academic Sceptics, pp. 42—43, Oxford: Oxford University Press, 2001.

② Clement of Alexandria, Stromata 1. 21. see in Alexander Roberts and James Donaldson (eds.), Ante-Nicene Father Translations of The Writings of the Fathers down to A. D. 325, Vol. II, Edinburgh: T & T Clark 1989.

③ Josephus, Flavius Josephus Against Apion 1. 218, see in The Works of Josephus, Hendrickson Publishers, Inc. , 1998.

"时机合适的时候，我将亲自听取你们关于事件的陈述。"
我们每个人都为此欢欣鼓舞，就好像已经赢得了申诉，我们
使团中为目光短浅的幻想所误导的那些成员都有相同的感
受。但是，由于我的年纪和良好的教育拥有的敏锐感觉，我
想信自己的判断，那些令别人欣喜的消息却为我敲响了警
钟。①

文中，斐洛提到了"我的年纪"，学者们假定此时他已经年
近花甲。这次请愿团是为了向盖乌斯陈述发生于公元38至39年
的亚历山大里亚骚乱的经过，以寻求皇帝的支持。犹太人向罗马
派出使团应在公元40年，学者们推测斐洛此时已经55至65岁。
由此推算，斐洛大约出生在约公元前15至25年间。在这一点
上，学者们意见并不完全一致，几位著名的斐洛研究专家看法各
有不同。洛布丛书《斐洛集》译者 F. H. Colson 和 G. H. Whitaker
认为斐洛大约生于公元前20年，② Samuel Sandmel 认为是约公元
前25年或前20年，③ David T. Runia 则认为是约公元前15年。④
彼此之间有十年左右的误差，这完全可以接受。我这里采用公元
前25年和前15年的中间数，假设他出生在公元前20年。此次
出使以后，有关斐洛后述活动情况的仅见于他的《论动物》。斐
洛曾述及一场赛马比赛，⑤ Borgen 指出，根据 Pliny（《自然史》

---

① Philo, De Legatione ad Gaium 180—182. 斐洛的版本均采用 Harvard University 的 Loeb 丛书版本，后面不一一注明。

② F. H. Colson & G. H. Whitaker, General Introduction, ix, see in Philo, Vol. I.

③ Samuel Sandmel, Philo of Alexandria: An Introduction, p. 3, Oxford: Oxford University Press, 1979.

④ David T. Runia, Philo, Alexandria and Jews, p. 3, see in David T. Runia, Exegesis and Philosophy Studies on Philo of Alexandria, Hampshire: Variorum, 1990.

⑤ Terian, A. Philonis Alexandrini De Animalibus: The Armenian Text with an Introduction, Translation, and Commentary, 85, Studies in Hellenistic Judaism, Supplements to Studia Philonica 1, Chico: Scholars Press, 1981.

8.160.161）的记载，这是公元 47 年凯撒克劳狄主办的运动会赛事之一。由此推断，至少在公元 47 年，斐洛还活着。[①] 学者们大多倾向于他大约死于公元 50 年。

斐洛出身名门望族。他的兄长利赛玛库（Lysimachus）与克劳狄王族关系密切，曾任罗马帝国的税收官员；他的侄子提庇留·亚历山大（Tiberius Alexander）担任过埃及的行政长官。[②] 公元 46 年，他被任命为巴勒斯坦行省财政长官（Procurator），[③] 后来还担任帝国皇帝提多（Titus）的军事顾问。[④] 这些都足以说明斐洛的显赫身世。然而，斐洛本人更像是一个知识分子，他可能参与了亚历山大里亚犹太社团的领导阶层。然而除此次出使罗马之外，没有关于斐洛政治活动的其他记载。可以说斐洛主要是一个思想家，一个在犹太教信仰中寻求希腊哲学沉思的心灵宁静的知识分子。

二

斐洛一生著述丰富。今天英语世界使用的《斐洛集》的标准本是 F. H. Colson 和 G. H. Whittaker 所译的洛布丛书十卷本以及后来由 Ralph Marcus 增补在这一丛书中的两卷附录，共计十二卷。我们根据洛布丛书版本将现存的斐洛著作目录按照拉丁文缩略语、拉丁文、英译文和中译文顺序列举如下：[⑤]

---

① Borgen, "Philo of Aexandria", see in D. N. Freedman (ed.), The Anchor Bible Dictionary, Vol. 5, p. 333, New York: Doubleday, 1992.

② Josephus, The Wars of the Jews, 2.492.

③ Ibid, 2.220.

④ Ibid, 5.46.

⑤ 参看 F. H. Colson & G. H. Whittaker, Introduction xxiii-xxiv; xxxv-xxxvi.

卷一

Op. De Opificio Mundi, On the Creation,《论创世》

Leg. All. Legum Allegoriarum, Allegorical Interpretation,《寓意解经》

卷二

Cher. De Cherubim, On the Cherubim,《论基路伯》

Sac. De Sacrificiis Abelis et Caini, On the Sacrifices of Abel and Cain,《论亚伯与该隐的献祭》

Det. Quod Deterius Potiori insidiari solet, The Worse attacks the better,《恶人攻击善人》

Post. De Posteritate Caini, On the Posterity and Exile of Cain,《论该隐的后裔与放逐》

Gig. De Gigantibus, On the Giants,《论巨人》

卷三

Quod Deus Quod Deus sit Immutabilis, On the Unchangeableness of God,《论神的不变性》

Agr. De Agricultura, On Husbandry,《论耕作》

Plant. De Plantatione, On Noah's Work as a Planter,《论诺亚的耕作生活》

Ebr. De Ebrietate, On Drunkennes,《论醉酒》

Sob. De Sobrietate, On Sobriety,《论清醒》

卷四

Conf. De Confusione Linguarum, On the Confusion of Tongues,《论变乱口音》

Mig. De Migratione Abrahami, On the Migration of Abraham,《论亚伯拉罕的迁居》

Quis Her. Quis rerum divinarum Heres sit, Who is the Heir,《谁是神立的后嗣》

Congr. De Congressu Eruditionist gratia, On the Preliminary Studies,《论预备性的学习》

卷五

Fug. De Fuga et Inventione, On Flight and Finding,《论逃避与发现》

Mut. De Mutatione Nominum, On the Change of Names,《论更名》

Som. De Somniis, On Dreams,《论梦》

卷六

Abr. De Abrahamo, On Abraham,《论亚伯拉罕》

Jos. De Josepho, On Joseph,《论约瑟》

Mos. De Vita Mosis, Moses,《摩西传》

卷七

Decal. De Decalogo, On the Decalogue,《论十诫》

Spec. Leg. De Specialibus Legibus, On the Special Laws I-III,《论特殊的律法》第 1 至 3 卷

卷八

Spec. Leg. De Specialibus Legibus, On the Special Laws IV,《论特殊的律法》第 4 卷

Virt. De Virtute, On the Virtues,《论德性》

Praem. De Praemiis et Poenis, On Rewards and Punishments,《论赏罚》

卷九

Quod Omn. Prob. Quod omnis Prous Liber sit, Every Good Man is Free,《善者皆自由》

Vit. Cont. De Vita Contemplativa, On the Contemplative Life,《论沉思的生活》

Aet. De Aeternitate Mundi, On the Eternity of the World,《论

世界的永恒性》

 Flacc. In Flaccum, Flaccus,《驳福拉库》

 Hyp. Hypothetica/Apologia pro Iudaeis, Apology for the Jews, 《为犹太人申辩》

 Prov. De Providentia, On Providence,《论神意》

 卷十

 Leg. De Legatione ad Gaium, On the Embassy to Gaius,《向盖乌斯请愿的使团》

 附录

 I. Quaest. in Gn. Questiones et Solutiones in Genesin, Questions and Answers on Genesis,《〈创世记〉问答》

 II. Quaest. in Ex.. Questiones et Solutiones in Exodum, Questions and Answers on Exodum,《〈出埃及记〉问答》

 上述斐洛现存原始文本以希腊文为主，少数是亚美尼亚语（Armenian），或者亚美尼亚语、拉丁文以及希腊文并存的文献。《论神意》的最早版本是亚美尼亚语，后由 Aucher 在 19 世纪 20 年代译成拉丁文，现代德语译本、英文译本均据此拉丁文本。《论神意》还有两则残篇原始文本是希腊文，被辑录在欧西比乌的《福音的预备》之中。[①] 斐洛的另一残篇 De Animalibus《论动物》也仅存亚美尼亚语版本，20 世纪 80 代年代有英译本问世（Terian, A. Philonis Alexandrini De Animalibus: The Armenian Text with an Introduction, Translation, and Commentary. Studies in Hellenistic Judaism, Supplements to Studia Philonica 1, Chico: Scholars Press, 1981）。《〈创世记〉问答》和《〈出埃及记〉问答》的最早文本也是亚美尼亚语版本，夹杂着许多希腊文惯用语及希腊文

[①] Eusebius, Praeparatio Evangelica 7. 21, 8. 14.

语序的亚美尼亚语。这两部手稿似乎在 15 世纪时已经编辑完成，1826 年由 Aucher 出版。[①] 此外，《为犹太人申辩》仅存希腊文残篇，欧西比乌在《福音的预备》中作了辑录和介绍。[②]

此外，斐洛的不少作品已经佚失。欧西比乌在《教会史》第二卷第 18 章 1 至 9 节中介绍了斐洛的著作目录，现代学者根据斐洛著作所提供的线索以及其他文献例如欧西比乌的目录列举出十一种佚失著作：[③]

（1）《〈出埃及记〉问答》两卷。

（2）《寓意解经》可能遗失了两卷。

（3）《论醉酒》可能遗失了第一卷。

（4）《论照看》（Peri Misthon），大概是注释《创世记》第十五章第 1 节。

（5）两卷本的《论约》（Peri Diathekon）。

（6）《论梦》原为五卷，现存两卷。

（7）《论以扫（Issac）》和《论雅各（Jacob）》。

（8）斐洛可能有一部《论虔诚》（Peri Eusebeias）的著作，原为《论德性》之后的作品。

（9）与《善者皆自由》相对的《恶者皆受奴役》（Peri tou Doulon einai Panta Phaulon）。

（10）可能有几卷关于犹太人之逼迫者的著作。其中有关于塞扬努斯［Sejanus，？—31 年，罗马帝国禁卫军司令（14 年），执政官（31 年）］的一两部著作。

---

① Ralph Marcus, Preface, vii, see in Philo, Supplement I: Quaest. in Gn. Questiones et Solutiones in Genesin, Questions and Answers on Genesis.

② Eusebius, Praeparatio Evangelica 8.5, 8.11.

③ 参看 Emil Schurer, The History of the Jewish People in the Age of Jesus Christ (175B. C. -A. D. 135), Vol. III, Part 2, p.868, Edinburgh: T & T Clark Ltd, 1987.

（11）《论数》（Peri Arithmon）。

斐洛著作的版本及翻译情况是这样的。1742 年，出版了
T. Mangey 编的《斐洛集》希腊文版本 Philonos tou Joudaiou ta
Euriskomena Hapanta. Philonis Judaei opera quae reperiri potuerunt
omnia. Textum cum Mss contulit, quamplurima etiam e Codd. Vati-
cano, Mediceo et Bodleiano, scriptoribus item vetustis, necnon cate-
nis graecis ineditis, adjecit, interpretationemque emendavit, universa
notis et observationibus illustravit。1828 至 1830 年，C. E. Richter
出版了斐洛著作的拉丁译本 Philonis Iudaei opera omnia，也包括
了一些亚美尼亚语著作。1896 至 1930 年间，L. Cohn、
P. Wendland 和 S. Reiter 完成了斐洛著作的德语译本 Philonis opera
quae supersunt（I—VI），1962 年重新印刷，被视为斐洛著作译
本的标准本，简称为 C－W。斐洛著作的英译本有两个：一个是
C. D. Yonge 翻译的 The Works of Philo, Hendrickson Publishers,
Inc. , Massachusetts, 1993，最初以四卷本形式出版于 1854 至
1855 年，1993 年出了新版；另一个版本则是根据 C－W 标准本、
由 F. H. Colson 和 G. H. Whittaker 和 R. Marcus 共同完成的洛布丛
书译本。① 出版翻译时间从 1929 年持续到 1962 年，
G. H. Whittaker 翻译了 1 至 4 卷，F. H. Colson 翻译了 5 至 10 卷，
R. Marcus 翻译了两卷附录。

斐洛著作涉猎广泛，学者们对其有两种分类法。有的主张分
为三类：问答类（例如《〈创世记〉问答》等）、寓意解经类（例
如《论特殊的律法》等）以及解释类（例如《论约瑟》等等）。②

---

① 参看 F. H. Colson & G. H. Whittaker, Preface to Vols. I and II.
② Emil Schurer, The History of the Jewish People in the Age of Jesus Christ
(175B. C. -A. D. 135), Vol. III, Part 2, p. 826.

有的分为四类：第一类是历史的、辩论的和辩护的著作；第二类是律法的解释；第三类是寓意解经；第四类是哲学短论。① 后一种分类法更为常见，我们这里略作介绍。

斐洛的第一类著作是历史类，包括《驳福拉库》、《向盖乌斯请愿的使团》、《摩西传》和《论沉思的生活》。第二类著作是解释律法的，学者们注意到这些著作的内在关联。首先《论创世》是一篇宇宙论的导论；接着《论亚伯拉罕》和《论约瑟》描述了一群体现律法精神的人的形象，然后是《论特殊的律法》（四卷）解释律法的普遍原理以及特殊律法在生活中的运用，《论德性》讨论了律法和诸道德德性（Moral Virtues）的关系，最后《论赏罚》讨论了奖赏和惩罚。② 第三类是寓意解经著作，包括《寓意解经》、《论基路伯》、《论该隐的后裔与放逐》、《论巨人》、《论神的不变性》、《论诺亚的耕作生活》、《论醉酒》、《论清醒》、《论变乱口音》、《论亚伯拉罕的迁居》、《谁是神立的后嗣》、《论预备性的学习》、《论逃避与发现》、《论更名》、《〈创世记〉问答》和《〈出埃及记〉问答》。在这些著作中，斐洛连续考察了灵魂与神的关系的不同样式，发展出了一种内在生活的教义。第四类是哲学类著作，包括《善者皆自由》、《论神意》、《论世界的永恒性》以及《论动物》残篇，这些著作多反映斐洛青年时期所受的教育，体现出折衷主义的典型倾向。

---

① 参看 David T. Runia, Philo, Alexandrian and Jew; C. Mondésert, Philo of Alexandria, see in William Horbury & W. D. Davies & John Sturdy, The Cambridge History of Judaism, Vol. 3: The Early Roman Period, pp. 879—890。两人之间又略有区别，David T. Runia 把《〈创世记〉问答》和《〈出埃及记〉问答》作为专门的一类，而 C. Mondésert 把它们列为寓意解经类。我们采用 C. Mondésert 的分类，对 Runia 的分类略作调整。

② G. W. A. Thorne, "The Structure of Philo's Commentary on the Pentateuch", Dionysius 13 (1989), pp. 17—50.

三

我们下面简单介绍斐洛思想的基本倾向及与这个选译本的关系。尽管斐洛的著作可以作各种分类,寓经解经类著作还是最重要的部分,而且斐洛的其他著作或多或少与这类著作有关。就是说,斐洛的基本思想与寓意性了解圣经有重要关系。

寓意解经当然首先是一种方法,然而更是斐洛本人心境的体现。斐洛在寓意解经及相关著作中体现了什么样的思想倾向,这已经是在把斐洛的寓意解经看作一种世界观,它体现了希腊化犹太人看待自身传统和希腊传统的方式。当他努力在解经中获取旧约圣经的哲学意义时,他是在希腊语境中寻求犹太文化更新的途径;而当籍着解经,甚至认为柏拉图哲学来源于犹太传统时,他又把地中海文明诸形态追溯至与犹太传统的关系。

隐藏在这种世界观背后的是斐洛本人的价值取向。斐洛是一个处身于复杂多变的地中海世界的犹太知识分子。他既不是宗教领袖,也不是政治家,因此也多了一份在思想的深处感受这个世界动荡的敏感。尽管这个世界远较以色列人先祖的世界宏大富足,却更容易陷入不安。对于一个思想家来说,容易想到的是如何有尊严地宁静地生活在这样一个需要全面重新求解的世界中,因此伦理学应是他首先想到的维度。这也是斐洛的伦理思想为何与斯多亚主义有更多共同意蕴的原因,然而他的伦理学又始终与神学以及他内心的神秘主义结合在一起。因此,斐洛以斯多亚主义改变了犹太民族先知的形象,他们是一群昆兰社团形式的而不是哈斯蒙尼王朝式的弥赛亚。这有斐洛的灵意经验作为基础,这里仅引一节作为证据:

> 我曾经有闲暇沉思哲学,凝思宇宙及其内部世界,在我全神贯注地领略它那全部的美、愉悦和真正的福分时,在我

持续地生活于与神圣的话语和真理的交流之中时，我内心无比喜乐，永不厌足。我没有任何卑下的念头，也不为追求声名荣华或身体舒适而折腰，相反，我的灵魂因为神的某种启示而总是志存高远，与日月星辰、诸天和宇宙结为旅伴。啊，接着就从上界向下凝看，指引理智之眼（the mind's eye）俯视尘圜，就好像从某个制高点检视凡俗之物的所有方面，深为自己籍着首要力量（main force）之助而逃脱必死生命的灾难而自谓有福。然而，致命的是非、善的恨恶者的嫉妒就潜伏在我的身旁，它突如其来地落在我的头上，不停地竭力拉拢我，直至将我推入忧心的公民事务之海，我至今仍挣扎在这漩涡之中，甚至无法浮出水面。尽管抱怨我自己所遭受的命运，然而我努力振作起来，抒解心头的苦痛，因为我一直保持着自幼就植根于灵魂中的教育的渴望，它时时怜惜并同情于我。靠着它，我有时能抬起头来，借助于灵魂的眼睛——尽管由于关心外部事务，其清晰的视像已变得模糊——我还是能够随己所愿改变方向，环顾四周，吮吸纯洁无瑕的生命之气。如果我有意外的片刻的安宁，得以摆脱公民事务的骚扰，我顷刻间就会像长了翅膀，展开双翼，掠过波涛，破云驾雾，尽情享受那常与我结伴同行共度光阴的知识之微风的吹拂，就像是一个从严师手下逃学的儿童，可以有片刻的时间忘却那从四面八方如急流而来包围着我的人和事。还有，我须向神献上感谢，是他使我在被淹没的情况中没有一沉到底。在我陷入绝望，以为失去了视力这一令人欣慰的希望之时，依然能够感受智慧的光照，不至于终生身陷黑暗。①

追求智慧的安宁、中止世界之纷繁、渴望回归内心生活的愿

---

① Philo, De Specialibus Legibus III. 1—6.

望与斐洛关于犹太教的希腊化解释在伦理上是趋合的。《论沉思的生活》虽然是一篇描写避居于乱世的艾赛尼派人的生活方式，然而何尝不是斐洛心头的渴想。他把个人的神秘主义经验与特定犹太社群的生活经验互参，又把它与犹太律法及旧约传统的隐在经验传统互证，这使得他在更深的层次上接触、倾听和经验摩西以来的古老犹太传统的呼召，在更具感染力的层次上重新审视神与他及这个世界的关系。随后崛起的希腊拉丁基督教思想家们在斐洛的经验中看到重述旧约传统的热血沸腾的创造力和想象力，拓展两希文明融合的道路，并滥觞成西方文明的新趋势。

　　这个斐洛选集的中译本主要指向存在于公元前后地中海文明诸形态经验中的神圣经验的普遍性，以及存在于两希文明相遇时期人生伦理经验与神圣世界相遇的视界融合。从这个角度说，斐洛的伦理学超出了希腊知识论和理智论的思辨域限，成为一种神学负载。因此，这个选译本关注希腊化犹太教伦理的神学本质、关于诱惑及如何以德性之善战胜诱惑的主题。它的中心主题是两种人——亚伯和该隐，事实上也是历史中永远存在的两种人。亚伯是追求内心生活的人，是内在的人；该隐则是在世界中沉浮，为外在欲望支配的人。该隐不是不知道神的存在，他与亚伯一样经验并面对神的存在，然而他即使知道还是选择了那个沉沦的世界，他始终为诱惑所俘虏并成全了世界的沉沦。在尘世之中，沉思的生活只是在沉沦张扬至极致的时候才会有所显现，在日常生活状态中更多的是遮掩了神圣直观的该隐的世界。

　　这是一种多么似曾相识的险境！

中译者前言

石敏敏[1]

　　本选集的七篇斐洛著作主要是伦理方面的，或者说是斐洛对于摩西五经有关经文所作的伦理上的神学解释，也可以称之为"伦理神学文集"。在斐洛，伦理的概念就是要体现宗教虔诚的本质。

　　这七篇分别出自洛布（Loeb）丛书以下几卷："论亚伯的生出及亚伯与他兄弟该隐的献祭"、"论恶人攻击善人"和"论该隐的后裔并他的流放"出自《斐洛集》第二卷，这三篇的内容紧密相关，主要是围绕"该隐"和"亚伯"事件而展开有关两类不同"人"的伦理特性的讨论。"论德性"和"论赏罚"出自第八卷；"善人皆自由"和"论沉思的生活或恳求者"则出自第九卷。诸篇在分布上相对比较集中，且基本上都围绕属灵和属肉体两种不同的生命态度展开。

　　翻译本书最大的困难是斐洛某些术语的用法，主要有 to on、nous 和 ousia 等。这些术语的用法与晚期希腊哲学的演变是有关系的，且与整个希腊哲学传统相关，斐洛的用语也反映出这种复杂关系。中译本为了对此有所体现，由章雪富博士作了许多注释，给出了一些关键词的希腊文，以利于读者们见仁见智。为排

---

　　① 杭州商学院人文学院副教授。

版方便，我们对这些希腊文作了拉丁化的处理。

本书根据希英对照本洛布丛书《斐洛集》译出（Harvard U-niversity Press，1929—1953），参考了 C. D. Yonge 的版本，The Works of Philo, Hendrickson Publishers, Inc., Massachusetts, 1993。

本译本的圣经引文采用和合本。

译文的最后还附了一个"译名对照表"。为了完整地反映译名的翻译情况，与其他一般译名一道，我也列出了圣经中已经定译的中英文译名对照表。

温思卡教授曾为本选译本的翻译提出过意见，章雪富博士和我对温老师长期以来的关心、帮助和鼓励表示衷心感谢。我还就圣经的某些问题征求过王瑜琨博士的建议，感谢她的真诚帮助；感谢周展博士提供的某些帮助。我也要感谢章雪富博士仔细地阅读全书，校正全文。本文集由章雪富博士选辑，并由他写作"中译本导言"。当然，译文中的所有问题当由我负责。祈请读者们批评，以助于斐洛其他著作的翻译。

感谢我所在学校杭州商学院人文学院的良好学术环境，为我的翻译工作提供了必要的条件。

论亚伯的生出及亚伯与
他兄弟该隐的献祭

论亚伯的生出及亚伯与
他兄弟该隐的献祭

1. 他①补充说，她又生了该隐（Cain）的兄弟亚伯（Abel）（《创世记》四章2节）。添加一样东西暗示着要去掉另一样东西，如算术上的数量就是这样，我们连续的内在思想也是这样。如果我们必须说亚伯是加上去的，那么我们也必须说该隐就是去掉的。这些生疏的术语可能会引起许多人的困惑，为避免这一点，我要尽我所能作出清楚的解释，阐明其内在隐晦的哲学思想。有一个事实是，对于生命有两种针锋相对的观点。一种观点把万物归于心灵②，把心灵作为我们的主人，不论我们是在使用我们的理性，还是在使用我们的感官，无论我们是运动，还是静止；另一种观点则要追随神，相信它自己就是神所造的产物。该隐所象征的就是第一种观点，他被称为"拥有"，因为他自认为拥有万物；亚伯则代表另一种观点，他的名字就是"把（一切）归于神的人"。如今，这两种观点或者概念存在于同一个灵魂的

---

① 指神。——中译者注

② nous（mind）一词极难翻译。在希腊文中，它是一个常用字，主要指感觉、意志和情感等精神性活动及其主体。（参看汪子嵩等《希腊哲学史》第一卷，人民出版社1988年版，第909页）因此，它的主要意思包括两个方面，一个是作为实体的存在；另一是作为实体的精神活动。斐洛的著作中通常是不加区分地在这两种含义上同时使用这个术语。为了对他使用的差别性有所体现，我们在他主要指实体的地方，译为"心灵"，在有关精神性活动的地方，译为"心智"。——中译者注

子宫里。但是一旦它们分娩出来，就必然彼此分开，因为仇敌不可能永远生活在一起。因而，只要灵魂还没有诞生亚伯里面爱神的原理，该隐里面那爱自己的原理就把她作为居所。她若生出了承认首因（Cause）的原理，也就抛弃了那以其虚幻的智慧信靠心智的原理。

2. 从赐给利百加（Rebecca）或忍耐的神谕（《创世记》二十五章 21 节以下），我们可以更加清楚地看到这一点。她怀了两种相互争斗的善恶双胞胎，当她感到他们在她肚腹里蹦跳翻滚——似乎在进行小小的争斗，预示将来两人之间要展开大战——按智慧所吩咐她的，她热切地想要了解两人的本性。于是，她恳求神告诉她究竟是什么事临到了她身上，该如何应对。神回答她说："两国在你腹内。"这就是发生在她身上的事——她怀了善恶双胞胎。又说："两族要从你身上出来。"这就是应对的方法，也就是说，善恶出来之后就彼此分开，不再住在同一个居所。

这样说来，当神给灵魂加上良善的信心亚伯的时候，就去掉了愚拙的意见该隐。同样，当亚伯拉罕离开这凡间生活之后，就"归到神的子民那里"①（《创世记》二十五章 8 节），因为他得了不朽，成为与天使同等的。天使就是那些脱离了身体的有福的灵魂，他们是神的一族，神的子民。同样，我们从圣经上看到，践行者雅各（Jacob）离开恶人之后，也被归入善者之列（《创世记》四十九章 33 节）。另外还有以撒（Issac），他拥有更大的恩赐，就是不学自有的知识。他也抛弃了这些与灵魂交织在一起的属肉体元素，从而得以归入另一个队伍。但这次与另外几次有所不同，他不是归入某个民中，而是归入到一个"族"，或者如

---

① 和合本《圣经》为："归到他列祖（注：原文作‘本民’）那里。"——中译者注

摩西（Moses）所说的某个"种"里（《创世记》三十五章29节）。"种"是一，超越于一切之上的一，而"民"则是对多的称呼。显然，在老师的教导下获得完全的人有许多同类，因为通过聆听和教诲学习知识的人不是一个两个，而是一大群，这些人他称之为民。但那些已经脱离了属人的教诲，成为神的聪明学生的人，可以毫不费力、轻轻松松地得到知识，从而归入到永不毁灭、绝对完全的"种"里。他们的命运比民的命运更快乐。以撒被认为就是这神圣合唱队里的一员。

3. 我们还可以更进一步地看到这种类似的思想。……还有一些人，神把他们提得更高，并且训练他们，使他们超越任何类和种，最后将他们留在他自己身边。摩西就是这样的人，神对他说："你可以站在我这里。"（《申命记》五章31节）所以，在摩西弥留之际，我们没有听到描述其他人所用的"离世"或"归入"等字眼。在他，没有什么要添加或去掉的，他乃是借着至高的因（the Supreme Cause）的"道"羽化仙去的（《申命记》三十四章5节），这道也正是神创造宇宙所借的道（logoi）。[1] 由此你就可以知道，神是如何珍视这智慧人（the Wise Man），把他看为与整个世界等同，因为他借以创造宇宙的道，就是他引这完全人离开世俗之事来到他自己身边所借的道。即使当他把他作为一种借贷派到地上去，让他住在那里的时候，他赐给他的也不是通常的好处，不是国王们和统治者们所拥有的用以支配和控制灵魂中的情欲的东西，而是委任他作一个神，叫一切属肉体的领地和辖制它的心灵都顺服在他的脚下。他说："我使你在法老面

---

① Logoi 是 logos 的复数形式。在希腊哲学中通常译为"逻各斯"。在斐洛（Philo）的思想中，"逻各斯"有许多复杂的用法，既用以指相/理念、权能，也常与智慧等词同义，有时也指神的儿子和长子等，还与律法相关。与后来基督教的逻各斯论有密切关系，但也有重要区别。这里依据《圣经》的译法，统一把"逻各斯"译为"道"。——中译者注

前代替神"(《出埃及记》七章 1 节),同时神本身毫无增减,仍是完满的永不变化的自身。正因为如此,圣经告诉我们说,到今日也没有人知道他(摩西)的坟墓(《申命记》三十四章 6 节)。毕竟,谁有能力得知一个完全灵魂归向神的过程?没有,在我看来,就连灵魂本身也不知道它转向美好境地的变化,因为在那个时刻,它被神的圣灵充满。神要祝福谁,把恩赐给予谁,他是不会与他们商量的。他的习惯就是把他的仁慈原原本本地降临到那些完全没有想到的人身上。

这就是神说心智又生完全之善的意思。善就是圣洁,圣洁的名字就是亚伯。

4. "亚伯是牧羊的,该隐是种地的。"(《创世记》四章 2 节)他既告诉我们该隐是哥哥,亚伯是弟弟,现在讲到他们各自选择的职业时,为何又改变长幼顺序,先讲小的,再讲大的?我们一般都会认为,总是哥哥先从事种地之事,后来弟弟开始牧羊工作。但摩西毫不看重任何可能的推测和貌似合理的猜想,他只遵从纯粹的真理本身。当他离开众人独自来到神的面前时,就坦率地说他毫无演说的天赋(这意思是说,他一点也不向往口才和说服人的能力)。他还说,自从几天前神初次与他(作为神的仆人)说话,他的情况就是这样(《出埃及记》四章 10 节)。那些陷入生活之海的汹涌波涛之中的人必然需要漂浮物,他们不坚守知识所提供的坚强支柱,反而追随不确定的、似是而非的漂浮碎片。至于神的仆人,应当紧紧抓住真理,摒弃言语所炮制出来的神话寓言,那只是毫无根据的猜测而已。那么这里,他带到我们面前的特殊的真理是什么呢?就是:从时间上说,邪恶大于德性,但从价值和尊贵上讲,情形恰恰相反。因而,如果把两人的出生放在我们面前,可以说,该隐拥有在先权,但我们若是比较两人所从事的职业,亚伯当然占据领先位置。

人的生命一旦开始,愚拙、放荡、不公正、恐惧、胆怯,以及心灵里各种各样的疾病都会成为他形影不离的伙伴。它们每一个都是在乳母和老师的培育教导下产生发展起来，也因为具有强制规范性的那些规则和习俗赶走了虔诚，代之以不虔诚的姐妹即迷信而产生的。只有当青春过去，人到了完全成熟的年龄，性情发生巨大的变化，那撩人心魄的情欲也渐渐平息，就像暴风骤雨停止了，从此才进入人生后期来之不易的平静状态。德性平息了心灵里最大的仇敌，就是波涛汹涌和此起彼伏的情欲，并在德性的坚强支持下巍然屹立。

因而，邪恶必拿走时间上在先的头衔，但在荣誉、尊贵和美名上，德性具有优先性。对此真理，我们可以从立法者本人身上看到可信的见证。他向我们表明，以扫（Esau）——因他愚拙故取名以扫——从时间上说是先出生的哥哥，但弟弟因所受的训导和所践行的德性取名为雅各，就此而言，得到在先奖牌的是弟弟。当然，雅各不能一开始就认为自己应该接受这样的奖牌，正如竞技场上的比赛，要等到他的对手筋疲力尽地投降，把胜利的桂冠拱手相让，让给那毫不容情地向情欲开战的人。因为我们读到，以扫"把长子的名分卖给雅各"（《创世记》二十五章33节），这就等于完全承认，如同长笛和竖琴以及其他乐器只能属于乐手一样，一切具有至高价值的东西，一切得到德性之荣誉的东西，不可能属于任何恶者，只能属于爱智慧的人。

5. 另外，摩西所制定的一条律法也教导同样的教义。这律法说："人若有二妻，一为所爱，一为所恶，所爱的、所恶的都给他生了儿子，但长子是所恶之妻生的，到了把产业分给儿子承受的时候，不可将所爱之妻生的儿子立为长子，在所恶之妻生的儿子以上；却要认所恶之妻生的儿子为长子，将产业多加一分给他，因这儿子是他力量强壮的时候生的，长子的名分本当归他。"（《申命记》二十一章15至17节）我的灵魂哪，要千万注意了，首先弄明白谁是那所恶的妻子，谁是她所生的儿子，搞清楚了这一点之后，就能立即知晓长子的荣耀只能属于这最后提到的人，不可能属于任何别的人。我们每个人都有两个妻子，她们彼此仇恶相向，用不停的争吵充满灵魂的空间。这两个中间一个是我们所爱的，因为我们发现她迷人且温柔，所以我们认为她是最亲近和最珍爱的。她的名字叫做享乐。另一个则是我们所恶的，我们认为她严厉且粗暴，爱找岔子批评人，是我们的死敌。她的名字叫做德性。享乐披着妓女或交际花的外衣含情脉脉地走来。她的步态因为纵欲无度、奢华过分而慵懒松弛；她的媚眼是个诱饵，引诱年轻人的心灵；她的神态显出胆大妄为和厚颜无耻；她的颈项高高直立；她自以为是、目空一切；她龇牙咧嘴，咯咯傻笑；她的头发梳着精致的辫子，看上去奇特古怪；她的眼下面画着眼线，眉毛修得如同弯月；她沉迷于温暖的盆浴；她的脸上涂脂抹粉，她的昂贵衣服装点着大量花饰，手镯、项链、各种金银饰品和珍珠宝石，女人所穿戴的东西在她身上应有尽有；她的呼吸充满浓郁的香水味；作为大街上的妓女，她把市场当作自己的家；因为缺乏真正的美，她追逐虚假的美。她随身带来的是她最亲密的朋友，这些朋友是：凶恶、鲁莽、不忠、谄媚、冒名、欺骗、错谬、偏见、不敬、不公正和荒淫无度。她站在它们中间，就像一个合唱队的领队，她是这样对心灵说的："看哪，我带来了人的一切幸福——如同天上诸神所拥有的幸福——在这些东西之外，你找不到别的更好的事。如果你愿意与我同住，我就把它们都打开，让你永远原汁原味地享用它们。不过，我希望先把我宝库里的这些喜乐一一向你描述，这样，如果你同意，那就心甘情愿和皆大欢喜，如果你拒绝它们，那也不是无知所致。只要你与我在一起，就会有脱离控制的自由之感，就不再惧怕受惩罚，没有事业的压力，不受劳作的约束；你会看到五彩缤纷的颜色，听到甜美动听的声音，吃到美味佳肴，闻到各种沁人心脾的香气，性爱随心所欲，嬉戏不受控制，幽会无拘无束，说话无所顾忌，行为不受约束，生活无忧无虑，睡觉温柔香甜，欲望永不饱腻。如果你愿意与我共度时光，我必竭尽所能为你服务，从它们中挑选一切符合你需要的对象。我必与你一道研究何等饮食迎合你的口味，何种视野取悦你的眼目，何样声音满足你的耳朵，何类香气吸引你的鼻子。凡你所想要的，没有一样会落空，因为你必看到永远有新鲜的果子迅速产生，不断涌现，取代并盖过那些被消耗的东西。在我所论到的宝库里，有四季常青的植物，它们一次次地开花结果，永不间断，所以每个季节都有时令的新鲜水果，丰富充足，甚至追赶并盖过那些已经成熟了的果子。这些果树从来不知道里面的掳掠或外面的争战，从大地把它们接纳在怀里的那一天起，她就像一位仁慈的乳母关爱它们。她把它们的根深深扎入地下，就像深入到源泉里，让树干长出地面，挺拔入云。她又长出树枝，就像生命受造物的手和脚一样。她使树叶像头发一样郁郁葱葱，既可以挡风遮雨，也可以美化外观。最后，她结出果子。这是整个过程的最终目的。"

另一个妻子原本躲在一边，但还是能够听见。她听到这些话，不禁担忧心灵会不经意间受她俘虏，成为奴仆，被这样大量丰富的礼物和许诺吸引，无法自制。她也担心他会被如此精心和巧妙包装起来的伪装迷住，受骗上当，因为这巫婆用她的法宝和巫术刺激他，使他产生欲望，燃起欲火。所以她断然走上前来，带着一个自由公民的全部标记显身出来。她迈着坚定的步伐，容颜安详，外貌和仪表没有虚假的颜色，道德本性没有伪装，行为没有污点，意志没有诡诈，言语没有错谬。它们都真实地反映她的思想。她的姿态自然不做作，她的举止安详不骚动，她的衣服朴素无华，她的装饰就是良知和德性，那是比金银更加宝贵的东西。与她一同出现的是虔诚、圣洁、真理、公正、恭敬、忠于誓言和契约、公义、平等、友好、自制、中道、条理、节制、温顺、节俭、满足、谦逊、温和的性情、勇敢、高贵的精神、准确的判断、远见、良知、专注、追求改善、欢乐、良善、仁爱、和睦、慈爱、高尚情操、恩福和美好。当我列举这些具体德性的名字的时候，连日光也黯然失色。这些德性分列在她两旁，簇拥她，好像她的卫士。她带着惯有的神态启口说道：

我看见那边的享乐，那个贩卖巫术、炮制谎言的卑鄙商人，乔装打扮，像在舞台上表演，胡搅蛮缠地要与你谈判；而我的本性就是疾恶如仇，我担心你失去防范，上当受骗，同意接受最大的祸害，以为它们是最高的德性。因此，我认为最好在还未太迟的时候把这个妇人所附带的全部真相一五一十地告诉你，免得你因为完全不了解而误以为她予你有益，免得为你自己换来有逆本意的灾难。你要知道，她用来把自己装扮得如此华丽而俗气的那些饰物都是借来的，因为她本身不带有任何能装扮出真美的东西，（她所炫耀的）那一切没有一样出乎她自己，没有一样真正属于她自己。但是她常常为自己披上虚假和伪造的美丽外装，那完全是罗网，是陷阱，全是为了诱你成为她的猎物。如果你富有智慧，必会在适当的时候看清这一切，从而使她的捕猎毫无效果，全部落空。她的形象在你看来是美丽的，她的声音在你听来像音乐一样动人，但是在灵魂——这是最珍贵的拥有——看来，她的本性就是要借着这些东西以及其他一切渠道加害于你。在她必须展示的那些东西中间，她只向你列出那些能取悦于耳朵的东西，其实还有数不胜数的东西是不能给人惬意和舒适的，那些都被她恶意地有预谋地掩藏了起来，因为她知道没有人会轻易接受它们。但我要把它们都揭露在光天化日之下，展示在你面前。我不会像享乐那样，只把我里面吸引人的东西展示出来，忽略和掩饰使人不快的东西。相反，凡能给人提供喜乐和愉快的东西，我就不一一说明，因为我知道事实胜于雄辩，事实本身是最好的解释，而一切带来痛苦和艰苦的东西，我要以浅显易懂的语言，不借用任何比喻，予以说明，把它们公开显现出来，好叫每个人都能清楚看见，甚至那些视力模糊的人也能。那些尝试过的人必会发现，我所带来的东西中那些看起来最可能包含苦难的东西，其实比享乐所能给的最大的财富更美好和宝贵。

但在我谈论我以及我所属的德性之前，我要尽我所能让你知道她隐藏没说的东西。她对你讲她的宝库里有各种光怪陆离的颜色、声音、香气和味道，能满足任何一种感官的功能需要，并以极具诱惑力的讲述增加这种快感。然而，另外那些东西，即她的主要部分，只要你选择了她的礼物，就必然要经历的那些疾病和瘟疫，她却没有告诉你，反而以看起来有益、实质上却空洞无物的思想来抓住你的脚，好叫你陷入她的罗网。所以，我的朋友，你务必知道，如果你成了一个爱享乐的人，那么你必成为以下这些事物：

肆无忌惮	没有城邑	自吹自擂
无礼唐突	骚动	自负
坏脾气	无秩序	顽固
不合群	不虔诚	吝啬
倔强	不洁	嫉妒
无法无天	摇摆不定	吹毛求疵
令人讨厌	反复无常	喜欢争吵
情绪急躁	逐出群体	造谣中伤
刚愎自用	渎神	虚荣
粗俗	受诅咒	欺诈
不耐批评	小丑	哄骗
	倒霉	迷茫
鲁莽	糟蹋①	无知

---

① 希腊文为 paramnaios，英译为 murder-stained。——中译者注

恶意谋划	品质卑劣	愚蠢
难以相处	粗鲁	观点相左①
不公正	野蛮	[不信]
偏私	卑鄙	悖逆
不友善	懦弱	不顺服
不相融	不自制	不宽容
不得体	骗子	虚伪
贪婪	耻于劳作②	恶意中伤
不守律法	羞于忍受	多疑
	厚颜无耻	声名狼藉
孤家寡人	过度	偷偷摸摸
无家可归	贪得无厌	难以亲近
鲜廉寡耻	三心二意	多疑猜忌
性情凶狠	两面三刀	没有信念
前后不一	心怀鬼胎	冥顽不化
空谈	阴险	心怀恶意
喋喋不休	无赖	悲观
流言飞语	屡教不改	爱哭
胡言乱语	依赖	用心歹毒
阿谀奉承	不可信靠	躁狂
愚钝	首施两端	错乱
不留心	焦虑	不成熟
没有预见	易冲动	邪恶预谋

---

① 希腊文为 asumphonos，英译为 dissident，意为"政见不同"。斐洛这里的意思似乎是说，为"所恶之妻"所俘虏的人，好与人背道而驰，固执成见，不能融入群体或社群之中。——中译者注

② 希腊文为 aischropathes，英译文为 shame-working。——中译者注

不谨慎		爱财如命
粗心大意	易受伤	自私
没有准备	狂怒	奴役
毫无品味	变化无常	爱争斗
出错	贪生怕死	屈从暴徒
受挫	追名逐利	
一败涂地	性情残暴	不善经营
不服约束	品质恶劣	顽梗
不反抗	愠怒	柔弱
贪婪好色	忧郁寡欢	颓废
盲从	易怒	一个讥笑者
易变	拖拉	一个贪吃者
狡诈	懒散	一个傻瓜

一大堆灾难和不幸缠绕着你，令你无法解脱。

这就是享乐这极其贪婪的美女所谓的盛大华丽之庆典的真相。这真相她有意掩盖起来，恐怕你知道了就会避开她，与她断绝关系。至于我，在我的宝库里所贮藏的各类宝贝，其数量数不胜数，其高贵无以言表。那些已经分有它们的人知道它们，那些本性与它们吻合的人也必在适当的时候，就是当他们受命在那宴会上就席的时候知道它们；在那样的宴会上，你看不到那只是饱食终日、使身体臃肿的快乐。你看到的是心灵坐在各种德性中间，尽情喜悦，无限快乐。

6. 基于这样的原因，也基于我前面所说的，圣洁的东西其本质是良善的，只能借它们自身的本质向我们显明，我们应对它们保持缄默，所以我就不再论说它们了。你看，无论太阳还是月亮，都不需要有人解释，因为它们或者白日或者夜晚升起，光辉遍洒整个世界。它们的照耀就是明证，无须另外更多的说明，这是每个人亲眼所见的。所谓耳听是虚，眼见为实，这一见证比耳朵听到的更加清晰明了。

不过，在我的宝库里有一样东西似乎特别显得与艰辛和不适有关，关于这一点我必须坦诚地、毫不掩饰地告诉你。乍看上去，它似乎确实让人以为是件痛苦的事情，但实践使它变得甜美，反思表明它是有益的。这东西就是劳作，是首要的也是最大的恩福，是安逸的敌人，与享乐势不两立，争战到底。事实上，神把劳作当作一切德性的开端和真正的价值指派给人。没有它，你就会发现，世人中间不可能形成任何良善的东西。劳作就像是光。没有光，我们无法看见；没有光，眼睛和颜色都不可能产生视觉。在它们之先，大自然（Nature）① 创造了光，作为两者之间的纽带，把颜色和眼睛联结、贯穿起来；没有光，无论眼睛还是颜色都软弱无能。同样，灵魂里的眼睛若不劳作，没有光与它合作，就不可能领会德性的实践。劳作位于心灵和它所欲求的德性之间，右手牵着这个，左手拉着那个。它自身则创造出完全的良善，两者之间的友谊与和谐。

7. 无论你选择哪种好事，你必发现它都是从劳作而来，由劳作确立。虔诚和圣洁都是善的，但我们若不借着对神的侍奉，就不可能得到它们；而侍奉需要最热切的劳作作为它的搭档。谨慎、勇敢和公正都是高贵而优秀的，是完全的善，但我们不可能凭着自我放纵的安逸得到它们。如果因为持续关注，不断实践，在我们与它们之间产生了一种亲和力，这是理所当然的。事奉是神所悦纳的，也是德性所喜欢的，它就像一个强烈而严格的和声，没有哪个灵魂里有一个乐器能持续发出这样的和声，合唱团

---

① 这里的希腊文是 he physis，英文用大写的 Nature 翻译。斐洛说 physis "创造"光，应该是相对于神创造无形理智世界的光而言，有形的光即视觉成像所需要的 "光" 与眼睛作为有形对象之看的器官间的关系。——中译者注

不时地休息、松弦，使它从高贵的艺术降为低级艺术。但就算是
低级艺术，也需要多多劳作。想一想那些在学校里学习所谓预备
知识的人；想一想在田地里劳动的人，为谋生计从事某种行业或
职业的人。无论白天黑夜，他们都从不放下牵挂的心，总是不停
地，如俗语所说的，使手、脚和一切器官受苦受难。若非如此，
他们倒宁愿选择死。

8. 人若想要使自己的灵魂和谐、适宜，就必须培养德性。
同样，人若以自己的身体获得同样的品质为目标，也必须培养健
康以及与健康相随的力量。事实上，凡关心和注意身体各种功能
的——这些功能合起来构成他们的所是——无不在坚持不懈的劳
作中培养它们。

你看，从劳作所产生和成长起来的，是多么美好的东西。因
此绝不可让你自己失去劳作的权利，否则，你就会失去一大堆恩
福，尽管你可能对此知之甚少。诚然，主宰天地世界的统治者在
绝对安逸中拥有美物，并且随己所愿，想赐给谁就赐给谁。他在
古远之前就毫不费力地创造了这浩瀚的宇宙，如今他又毫不费力
地掌握和支配它，直到永远，因为要知道，在神，是没有任何疲
劳之属性的。世间凡人却不一样。在他们，若不劳作，创造主就
不给予任何美物，所以这里，也惟有神可算是快乐的，他是惟一
独特的有福存在。

9. 在我看来，劳作具有一种类似于食物的作用。食物是生
命所必不可少的，生活中所出现的各种情况，无论是积极的，还
是消极的，都与它密不可分；同样，劳作也是一切良善之物的基
础。因此，正如那些求生的人不可忽视食物一样，凡想得到良善
之物的，也必须致力于劳作。它对于高贵和美好的关系，就如同
食物对于生命的关系。

所以，绝不可鄙视劳作。从劳作你可以收获良多，甚至收获
每一种美善的果子。所以，虽然你生来是小的，但你必可以算作

大的，应该得到长子的位置。如果你的生活是致力于向美善前
进，那么父必不只是赐给你长子的名分，还要把整个产业都赐给
你，甚至要像对待雅各那样对待你。雅各推翻了情欲的位置和根
基，承认自己的一生是'神怜悯我，使一切事归我'①（《创世
记》三十三章 11 节）。这话说出了正确的道理，是对生活的指
示。因为有了神的怜悯，就如有了确定的港湾，一切就都可以安
息了。

　　10. 他是在亚伯拉罕（Abraham）那里学到这一课的，亚伯
拉罕作为祖父，对他的早期教育也产生了影响②；亚伯拉罕把一
切财富都给了智慧的以撒（《创世记》二十五章 5 节），至于他
庶出的众子即虚假的非婚生的思想，几乎没给他们留下什么，只
有一点点礼物分给他们这些没有价值的人。要知道，真实的财富
即完全的德性，惟有真正婚生的完全之人才能拥有。不完全的
人，只配得到日常事务中的次级东西，他们兴起来只是为了接受
学校里的基础知识。夏甲（Hagar）和基土拉（Keturah）就是以
这些知识为源头的，夏甲的意思是'逗留、旅居'，基土拉的意
思是'焚香'。凡满足于世俗知识不思进取的人，只能旅居逗
留，不可能在智慧里定居。诚然，可以说，他在研究上细致入
微，造诣颇深，有一股甜美的香气渗入灵魂，但是他的健康所需
要的不是香气，而是食物。嗅觉只是味觉的侍从，如同在君王面
前试尝各道菜肴的奴仆。我们诚然认为他是有用处的自然受造
物，但无论如何，也只是一个听命的下属。最高的知识必须永远
受到臣仆的侍奉，土生土长的人必然永远在外来旅居者之上。"

　　心灵听了这些话，就离开享乐转而追求德性，因为它领悟到

_____

　　①　和合本《圣经》为："因为神恩待我，使我充足。"——中译者注
　　②　如果原文没有差错，那么这里的观点可能是这样的：父亲是担当教育自己孩
子的父亲，而父亲的父亲当然也担当对父亲的教育，所以祖父的影响力延及孙子

了她的美好，这美如此纯洁、如此朴实、如此神圣。然后，它又成为牧羊人，就是驾驭灵魂这驾马车，掌握里面各种非理性机能之舵的人，不允许它们像没有主人或导师的乌合之众一样，陷入混乱不堪的局面，不会让它们因为缺乏父亲的权威保护和控制，得不到任何帮助，致使各种本能像脱缰的野马坠入万劫不复之地。

11. 可以肯定，当践行者（雅各）受命"牧养拉班的羊"（《创世记》三十章 36 节）时，他认为这是最符合德性的工作。这里的拉班，指的是那些思想只专注于色彩、形状以及各类无生命物体的人。我们注意到，雅各牧养拉班（Laban）的羊，但并不是牧养所有的，只"牧养其余的羊"（同上）。这是什么意思呢？非理性可以分为两类。一类非理性拒不相信理性，如人称愚拙人为非理性；另一类完全没有理性的状态，如非理性的动物。第一类非理性是心灵的非理性活动，我指的是拒不相信理性的活动，是对拉班众子的指控，他们与雅各"相离三天的路程"（同上），这是一个比喻，意思是说他们永远与良善生活断绝了关系。因为时间分成三个部分，由过去、现在和未来组成。至于另一种意义上的非理性力量，并不是鄙弃健全的理性，只是缺乏理性（非理性的动物就是这样的），这位践行者必不会弃之不顾。在他看来，它们所犯的过错不是由于可恨的罪恶，只是由于未启蒙的无知。无知是一种不自主的状态，是个小问题，并不是不能通过教诲解决。但邪恶却是灵魂里的痼疾，它的行为尽管也不是完全不可能根除，但总是更加困难一些。

因而，雅各那些在全智全能的父亲手下得到严格训练的儿子下到埃及——就是钟情于情欲的身体——，去见法老——就是驱逐良善的人，他自以为是人和动物的主宰。然而，他们必不会被他奢华与壮观的景象所迷惑，必承认自己就是牧羊人，并且不只承认他们自己是牧羊的，连他们的祖宗也是牧羊的（《创世记》

四十七章 3 节）。

12. 实在的、掌权的和在位的，没有一个能像这些人那样在牧羊的职位上找到如此崇高的事业。对那些能理性思考的人来说，像城邑或国家里的君王，有力量辖制身体、各种感官、肚腹、肚腹之下的器官之乐，其他一切情欲和舌头，总而言之，支配我们这整个复合体，这必是一项比作王更值得骄傲的工作。没错，并且这种支配是以魄力和既严厉又始终仁慈的手实施的，就像马车驾驭者，时而松开缰绳，任它自由驰骋；时而又勒紧缰绳——当它跑得太快，如脱缰的野马冲向外界时，就拉它回来。

同样，看护律法的摩西的例子是多么令人敬佩，在他看来，牧羊人的事业是伟大而光荣的工作，所以他自己也从事这一工作。因为我们看到，他管理、引领着世俗之人吐忒罗（Jethro）的思想和念头，使它们脱离蛊惑人的人群，进入没有不公正的孤僻之地，如经上所说的，他"领羊群到野外去"（《出埃及记》三章 1 节）。由此，必然导致这样的结果，"凡牧羊的，都被埃及人厌恶"（《创世记》四十六章 34 节）。健全的理性是我们的引航员，是良善之事的向导，但恰恰是一切爱情欲之人所厌恶的，正如真正愚拙的孩子讨厌他们的老师、教母以及一切告诫他们，引他们走向智慧的理性形式。我们还读到摩西说："他要把埃及人所厌恶的祭祀神"（《出埃及记》八章 26 节），意指的就是德性。这些祭品纯洁无瑕，富有价值，是每个愚拙人所厌恶的。

所以，我们有足够的理由将把最好的东西献给神的亚伯称为牧羊人，而把一切归给自己并自己的心智的该隐称为种地的。至于种地的（《创世记》四章 2 节）是什么意思，我已经在早先的书卷里作了说明。

13. "过了一些日子，该隐拿地里的出产为供物献给耶和华。"（《创世记》四章 3 节）对自恋者有两点可以指责。一是他

"过了一些日子"才向神献感谢祭，而不是立即献祭；二是他献的是一般的果子，而不是最早出产的果子，换言之不是初熟的果子。让我们来一一考察这两种指控，按照顺序，先看第一种。我们行善应当本着热切期待呼召的心，把任何懒散松懈和犹豫不决弃之一边；行最大的善事必须毫不迟疑，使至善悦纳。因而经上有诫命说："你向耶和华你的神许愿，偿还不可迟延。"（《申命记》二十三章 21 节）许愿就是向神要求善果，而这诫命吩咐他，盼望既已应验，就要把荣誉的桂冠献给神，而不是献给他自己，并且敬献冠冕时，要尽可能迅速，不可迟延，丧失时机。

那些没有按这诫命行事的人，可以分为三类。第一类人由于忘掉了他们所得的恩福，从而失去了那种宝贵的财富，即感恩之心。第二类人由于目空一切的傲慢，以为他们自己才是临到他们头上的那些好事的原因，不承认他们之外还有真正的原因。此外，还有第三种人，他们所犯的过错没有后一种严重，但比起第一种来更应受责备。他们承认那支配性的心灵①是良善的原因，但又说这些良善之事是他们天生就有的财产。他们宣称自己原本就是谨慎、勇敢、自制和公正的，因而在神的面前配得他的恩惠。

14. 针对每一类人，圣经都有相应的话对他们说。对第一类人，由于他们的记忆死了，遗忘却强烈而活跃，圣经就说："恐怕你吃得饱足，建造美好的房屋居住，你的牛羊加多，你的金银增添，并你所有的全都加增，你就心高气傲，忘记了耶和华你的神。"（《申命记》八章 12 至 14 节）那么，什么时候你才可能不

---

① 希腊文是 noun phasin。斐洛关于 nous 的论述也是相当复杂的。通常的情况下，他都用 to on 指神，然而，他有时候也用 nous。更多的时候，Nous 与 logos 联系在一起，这可能是出于斯多亚派的影响。在这节论证中，nous 是被用在逻各斯的意义上。——中译者注

忘记神呢？惟有当你忘记你自己的时候。你若记得你自己在一切
事上算不得什么，也就记得神在一切事上的卓越。至于那相信自
己就是临到他身上的善事的原因的人，圣经求助于智慧说："恐
怕你心里说'这权能（或货财）是我力量、我能力得来的'，你
要纪念耶和华你的神，因为得权能的力量是他给你的。"（《申命
记》八章17节以下）至于第三类人，即自以为配得并享受美善
之物的人，愿这样的神谕能让他获得教训："你进去得他们的
地，并不是因你的义，也不是因你心里正直"，首先是"因为这
些国民的恶"，而神要以毁灭来追究他们的恶，其次"为要坚定
他向你列祖起誓所立的约"（《申命记》九章5节）。神所立的约
比喻他所赐的恩典，他的恩赐当然不可能不完全，所以非受造者
（the Uncreated）的一切赏赐必都是完全而能成就。而一切现存
之物中的完全者就是德性和善行。

我们若是毁灭了忘恩、负义、自恋以及它们的原恶（parent
vice）虚荣，就再也不会因为迟疑而缺乏真正的事奉；我们必不
再注意受造的事物，更不会滞留在任何必死的事物上，而是奔跑
和跳跃着，去见我们的导师，因为我们已经做好准备要按他的吩
咐行事。

15. 当神带着他的两大至高权能——最高权威和圣善①——
到来的时候，亚伯拉罕就是怀着全部热情，以最快的速度吩咐撒
拉（Sarah）（即德性）立即拿三份面粉做"隐蔽的"② 饼（《创

---

① 所谓的"两大权能"，又称"君王的权能"和"统治的权能"。斐洛又称他
们为"神"和"主"，与 to on 即他行文中通常称为"神"的最高存在形成三合一的
关系。"君王的权能"在层级上要高于"统治的权能"，两者似乎是非受造的，是两
种逻各斯，是作为显现者的"像"或"面貌"。因此，与基督教的三一神观有所区
别。斐洛的三合一更像基督教三一神观的"形态论"，即两权能只是本体的显现者，
而不是真实的位格存在。——中译者注
② 这是斐洛推导出的一个比喻，意思是"在灰里烤出来的饼"。

世记》十八章 6 节）的。神站在两大权能之间，在心眼面前呼叫，因为心眼能看见这三个形像或三个面貌。每一个面貌虽然本身不可度量，因为神及他的权能都是不可限制的，但都是万物的尺度。他的圣善是一切良善之事的尺度，他的权威是一切权威之下的臣民的尺度，而统治者本人则是一切有形和无形的事物的尺度。这两种权能正是因为是为他服务的，所以能成为它们所辖制的范围之内的万物的规则、标准和尺度。

没错，这三种尺度应当在灵魂里揉捏与混合。这样，相信神在一切之外、万物之上——神高于自己的权能在于，他既可以离开它们显现出来，也可以通过它们显现出来——的灵魂才可能看见他的权威和仁慈，从而知道不可漫不经心地泄露它们，或者喋喋不休地谈论它们，相反，必须把它们隐藏起来，秘密地、悄悄地看护它们。如经上所写的"做隐蔽的饼"，因为向我们显明非受造者及其权能之真理的神圣故事必是隐藏的，因为神圣仪式的知识是一种信托，不是每一个到来的人都能够正确地担当得起这种职责。

16. 控制不严的灵魂借口和舌流出的话语如江河滔滔，哪里有听众，它就涌向哪里。有些人有宽敞的蓄水池，能容纳水流；有些人则因河道狭窄，不能吸收，那毫无控制地喷涌的洪流就冲向四面八方。隐蔽的真理升到表面，漂浮在上面。于是，我们最珍贵的宝贝就像漂浮的残骸，被湍流带走。

因而，他们这些在大奥秘之前分有了小奥秘的人，如我所认为的，就能明智论断，因为他们"用埃及带出来的生面烤成无酵饼"（《出埃及记》十二章 39 节）。也就是说，他们在理性的帮助下，将洪水一般狂野不驯的情欲揉捏使之变柔软。至于用什么方法使它变柔软，形成某种良善的东西，则是神圣启示向他们显明的。他们没有大声说出，只是悄悄地珍藏。他们的心并未因为这种启示而自高起来，相反，他们宁愿卑躬屈膝，消除一切傲慢的念头，使之变得谦卑。

17. 所以，我们要对一切犹豫不决说不，要时刻准备把感谢和荣耀归于全能的神。我们受命守逾越节，这是从充满情欲的生活转向德性实践的通道。守逾越节的时候，必须"腰间束带"，就是时刻准备侍奉；必须"脚上穿鞋"，就是要立场坚定、充满信心地牢牢控制住属质料的血肉之体，即"鞋"；必须"手中拿杖"，即教规之杖，目的是稳步走过生活的每一个阶段。最后，我们必须"赶紧地吃"掉我们的肉（《出埃及记》十二章 11 节）。既然它被称为非受造的、不朽的神（the Uncreated and Immortal one）的逾越节，就绝不可能是凡人的通道。这样的称呼恰如其分，因为一切良善之事，无不神圣，无不属神。

那么，我的灵魂就当这样去行，并且要迅速地行，就如践行者雅各那样。当他父亲问他："我儿，你如何找得这么快呢？"他回答（所回答的话里传达了一个重要的真理），"因为耶和华神使我得着"（《创世记》二十七章 20 节）。长期的经验告诉他，受造的世界所给予灵魂的，惟有经过很长时间之后，才能变得稳定可靠，就像师傅把技艺以及技艺的规则传授给学生，不可能一下子就把初学者的心灵塞得满满，就像把东西装进一个容器那样。但是当智慧的源泉——神，把各种知识传授给人的时候，他不需要什么时间，瞬间就成了。这样的人就成了这惟一智慧之存在的敏捷的学生，无论找什么，都能迅速找到。

18. 初学者（或学生）的第一个德性就是希望他们的不完全能尽可能效仿导师的完全。只是神圣的导师甚至比时间更快；其实，当他创造宇宙的时候，并没有时间与他合作，时间本身也是随世界的受造才出现。神一开口，事就成了。两者之间没有任何间隔，或者更确切一点说，他的话语（logou）就是行为。就算在我们凡人中间，也没有比话语更快的，喷涌而出的话语把听众的理解力抛在后面。正如常年流淌的河流从源头汩汩流出，从不停止，也不休息，因为后面的水流永远推动着它们向前。同样，话语之流一旦开始流动，就与我们里面最快的东西——比鸟的飞行还要快——领悟力保持同步。正如非受造者在未受造之前就预期了一受造之物，同样，受造者的话，无论怎样全速奔跑，也不可能快过非受造者的话（logos）。正因为如此，他毫不犹豫地说："现在要看我的话是超过你的不是"①（《民数记》十一章23节），这暗示神的话是超越、胜过万物的。

既然他所说的话语快过一切，就更无庸说说话者本人了，如他在另一个地方所证实的。"我必在那里站在你面前"（《出埃及记》十七章6节），由此表明他实存（subsistence）于一切受造物之前，也表明他在这里，同时也在那里，在任何一个地方，无处不在，因为他原本就完完全全地充满世间万物，没有哪一处没有他的存在。你看，他不是说"到那时我必站在这里和那里"。其实，就是现在，我就在这里，同时我也在那里。我的活动不是空间里的转换，离开一处才能占据另一处。我的运动乃是自我延伸、自我扩展的活动。

所以，他忠诚的孩子们必效法他们父的本性，并且尽可能早早地行良善之事，不能容忍有任何迟延，而最良善的事莫过于在一切之前荣耀神。

19. 但法老这"驱逐良善的人"不可能看到超越时间之外的德性，因为惟有心眼才能领会无形之物，而他的心眼是瞎的，他也必不会使自己寻求超越时间之外的帮助。当他受到青蛙之灾——就是那些没有灵魂的意见和推测，只产生噪声没有一点儿实质含义的声音——时，摩西对他说："你要我何时为你和你的臣仆祈求，除灭青蛙离开你呢？"（《出埃及记》八章9节）法老

---

① 和合本《圣经》为："现在要看我的话向你应验不应验？"——中译者注

虽然身处绝境，本当说"请立即为我祈求"，他却推诿说："明天。"他必是要一成不变地把他的邪恶进行到底。

其实，几乎所有站在十字路口的人都是这样的，尽管他们并不承认这一点，还极力为自己辩护。因为他们从来不曾相信过他们的救主神，所以每当有什么意外的不幸落到他们头上，首先就去寻求受造之事所能提供的帮助，求助于医生、草药、合成药、严格的饮食规则，以及其他种种人所使用的方法。如果有人对他们说："傻瓜，应当抛弃所谓的受造、可变事物的帮助，去求那医治心灵疾病的惟一医生"，他们就会一笑了之，嗤之以鼻。他们的回答一律都是："明天再说吧。"看起来，无论什么厄运临到他们头上，他们都不会恳求神救他们脱离灾祸。只有到属人的帮助毫无果效，一切东西，就算是原本有疗效的方法也显得有害无益，使他们陷于绝望境地之时，才会在最后时刻致力于惟一的救主，神，并且仍然带着可悲的勉强。他知道，出于迫不得已才做的事没有坚实的根基，所以这样的人不可能在任何情形下都遵循神（仁慈的）律法，只会遵守那些能给他带来好处、有益于他的律法。

凡把一切算为自己的所有，在神面前只荣耀自己的人——这样的人就是经上所说的"过了些时日才献祭"的人——总会知道，他随时都可能被带到审判台前，审判他的不敬。

20. 至此，我们已经就对该隐的第一个指控作了足够的思考。第二个指控是这样的，他为什么只献上一般的出产，而不是初熟的果子？可以肯定，这也是出于同样的原因，即把最先的荣耀归给受造物，只把其次的荣耀归给神。正如有些人喜欢身体胜过灵魂，宁做奴隶不做主人，同样，也有些人崇拜受造之物，不崇拜神。然而立法者已作了规定，我们当把"地里首先初熟之物送到耶和华神的殿里"（《出埃及记》二十三章19节），不可把它们归给我们自己。因为我们应当承认，无论在顺序上还是在价值上都是第一的灵魂的一切活动都属于神。顺序上第一的就是那些我们生来就参与其中的东西，我们存在伊始，就获取营养、生长、视力、听力、味觉、嗅觉、理性、智性、灵魂和身体的各个部分，以及它们的各种本能活动和自然状态。价值上第一的东西就是正当的行为、各种德性和公正的举止。

应当把这些东西的初熟之果献给神，这初熟之果就是从真实、诚挚的心中发出来的由衷的感恩话语。我们应当把这样的感恩祭分成特定的几个部分，正如里拉琴或其他乐器都有各自的组成部分一样。每个音符本身都有乐音，同时也可以与其他音符一起完全融入到和谐的整体乐章之中。同样，字母表里的每个元音都有自己的发音，同时也与辅音一起形成整体的发音。我们也是这样。自然赐给我们各种各样的能力，有感知觉，有理性和智性，每一种能力都对应各自的功能，同时她还把它们调整到适当的位置，叫它们彼此协作共同作用，形成一个和谐的统一体。无论我们是分别看还是整体看，都可以说自然实在对自己的作为颇为满意。

21. 所以，"你若要献初熟之物"，就要按圣经所规定的步骤献祭（《利未记》二章14节）。第一要是新的，第二要是烘好的，第三要切成片，最后要有根基。为什么要是新的，理由如下，有些人守着他们虚幻的往昔，迷恋于旧的世代，没有认识到神具有超越时间和即刻发动的权能。对他们来说，这是一个教训，要他们接受新的、鲜活的、富有青春生机的思想。它命令他们不可再滞留于软弱无能的过时寓言，那些谎话代代相传只是为了欺骗芸芸众生，因而充满了虚假的意见，要抛弃这些谎话，全面接受永恒之神的新鲜、活泼和圣洁的思想，教导他们明白，在他，没有什么是古老的，没有什么是过去的，一切都是新生的，都是永恒的存在。

22. 在另一个地方，我们还读到这样的经文，"在白发人面前，你要站起来离开①；在长者面前，要毕恭毕敬"（《利未记》十九章 32 节）。这里他提出了两个词的明显对比。"灰白"这个词指的是没有任何生命活力的年龄。面对这样的人，我们必须迅速离开，避开欺骗众人的幻觉。而"长者"意指值得尊敬、享有特权和身居要位的人，这样的人承认这是神委托给他的朋友摩西的任务。因为经上有话说："这些就是你所知道的长老"（《民数记》十一章 16 节），意思是说，他绝不只是欢迎新奇的东西，他的习惯是爱一切真理，包括那些从远古时代传承而来、配得最高敬意的真理。

毫无疑问，心灵吸取古老而受人尊敬的思想，追溯高贵行为的可敬传统，就是历史学家和诗人们通过他们自己的记忆传递给未来世代的财富，是有益的，就算不对获得完全的德性有益，无论如何对世俗的德性生活也是有益的。但是，一旦自我启示的智慧之光在我们没有预见也没有期盼的情形下突然照在我们身上，当那种智慧开启了灵魂里关闭的眼睛，使我们不再只是听、知和识，更是面对面地看见知识，使我们的心灵拥有最敏捷的感觉即视觉，取代较为迟缓的听觉，到了那个时候，耳朵和词汇的应用就不再有益了。

23. 所以我们读到这样的经文，"你们要吃陈粮，又因新粮挪开陈粮"（《利未记》二十六章 10 节）。它所指的就是这个意思。我们诚然不能拒斥任何经过时间的历练变得可敬的学识，相反，我们应当致力于研读圣贤们的著作，聆听从那些了解古代风俗习惯的人口中说出来的箴言和故事，始终寻求关于古代的人和事的知识。因为知晓一切实在是一件美妙的事。然而，一旦神所引发的自我启示的智慧的幼芽在灵魂里面绽放，那种由教导而来

---

①　参七十子译本。按我们的译本，这话的意思无疑应该是："在白发人面前你要站起来（表示尊敬）。"

的知识就必须立即废除和挪开。没错，就它本身来说，也必自动衰弱和消退。神的学者，神的学生，神的门徒，不论你怎样称呼他，这样的人再也无法忍受人的指导了。

24. 其次，灵魂里初熟的果子必须是"烘过的"，即经由理性的大能试炼，就如金子在火炉里炼过一样。它经过了试炼，被证明是合格的标志就是它的硬度。正如完全成熟的谷穗是烘过的，这样就不再松垂和萎软，而只能经过火的烘烤才能得到这样的结果；同样，追求成熟德性的年轻志向必须经过理性的不可抗拒的大能才能变得坚定稳固。实在的，理性不仅能使灵魂所获得的原理变得刚硬，免得它们松弛和消散，而且还有力量使非理性的情欲冲动变得虚弱。我们看到践行者雅各"在煮熬"，不一会儿我们就发现以扫"累昏了"（《创世记》二十五章 29 节）。因为恶人以邪恶和情欲为根基，当他看见他所依赖的靠山被理性征服，失去了力量，也就必然发现连接他的力量的纽带也松弛了。

另外，这理性绝不可以混乱一团，它必须分为几个适当的部分。这就是供品要"切成片"的含义。无论在哪里，秩序永远比混乱好，尤其是流速最快的理性，就更是如此。

25. 因而，它必须分为若干主要的或主导的思想，就是所谓的"相关话题"，每一个话题都必须适当地展开。在这一点上，我们该学习技术精湛的弓箭手，他们先树立靶子，然后所有的箭都射往靶子。主导思想就像一个靶子，各种形式的展开就像是箭。于是，我们就把最高贵的衣服，理性，编织成和谐的整体。立法者也把金片分成丝线，把它们一一放到适当的地方织成一件耐用的整衣（《出埃及记》三十六章 10 节）。理性要比金子更宝贵，是由无数的丰富多样的形式合成的：首先把它分切成最优美的主导思想和观点，在此基础上，把这些思想观点所需要的论证和论据穿针引线，织成经纬。另外，有这样一条诫命说，要剥去燔祭牲的皮，再把燔祭牲切成块状（《利未记》一章 6 节）。这样做先是为了使灵魂赤裸裸地显现出来，没有任何虚假、无聊的猜测覆盖其上，其次是为了按要求把它分成各部分。它是整体的德性，可以看作一个属，然后再把它分成各大类：谨慎、自制、勇敢和公正。这样，通过观察它们之间的区别和特点，就可以心甘情愿地为它们中的每一个效劳，也可以为它们全部效劳。

我们在运用自己的灵魂时，务要保证它没有负累，免得它被关于事物的模糊、笼统、不加区别的观念迷惑和欺骗，要使它对面前的事物作出划分和归类，对每一个深入观察，仔细分辨，作出细致入微的分析。同样，我们也必须训练我们的理性，它若是在混乱不堪的洪流里漂浮，就只能产生模棱两可的判断；它若被分成几个适当的要点，各个要点配以适当的论证和论据，就会像一个有生命的活物，由各个独立部分组成，一旦组合起来就成为和谐的整体。

再说，如果这些东西就是我们永远的财产，那么我们必须因此不断地训练自己。因为接触知识却不住在它里面，就如同让我们吃饭喝水，却禁止我们完全吸收其中的营养。

26. 因而，"切片"之后必然就是"碾碎"。换言之，对各种呈现在我们心灵里的思想划分和归类后，我们必须一直守着它们慢慢研磨。我们看到，有多少人因为逃避身体的训练，终于失去强健的体魄。那些以天上之粮就是吗哪来喂养其灵魂的人，是不会跟从这样的范例的。他们把它立在地上，把它磨碎，用它做成"隐蔽的"饼（《民数记》十一章8节），认为应当把从天上派来的德性的讲道碾碎和嚼烂，这样它留在他们悟性里的印象才会更加深刻。

所以，只要你按神的旨意承认这四样东西："新的"，即兴旺的或有力量的；"烘过的"，即被火和强大的理性试炼过的；"切成片的"，即把事物分成各自的类别；"碾磨"，即持之以恒地实践、训练心灵所掌握的，你就必须献上初熟之物的祭，甚至是灵魂里最先和最好的产出。然而，就算我们不能迅速这样做，神也不会迟迟不接纳那些适合为他做工的人。如他所说的，"我要以你们为我的百姓，我也要作你们的神（《出埃及记》六章7节）；你们要作我的子民，我要作你们的神"（《利未记》二十六章12节）。

27. 这就是对该隐许多天后才献祭的指控。而亚伯献上的是另外的供品，也是以另外的方式献的。他的供品是有生命的，该隐的是无生命的；他献的是时间和价值上都是第一的，该隐献的都是第二等的；他的祭品是最强壮最肥美的，该隐的却软弱无力。因为圣经告诉我们，亚伯献上的是羊群中头生的和羊的脂油（《创世记》四章4节）。因而，他成全了神圣的法令，"将来，耶和华神必照他向你和你祖宗所起的誓，将你领进迦南人之地，把这地赐给你。那时你要将一切头生的，并牲畜中头生的，归给耶和华；公的都要属耶和华。凡头生的驴，你要用羊羔代替，若不代替，就要赎回"。[①]（《出埃及记》十三章11至13节）那头生的就是亚伯的礼物，至于献祭的时间和方式则要你自己确定。实在的，最适当的时间就是当神领你到理性被抛来掷去之地，即迦南人之地的时候。他带你到那里也完全不是随意的，而是照着他自己所起的誓。他将你领到那里不是叫你四处飘荡，始终被动地处在波涛和旋涡中间，而是要离开狂野的大海，生活在明朗的天空下，平静的水面上，到达德性的彼岸，如同一个港湾，或一个锚地，或者拥有最安全的避难所，在那里完全可以找到安身立命之地。

28. 但是，他既告诉我们说，神起了一个誓，我们就必须思考一下，他用这样的事来描述神是否符合实情，因为在成千上万的人看来，这样的事与神不相适宜。在我们的认识中，起誓就是祈求神对某个有争议的问题作见证。但是在神，没有任何事是不

---

① 希伯来文本里是："若不代赎，就要打折它的颈项。"

确定的，也没有什么事需要公开争论。正是他向众人显明清晰的记号，叫人知道真理。他实在是不需要任何见证，因为没有另外的神与他平起平坐。毋庸指明，作见证的人，就他是一个证人来说，必比被见证的人高贵。一个是祈求帮助，另一个是给予帮助，后者始终比前者优越。而没有任何东西能比首因（Cause）更优秀——甚至产生这样的念头也是渎神的——因为没有任何东西与神平等，比他低一点点的东西也没有。神与在他之后出来的事物之间的鸿沟是种类和本性之别。人往往在别人认为他们不可信的情况下求助于起誓，使别人能够相信；而神所说的话在任何地方都是可信的。所以，他的话在真实性和可信性上与誓言毫无区别。因而事实上，尽管我们的誓言可以保证我们的真诚，但誓言本身受神的保证。不是誓言使神成为可信的，相反，正是神使誓言成为可信的。

29. 那么，为什么在这位先知和启示者看来，神应该有一个誓言来约束自己呢？这是为了使受造的人相信自己的软弱，同时也使他们对得到帮助和安慰有信心。我们不可能在自己的灵魂里始终怀有关于首因之本质的思想，因为"神非人（或神不同于人）"（《民数记》二十三章 19 节），他是如此高贵，远远高出人对他的任何认识。在我们，可朽性是主要成分，我们不可能脱离自身到外面去获得思想观念，我们不可能避开与生俱来的局限性。我们在自己可朽的躯壳里面爬行，就如同蜗牛在自己的壳里爬行一样，或者像刺猬，把自己蜷缩成一个球，我们总是根据我们自己的本性来思考那圣洁的不朽者。诚然，我们在话语上不会说神具有人的形式这样荒谬的话，但在事实上我们却接受神具有人的情欲这种不敬的思想。因而，我们为他臆想出手脚和收支，认为他也有敌意、厌恶、疏远和愤怒这些情绪。其实，首因绝不可能有这些部位和情绪。起誓也是这样，只是为我们提供一个依靠而已。

我们接着看，"神若赐给你如此如此，你就要取它们来"（《出埃及记》十三章 11 节）。这是摩西对他的命令提出的条件。没错，他若不给予，你就不可能拥有，因为万物都是属于他的财产，你拥有的一切东西，身体、感觉、理性、心灵和它们的各种功能，都属于神；不只是你，整个世界都是神的。无论你从这世界切割下什么东西为你所用，都会发现它不是你的，乃是另一个的。土、水、气、天空、星辰、各种动物和植物，无论死的还是活的，都不属于你，你没有主权。因而，无论你献什么祭，所献的都是神的财产，而不是你自己的财产。

30. 我们还要注意这命令所表现出来的真正意义上的圣洁：不能任意取用，而要有所挑选。自然（nature）① 分配给人类数不胜数的天赋，作为他们的组成部分，她自身却不分有任何一种。她自身是非生的，却生出万物众生；她不需要滋养，却滋养万物；她是不变的，却使万物生长变化；她既不减少，也不增加，却使生命代代相传，生生不息；她赐给身体结构各种能力，使它可以吐纳和前进，能看、能听和能吸收食物，消化之后能排泄废物，能分辨味道，能说话，能做许多其他即有用又必不可少的事。也许可以说，这些事微不足道，自然必已经为她自己取了好的形式。那么，在这些真正称为"良善的"事物中间，我们来试验那些在我们看来是最可敬的事，那些每个人都在适当的时候祈求获得、一旦获得就可以算为最大福气的事。这就是幸福的老年和快乐的死亡。我们都知道，这两件事是临到人身上的最大的恩福，然而自然没有这样的事，她既不知道老年是什么，也不认识死亡为何物。非受造者没有屈尊使用属于受造者的好事，即

---

① 这里的"自然"是斐洛常用的一个词，实际上等同于事物中的神圣动力（Divine Agency）。因而也称为"非受造者"（the uncreated）。斐洛的意思是说，即使诸多恩福是自然本性赐给我们的，也不能由此推出，它们都适合用来祭献自然本性后面的权能。

使受造者自以为拥有与各自的类属相对应的德性，也不会影响非受造者。我们何须惊异呢？男人不能与女人相争，女人也不能与男人相争，各自都有只属于各自性别的功能。如果女人影响男人的行为，或者男人尝试女人的做法，那都会被认为是违背各自的本性的，只能博得恶名。有些德性和良善彼此之间差异极大，即使经过长期实践，也不能使它们成为男女共同的财产。播种和生产属于男人的事，是他独有的德性，没有女人可以得到。同样，生孩子的福气则是属于女人的好事，男人的本性不可能有这种能力。由此可见，即便是"如同人"（抚养儿子一般）（《申命记》一章31节）这样的话，也不是在字面意义上运用于神的，而用于比喻意义，只是为了帮助我们理解而已。因而，我的灵魂，当把一切受造的、可朽的、可变的、亵渎的东西与你关于非受造的、不变的、不朽的、圣洁的和惟一有福的神的概念区分开来。

31. "一切子宫所生的，公的都要归给主耶和华"，这话实在符合自然本性。因为自然已经把子宫给予女人，作为生育后代的专门器官；同样，她也在灵魂里设置一种生育能力，使悟性（understanding）怀胎、分娩，生出众多儿女即各种思想。在所产生的各种思想中，有些是公的、有些是母的，正如生出来的生命物有男女之分。灵魂所生的女孩就是邪恶和情欲，这种力量使人软弱，影响我们的每一步追求。男孩就是灵魂的健康和德性，它激发我们，使我们强壮有力。其中，属男子的部分必须完整地奉献给神，属女子的部分必须留给我们自己。① 因而，我们就有

---

① 这里所谓的灵魂的属男子和属女子部分，就是斐洛所谓的阳性原理和阴性原理。在柏拉图的二元论中，原没有这样的说法，只是讲存在着理性/非理性、善/恶、光/暗之别，然而斐洛这里却把二元论的两端归结为阳性/阴性。这与斐洛的本体论是部分有关的，斐洛认为智慧在本体上是阴性的，逻各斯是阳性的。虽然斐洛没有关于神是阴阳同体的论述，然而有些现代学者认为斐洛的上述思想是诺斯底主义（Gnosticism）的基本源头之一。——中译者注

了这样的命令："一切子宫所生的，公的要归给主耶和华。"

32. 不过，我们也看到："你牲畜中所生的一切，公的要都属耶和华。"（《出埃及记》十三章 12 节）这已讨论了主要元素的后代，他就接着教导我们关于非理性元素的后代。这元素是分配给感觉的，他将它比作牲畜。养在羊群和牛群里的幼崽都是驯服、温顺的，因为它们有牧人的引导和照料。那些在野外流浪的幼崽因为没有人驯服，就成为野兽；那些在牧羊人、牧牛人以及诸如此类的牧人，也就是看护任何一种畜类的人引导下的牲畜，必成为温和而驯服。同样，感觉也可以是狂野的或驯服的。如果它们脱离自己的牧人即心智的控制，在非理性中滑入它们所感知的事物的外层空间，那就是野性的。它们若顺服地回应思考——这是我们复合本性中的统治元素——接受它的指导和控制，那就是驯服的。无论如何，视觉、听觉或者一般的感知觉，只要是在心灵的引导下，就是公的和完全的，因为这样的感觉都在健康状态下获得。相反，只要缺乏那样的引导，我们的身体就要遭受破坏，就如同暴君毁灭城邑一样。所以在这里，如在前一种情形下，我们必须承认顺服心智的感觉活动必是好的，是出于神的旨意的，而那些拒不受约束的感觉，必是属于我们自己的，因为我们一有外界的感觉对象牵引，就滑入非理性的道路。

33. 另外，我们不仅必须从这些东西中挑选，还要从"整个混合体"中挑选。诫命的原文如下："你们吃那地的粮食，就要挑选出一部分专门祭献给耶和华，就是用你们初熟的混合体做饼，把它挑选出来作祭。你们把它挑选出来，就像在禾场上筛选一样。"①（《民数记》十五章 19 至 20 节）。这里的"混合体"

----

① 英文与和合本有出入，故按原文译出。和合本的译文如下："吃那地的粮食，就要把举祭献给耶和华。你们要用初熟的麦子磨面，做饼，当举祭奉献；你们举上，好像举禾场的举祭一样。"——中译者注

就是我们自己，事实上，我们确是由许多实体①混合和联结而成完整的自我。冷热、干湿以及诸如此类的对立面在万物之支配者的指挥下混合和结合，形成单一的聚集体。正因为如此，这里就称之为"混合体"。

在这混合体中，灵魂和身体占据最初分离的位置，我们必须把它的初熟果子奉献作祭。这些初熟果子就是与两者的德性相符合的神圣冲动，因此我们就看到它被比作禾场。正如在禾场上，大麦、小麦及其他谷物都分别聚集起来，同时把糠、壳以及任何渣滓筛出去。同样，在我们身上，也有最好的和有益的元素提供真正的滋养，使健全的生命成熟。这些必须奉献给神，剩下那些毫无神性的东西则当作渣滓留给人类。我们必须从前者挑选祭品献给神。

不过，也有些权能完全纯洁、毫无邪恶，这些东西我们就不可把它们分成部分，使其支离破碎。它们就像是不可分的祭，是完整的燔祭。以撒显然就是这样的一个例子，神吩咐要按他本人的样式祭献，因为他身上没有任何一部分沾染可能败坏的痕迹。另一段经文也教导了同样的真理，"献给我的礼物，献给我的供品，献给我的果子，你们要按日期（在节日）献给我"（《民数记》二十八章2节）。这里没有提到挑选或分离，相反，供物必须完全和完整。灵魂的节日就是完全的德性所带来的喜乐和幸福，完全的意思就是指纯洁无瑕、全然没有人类容易沾染的邪恶。这样的宴席，惟有智慧者才能拥有。除了他，别无他人，因

---

① 希腊文为 ousion，英文译为 substances。这个术语在斐洛的著作中有着较为固定的含义，它主要不是沿用亚里士多德的"本体"含义，而是"质料"的含义。这一点为斯多亚主义所发挥，似乎斐洛深受斯多亚主义化了的亚里士多德的 ousia 用法的影响。这里译为"实体"，主要是考虑到它有"基质"的意思，作为混合物当然是有基质的，即有质料的，而神作为 to on 与此无关。斐洛通常不在"本体"的意义上将 ousia 用于"神"。——中译者注

为你几乎找不到从来没有沾染丝毫情欲或邪恶的灵魂。

34. 摩西为我们阐述了关于灵魂的各部分、支配部分和顺从部分的理论，又表明了两部分中哪个是阳性化的元素，哪个是阴性化的元素，① 接着又给我们以下的教导。他清楚地知道，没有辛苦和费心，我们就不可能生出阳性后裔。因而他接下来的话就说，"凡头生的驴，你要用羊羔交换"（《出埃及记》十三章13节）。这等于是说用辛劳来换取进步。因为驴象征辛苦——它是一种忍辱负重的牲畜——羊象征进步，就如它的名字所表明的。所以要学习各种技艺，或者各种行业，或者其他任何可以教也可以学的东西，不可鄙视和松懈，而要全神贯注。你的心要振奋起来，准备耐心地承受各种苦活；同时要尽一切努力避免毫无果效的劳作，要使你的劳作产生最大的有益果效，获得进步和改善，因为辛劳原本就是为了进步才产生。当然也会发生这样的情形，你尽心劳作，不辞辛苦，你的本性却一无所获，拒绝进步所应当带来的改善，那就停止劳作，放弃努力。做与本性相反的事，是吃力不讨好的。因而，他加上这样的话，"若不交换，就要代赎"（《出埃及记》十三章13节）。也就是说，如果你不能以劳作来换取进步，那就放弃劳作，因为"代赎"这个词具有这样一种意思，即你要使自己的灵魂脱离毫无目的、无所成就的焦虑。

----

① "阴性化"和"阳性化"、"阴性"和"阳性"是斐洛著作中两个有趣的相互对照的概念。《圣经》中译为"公"和"母"。我们在译法上作了一些妥协，既采用了《圣经》的用语，同时又在不适合译为"公"和"母"的地方译为"阴性"和"阳性"。斐洛把这两对范畴用于柏拉图主义的二元论观点上，解释例如灵魂是属于阳性，躯体是属于阴性的等等。这就是说相比阴性，阳性代表更为正面的价值原理和本体原理。然而，斐洛又没有柏拉图主义那样绝对。学者们关于"阴性"和"阳性"的斐洛的解释是有争论的。有些不认为这是斐洛本体论的一部分，有些认为是。因此，他们在关于斐洛这一思想是否影响过诺斯底主义也存在不同的看法。——中译者注

35. 但是这些话不适用于德性，只适用于二级技艺，以及任何一种为满足身体需要，或者为谋求额外的物质享受而从事的必不可少的职业。为获得完全的良善和德性所付出的劳作，就算没有达到目的，其本身也能一开始就使劳作者受益。正是那些存在于德性之外的东西，若没有结果来为辛勤劳作戴上冠冕，就全然无益。动物正是这样的。如果你抓住了它们的头，其他动物就都跟随它。行为的头就是目标或目的，目的适当，行为就具有某种生命力。你若决定砍掉它，或切去它，它们就死了。所以，运动员若不能获得胜利，总是被打败，最好撤退。永远遭遇海难的机械师或船员应当放弃航海，换个职业。人若学了初级课程，但由于本性愚钝，无法吸收任何知识，就干脆放弃，倒还值得称道。因为在这些事上的努力不是为了练习，而是为了实现预定的目标。这样说来，如果我们的本性与我们为取得本性上的进步所作的努力适得其反，那就不必无谓地坚持。如果两者相得益彰，我们就当以那些初熟的果子和荣耀来敬拜神。这些东西就是我们灵魂的赎金，使灵魂脱离残忍的工头，重获自由。

36. 事实上，我们从权威摩西得知，利未人（Levites）被指定代替头生的，侍奉那惟一值得侍奉的神，所以，他们就是所有其他人的赎金。他说："我从以色列人（Israel）中挑选了利未人，代替以色列一切头生的，利未人要作他们的赎金，并要归我，因为凡头生的都是我的。我在埃及（Egypt）地击杀一切头生的那日，就把以色列中一切头生的，分别为圣归我。"（《民数记》三章12、13节）这里，得称利未人的，正是理性（Reason）①。他向神寻求庇护，成为他的恳求者。这理性是神从灵魂的最核心最重要部分取来的，也就是说，他取了它，把它分给自己，并把长子的身份判给它。由此可以清楚地看出，流便（Reuben）是雅

---

① 就是 logos。——中译者注

各的头生，利未是以色列的头生。前者的优先性在于年龄，后者的优先性在于荣耀和价值。因为雅各所象征的劳作和进步从自然能力中获得源泉，流便的名字也是它给予的，而对惟一的智慧存在的虔诚沉思的泉源——也就是以色列的名号所根基的泉源——则是一以贯之地侍奉神，这种事奉就体现在利未身上。这样说来，正如雅各显然承继了以扫的长子身份，追求良善的努力战胜了追求邪恶的努力。同样，流便即自然恩赐的人也必然把长者的权力让与利未，因为后者的生命是完全德性的生命。这种完全性最清楚地体现在，他把神作为自己的庇护所，抛弃充满受造物的世界的一切事务。

37. 这就是渴望自由的灵魂为得救赎所付出的赎价的最主要含义。不过，先知也可能意在表明另一种真理，一种可能被我们不恰当地忽略了的真理，即每个智慧者都是愚拙人的赎价；若没有智慧者以同情和预见为愚拙人提供保护，愚拙人可能一刻都无法存在。智慧者就像是医生，与病人的疾病作斗争，力图缓解病痛，或者完全根除病因，除非疾病的肆虐之势大大超过医生的能力，精心治疗也于事无补。正是这种强大的邪恶毁灭了所多玛（Sodom），因为没有哪种善能与这种压倒天平的巨大邪恶抗衡。倘若能在所多玛找到数字五十，这个带来救赎、脱离奴役、使灵魂获得完全自由信息的数字（《利未记》二十五章 10 节①），或者找到智慧的亚伯拉罕从五十往下一直退到很低的下限十所命定的任何一个数字，一个圣洁可教的数字，心灵就不会如此可耻地毁灭（《创世记》十八章 24 节以下）。然而，就算那些里面的邪恶正在引发一定毁灭的人，我们也要尽我们所能，努力拯救他们。要像良医那样，虽然看到病人已经病入膏肓，无药可救，仍然尽心尽力地提供服务。这样，即使万一出现某种他们不曾预料

---

① 那里规定了第五十年为禧年。

的灾难，也不会有人把责任归咎于医生的疏忽。如果病人身上出现一丝可救的迹象，无论多小，都应当珍惜，要像煽余烬一样，想方设法把这希望点燃。我们自然指望星星之火可以燎原，令人过上美好稳定的生活。

就我自己来说，当我看到家里或城里有一个善人居住，我就认为那家或那城是有福的，相信他们所享有的眼前的恩福必会永久，相信他们所盼望的现在还没有的事必会实现。因为神为了高贵的人，就把他那无穷无尽、无边无际的财富也分给卑微的人。我确切地知道，他们不可能避开年老的命运，但我祈求他们的万寿无疆。我相信，只要他们活着，就必对共同体有益。所以，当我看见或听见他们中有人死了，我的心就忧伤而沉重。不是为他们忧伤，其实，他们已经尽享天年，寿终正寝，去了我们每个人都要去的归宿；他们活着是幸福的，死了是荣耀的，所以我不是为他们忧伤，而是为活着的人叹息。失去了强有力保护之臂膀，没有了为他们挡风避雨的安全港湾，这些人就陷入了种种不幸，这原本就是他们的命运，不久他们自己也必会感受到这一点，除非自然又树立起新的庇护者取代老的保护人，就像果子成熟的树木，她的动力使其他果子也成熟起来，为那些能够采摘的人提供生计和享受。就一个城邑来说，善人是最可信最永久的保证。同样，在由灵魂和身体构成的共同体里，确保稳定的最强大的力量在于理性对智慧和知识的渴求，立法者基于已经讲过的原因称之为"赎价"和"头生"。

因此，他还论到利未人的城邑可以"随时赎回"（《利未记》二十五章32节），因为敬拜神的人已经堆积了永久的自由，尽管在灵魂的长河中，变化一个接着一个，一波未平一波又起，但在他，治愈也是一次接着一次的。经上既说城邑得赎不是一次性的，而是随时可赎，也就暗示这样的思想：对敬拜神的人，与不断变化相伴随的是永久的自由。一个可朽的人是偶然的，另一个则借恩惠者之恩典坚定而持久，这恩惠者就是那敬拜者的财产和产业。

38. 这里我们也可以转向另一个问题，这个问题同样值得深思。首先，他为什么打开利未人的城邑，接纳逃避报复的流浪者，并认为最圣洁的人应当与被称为不洁的人，也就是那些犯了过失杀人罪的人毗邻而居呢？第一个回答可以从已经说过的话里推导出来。我们已经表明善人是恶人的赎价，因而，罪人就有足够的理由来到圣洁者旁边，从他们得洁净。其次，利未人所接纳的人是流浪者。其实，利未人自己本质上也是流浪者。杀人犯被驱逐，离开自己的故土家园，利未人则离弃孩子、父母、兄弟姐妹、亲朋好友，去争取一份不朽的财产，取代那毁灭的财产。两者的区别在于，前者逃走不是出于他们自己的愿望，是不得已为之，后者离开则是出于自己的自由意志，是出于对至高者的爱。同样，杀人犯在利未人中间找到避难所，而利未人则在万物之主那里找到避风港。前者因为不完全，希望有圣洁的话作为他们指定的居所，后者则指望把他们一直侍奉的神作为归宿。再次，过失杀人犯有权利与利未人同住一城，因为神特准这种权利作为一种奖赏，赐给出于正当理由杀人的行为。我们看到，当灵魂跌倒，去崇拜埃及的神即身体，把它视为金子，给予它所不配的荣耀时，圣洁的思想总是奋起反抗，反抗的兵器就是知识所提供的证据和论证。他们把大祭司、先知和神的朋友摩西置于面前作为他们的长官和首领。他们为真正的宗教殊死奋战，不扫除仇敌的虚假理论绝不罢手（《出埃及记》三十二章 26 至 28 节）。由此说来，利未人与杀人犯住在一起也就很自然了，因为他们的行为虽然不完全相同，却极为相似。

39. 关于这个问题还有另一种通行的解释，但不是为了追求粗俗的知识。在年长者听来可能会相信，年轻一点儿的就很可能充耳不闻。这种解释是这样的。在神的各种至高权能中，有一种无与伦比的权能，就是立法权。因为神本身就是立法者和一切律法的源泉，各个具体的立法者都依凭于他。这种立法权能可以分成两个部分，一部分是奖赏那些行善的人，另一部分是惩罚那些作恶的人。利未人就是第一部分的执行者。因为利未人主持一切属于完全祭司之职的仪式，这些仪式不论燔祭、平安祭还是赎罪祭，都是为了把人举荐给神，为他所认可。至于第二部分即惩罚的功能就由那些过失杀人犯执行。对此，摩西有话见证说："人若不是埋伏着杀人，乃是神交在他手中。"（《出埃及记》二十一章 13 节）要知道，杀人者的手只是被使用的工具，使用这些工具的则是另一个，是不可见的那位，他的使用也是人所不能看见的。这样就完全可以理解，执行两种律法的人应该住在一起。利未人执行的是奖赏之法，过失杀人犯执行的是报复之法。

当我们读到"我在埃及地击杀一切头生的那日，就把以色列中一切头生的，分别为圣归我"（《民数记》三章 13 节）这样的经文时，不可以为惟有在埃及受到重击和凡头生的都毁灭，以色列头生的才为圣洁。不是的。这里的教导是说，无论过去，现在，还是将来，那种成圣都可以在灵魂里不断重复。一旦盲目情欲的最强大力量被摧毁，对神有清晰认识的以色列的可贵的长子就得以成圣。因为邪恶出去了，有利于德性进入，反之亦然。如果良善后退，一直等待时机的邪恶就会取而代之。雅各一出来（《创世记》二十七章 30 节），以扫（Esau）就进入我们心里，这心总是敞开着，任凭出入。他想要抹除德性的影像，只要可能，就刻上邪恶的印记取代之。然而他不可能成就自己的目标。智慧者必在击打还没落下时就把它挡开，以扫必清醒地看到自己被绊倒和被取代，他的产业归到了别人的名下。

40. 亚伯所献的不只是头生中的初熟果子，还取其脂油献上，表示灵魂的喜乐和丰富，一切保护并产生喜乐的，都要挑出来献给神。

　　另外，我还注意到，根据祭献条例，敬拜者必须首先从用来祭祀的牺牲中选取以下三样：脂油、双腰和肝叶（《利未记》三章3节以下）。关于这三者，我会一一解释。至于头或心，我们可能会以为献祭的首选应当是它们，因为我们也在立法者的话里看到，支配性原理就位于它们中间，不是在头上，就是在心里，经上却没有一处这样提到它们。也许他把它们列在神的祭坛之外是出于真正的虔诚，经过了深思熟虑，因为这支配原理时刻都在变化，不是变好，就是变坏。因而它始终包含不同的印象：有时是纯粹的、经过试炼的真币，有时则是低劣的、掺假的假币。这区域既然能接纳两种针锋相对的元素即高贵和耻辱，对两者都耳熟能详，对两者都同样推崇，那么，在立法者看来，与其说它是圣洁的，还不如说它是不洁的。因而，他就把它从神的祭坛上排除了。耻辱的就是渎神的，渎神的必是不洁的。正是这种亵渎把支配原理排除出去了。当然，如果它经过净化，每一部分都得到洁净，祭火上焚烧的就必是毫无瑕疵和毫无污点的完整祭品。根据燔祭条例，除了排泄物和皮是留给受造物的——因为它们是身体软弱的标记，但不是邪恶的标记——其余的一切都应完整地献给神作燔祭，因为它们表示灵魂的各个部分都是整全的。

论恶人攻击善人

论恶人攻击善人

1. "该隐对他兄弟亚伯说，我们到平地上去吧。于是二人来到平地上，该隐就起来打他兄弟亚伯，把他杀了。"[①]（《创世记》四章8节）该隐的目的就是要用挑衅把亚伯拖入争论，并借着似是而非的，只具有真理表象的诡辩来战胜他。我们从简单明了的事情推断出关于复杂模糊的事情的结论，认为这里的平地，也就是该隐约他兄弟亚伯会面的地方，比喻比赛和单挑独战。我们看到，无论是战争年代还是和平年代，大多数竞技赛事都是在平地上展开的。和平年代，参加体育竞赛的运动员要在空旷的平地上设置跑道；战争年代，很少有步兵或骑兵在山岭上开战。因为不利地形所导致的伤亡很可能会比战斗本身所造成的更大。

2. 这里就是一个明显的例子。倾心追求知识的人，与知识的反面即无知作战，指导灵魂，告诫并纠正它里面的非理性权能；我们看到，这人就是出现在平地上的："雅各就打发人，叫拉结（Rachel）和利亚（Leah）到田野羊群那里来。"（《创世记》三十一章4节）这清楚表明，平地（或田野）是一个比喻，意指争战、争吵和争论。他为什么要把她们叫到平地上呢？因为"我看你们父亲的气色向我不如从前了"（《创世记》三十一章5

---

① 和合本《圣经》译为："该隐与他兄弟亚伯说话，二人正在田间，该隐就起来打他兄弟亚伯，把他杀了。"——中译者注

节)。我倾向于这样理解:"拉班(Laban)之所以不站在你这
边,原因就在于神与你同在。某个灵魂若是把感觉可感知的外在
对象尊为至善,这样的灵魂不可能有卓越的理性;有神住在里面
的灵魂,不会把外在的感觉对象看作善事。拉班这名字这词所对
应的就是这个意思。"这样的人,遵照他们父亲的法则,根据渐
进原理指导自己的行为,所以选择平地作为他们教导灵魂中的非
理性冲动,使它们找到更好的发泄渠道的最好之地。以色列对约
瑟(Joseph)说:"你哥哥们不是在示剑(Sychem)放羊吗?你
来,我要打发你往他们那里去。"约瑟说:"我在这里。"以色列
说:"你去看看你哥哥们平安不平安,群羊平安不平安,就回来
报信给我。"于是打发他出希伯伦谷(Hebron)。他就往示剑去
了。有人遇见他在田野走迷了路,就问他说:"你找什么?"他
说:"我找我哥哥们,求你告诉我他们在何处放羊。"那人说:"他
们已经走了,我听见他们说要往多坍(Dothaim)去"(《创世记》
三十七章 13 至 17 节)。

3. 从这些话我们可以清楚看出,他们正是在平地(田野)
上照料他们里面的非理性权能。而约瑟,因为无法承受他父亲过
于严厉的知识,就被打发到他们那里去,好叫他在比较温和宽大
的老师那里学习,知道自己该做什么和什么是有益的。因为迄今
为止他所追随的信条掺杂了各种各样不和谐的因素,由许多方面
构成,成分十分复杂。正因为如此,立法者说约瑟的父亲给他做
了一件彩衣(《创世记》三十七章 3 节),由此表明他所传播的
教义充满错综复杂的谜团,很难解开。他在形成自己理论的时
候,更多的是考虑到治国才能,而不是真理。这体现在他对待三
类善事的态度上,即属外界的,属肉体的,以及属灵魂的善事。
从其本性看,这些事都全然不同,彼此独立,但他把它们联合起
来,组成一个整体,宣称它们彼此需要,不可分离;又说由三者
共同构成的统一体才是完全和真正的大善;而构成整体的各个部

分，虽然也是善，但只是部分或作为构成元素的善，不是完全的善。他指出，构成宇宙的四大元素，无论是火和土，还是另外两种元素，都不能单独构成世界，惟有当各个元素联合起来，合成一个整体，才能成为世界；又指出，快乐其实也完全一样。它既不在于单独拥有属外界的事物，也不在于拥有属肉体的事物，也不在于拥有属灵魂的事物。这三类事物每一类都只是一个部分，或者一个元素，只有把它们都结合起来，成为整体，快乐才会产生。

4. 所以，为了使他接受比这些思想更好的教导，就把他打发到那些人那里去：这些人认为惟有真正美的才是善的，认为这是专属于灵魂的财富，相信外在事物和属肉体事物的好处只是表面的善，并非实质的善。因为经上说："看看你哥哥们放羊"，"在示剑"看管他们的各个非理性因素（《创世记》三十七章13节）。"示剑（Sychem）"的意思就是"肩膀"，表示忍辱负重。爱德性的人就是要担当极大的担子，即要抵制肉体和属肉体的快乐，还要拒斥外部的事物以及它们所带来的愉悦。"你来，我要打发你到他们那里去"，也就是说，"召你到哪里，就要去哪里，要在心里做好预备，热切地接受更好的教导。到目前为止，你都在自欺欺人，以为你所接受的是真正的教育。你嘴里虽然同意，要去接受另外的教导，但你心里并不承认自己需要另外的教导。你叫着说：'我在这里。'这应答在我看来并不表明你乐意去学习，反倒显出你的顺从是多么轻率和鲁莽。因为接下来有真人（real man）发现你迷了路，在田野徘徊（《创世记》三十七章15节），这就是明证。你若是有坚定的决心去接受教导，就不可能在半路上迷失方向。我还注意到，你父亲劝你去的话不带有任何强制色彩，目的就是希望你能出于自己的动力，自愿走上更好的道路。他只是说：'你去看看'，去沉思，去观察，去全面准确地了解问题；因为你首先要弄清楚自己要去干什么，然后才能

着手去做。当你对要做的事有了全面的考察，经过沉思对方方面
面都有了完全的了解，那么就要进一步去检查那些投身于此事、
已成为虔诚信徒的人。你必须查明，他们追求这项事业是出于正
常的理智，而不是头脑发热，因为那些沉溺于享乐的人常这样设
想，讥笑和贬损他们。我是说，要仔细审查，看进行这种训练的
人是否理智和清醒。但不可轻率地作出最后的论断，要把情况回
报给你父亲，让他作最后论断。因为刚上道的人的论断往往是不
可靠和不稳定的，而那些入道很深的人的判断才稳妥准确。其他
人惟有向他们学习才能渐渐获得这种能力"。

5. 我的悟性啊，你若是基于智慧来考察这些神谕，也就是神
的话语和神所爱的人所立的律法，就不会勉强接受任何拙劣的，
或者与它们的高贵不相配的事物。是啊，明智的人，谁会接受我
们正在谈论的这个故事呢？雅各既拥有王的财富，怎么可能缺少
家奴或侍从，竟要派他的一个儿子出去察看他的其他儿子，看他
们是否平安，他们所放牧的羊群是否平安，再回来报信给他？他
的祖父打败九王之后抓走了大量囚犯，除此之外还有三百多家养
的奴仆，并且自那以来，他的家庭从来没有衰落过，家丁不但没
有减少，反而渐渐增多。他既然有大量的仆从，如果要执行的任
务很容易完成，只要派出一个低等侍从就可以做到，那他就绝不
会认为派一个儿子，并且是他特别喜爱的儿子去执行是恰当的。

6. 你要注意，圣经的记载常常有违常规，甚至讲到他派儿
子离开的那个地方时也是如此，只是为了叫读者明白，不能从字
面意思去解读全文。经上记载说："打发他出希伯伦谷。"（《创
世记》三十七章 14 节）要知道，"希伯伦"即"成对"和"同
志关系"的意思，它是对我们身体的形象称呼，因为身体与灵
魂"成对"，并与它建立了一种友谊和"同志关系"。身体作为
"谷"，具有感觉器官，巨大的接受器，可以容纳外界的全部感
觉对象。它们把大量事物的属性提供给智性，通过接受器倾倒给

它，就像汹涌的洪水把它给淹没了。所以关于大麻风的条例有规定，一旦发现房子的墙上有发绿或发红的凹斑纹，就必须把那有灾病的石头挖出来，扔到城外不洁净之处，又要用别的石头，代替那挖出来的石头（《利未记》十四章 57 节以下）。也就是说，当异常的属性——都是享乐、欲望以及诸如此类的情欲自己造成的后果——出现并压迫整个灵魂，把它挖空降低它的水准时，我们就必须除去导致产生这种疾病的原理，并且通过律法的训练，或者真正良好的教育，引入好的有利于健康的原理来取代它。

7. 因而，雅各看到约瑟已经完全陷入了身体和感官的深谷，就激励他离开藏匿之处，走出来求助于那些曾追求圣灵、如今已经成为导师的人，从他们汲取自由且坚定的灵。走了一阵子之后，他以为自己已经前进了一大步，却不想迷了路，如经上所说的："有人遇见他在田野走迷了路"（《创世记》三十七章 15 节）。这表明光努力还不够，努力还必须有方式方法。正如演奏必须有音律，说话必须有语法，也就是说从事任何艺术都不可毫无章法，或者用错误的方法，每一种艺术都要按着它本身所要求的规律去做。同样，我们要理智但不可狡诈；要自制但不可吝啬；要勇敢但不可鲁莽；要虔诚但不可迷信，不可以无知的灵去追求任何一种德性所主宰的知识，因为我们都知道，这些领域都是无踪迹可循。所以，有一条律法要求我们"按公正的方法追求公正"①（《申命记》十六章 20 节），也就是说，我们追求公正和其他德性，就必须按它们的方式行事，不可按相反的方式行事。所以，如果你看到有人该吃的时候不吃，该喝的时候不喝，不洗澡，不抹油，不修边幅，睡在地上，住在肮脏和破烂的房子里，以为他是在践行自制，那么请饶恕他的错谬，并且向他指出

---

① 和合本的译文原为："按公义的方法追求公义。"我们这里根据斐洛的文本，把 justice 和 just 统一译成公正、公正的。——中译者注

何为真正的自制。他的所有这些行为都是徒劳无益，甚至令人厌烦的，只是以饥饿来折磨身心，以别的方法来恶待它们。一个人，可能甘心接受圣水的喷洒，接受各种洁净方法，但那只是洁净了身体，心灵仍然充满污秽；他可能有很多钱，多得不知道该如何花，于是就建起一座庙宇，粉刷得富丽堂皇；他可能奉上百牲大祭献，平时也时时献上小公牛；他可能用昂贵的还愿奉献物装点圣物，并把大量名贵材料，甚至金银无法计量的精致工艺品用到它们身上。即便如此，他仍然不能写入虔诚的名单，绝对不能。因为这样的人与其他人一样，已经偏离了虔诚的正道，迷失了方向。他们以为虔诚只是仪式，而不是圣洁。他们把各种礼物献给神，却不知道他不受贿赂，不会接纳这些东西；对他恭维奉承，却不知他不信花言巧语，他只接受各种真诚的敬拜，憎恶任何假装的东西。真诚的敬拜就是把单纯的真相作为惟一祭献的心灵来敬拜。他们的一切只是为了炫耀，这种以耗费大量奢华的外物为代价的做法都是虚假。

8. 有人说，圣经没有提到发现他在田野迷路的那个人的名字（《创世记》三十七章 15 节）。这样说的人在一定意义上也迷了路，因为他们总是无法清楚地看见事情的真相。要不是他们患了心眼疾病，变得半瞎了，他们原应知道，这位真人的最正确称呼就是简单的"人"，这是完全属于他的名字，对富有理性、准确和清晰的表达能力的心灵来说，也是最恰当的头衔。这"人"就住在我们每个人的灵魂里面，有时候是王和统治者，有时候又成为我们生活中各种比赛的法官和裁判。有时候他还担当证人或控告者的角色，但我们看不见。他从里面审判我们，甚至不允许我们开口，用良心的绳索勒住舌头，免得它走上任性而悖逆的道路。这位挑战者①看见灵魂在路上徘徊，就问他："你找什么？"

---

① "Elenchus"，用于神的道、天使和大祭司，也指良心，我们的真我。

（《创世记》三十七章 15 节）"你在找正确的感觉吗？那你为何要行在狡诈的道上呢？是找自制吗？但这条路通向吝啬。是找勇气吗？沿着这条路走下去只能遭遇鲁莽。你所找的是虔诚吗？可这是一条迷信之路。"如果它说它正在寻找科学原理，渴望他们如同最亲近的兄弟，我们绝不可相信它，因为如若那样，它所问的就不会是"他们在何处放羊（feed）"（同上书，五章 16 节），而应该是"他们在何处牧羊（tend）"。因为那些放养我们的人所提供的食物，就是为各种非理性的、永不满足的感官提供的形形色色的感觉对象，这种食物使我们失去自制，陷入悲惨的泥潭；而那些牧养者，他们拥有统治权和管理权，通过压制强烈的欲望来驯服狂野的感官。灵魂若是寻找真正信奉德性的信徒，就会在诸王中间寻找，而不会在侍酒者、甜食师或厨师中间寻找，因为后者预备满足各种享乐的东西，而前者则要控制各种享乐。

9. 所以，这人既已识破骗局，就正确地回答说："他们已经走了（离开这里了）。"（《创世记》三十七章 17 节）。"这里"他指的是物质世界，以此表明，凡持久努力，争取获得美德的人都要放弃世俗世界，立志升向天空，路上不携带任何肉身的软弱和缺点。这人还说，他听见他们说要往多坍去（同上）。要知道，"多坍"的意思就是"完全放弃"。所以，他们自己的话就是证明，说明他们已经全心全意地，而不是半心半意地致力于学习如何抛弃一切与德性无益的东西。同样，我们还念到这样的经文："撒拉（Sarah）已经断绝了（女人专有的）月经。"（《创世记》十八章 11 节）情欲的本性就是女性的，所以，我们必须断绝与这些东西的关系，去追求标志高贵爱情的男子气概。

所以，正是在平地（田野）上，也就是在不同言语的对抗中，约瑟迷了路，也就是主张一种精致的教义和教导治国才能而非真理的人迷了路。在那些参加体育比赛的运动员中间，有这么一些运动员，他们的形体看上去极其剽悍强壮，令他们的对手望而生畏，使他们还没开赛就退出比赛。于是，他们不战而胜，以其无与伦比的力量赢得了奖牌，甚至连预备作战的尘土也没有沾染一点。以撒的心里——心灵乃是我们最神圣的部分——正是赋有这样的运动员的力量，他"出来到了平地（田间）"（《创世记》二十四章 63 节）。他不是来与任何人比赛，因为那些原本与他作对的人看到他伟大的本性，看到他在各方面都大大超过他们，已经胆战心惊，不战而退了。所以，他不是来争战的，乃是要与独一的神独处，就是引导他的道路和灵魂并与他同行的神，还要与他默默交流（默想）。我们可以举出一个非常明显的例子证明这绝不是凡人之间的谈话。因为利百加，也就是忍耐，出来证明所看见和留下印象的只有一个人。她问："这走来迎接我们的是谁？"（同上书，五章 65 节）。诚然，坚守在高贵之道上的灵魂固然能够领会自学所得的智慧，也就是"以撒"这个名字所代表的，却不可能看见神这智慧的统治者。与此一致的是，仆人的话也进一步证实她不能领会神，因为他是不可见的，即使在与以撒交谈，也是看不见的。仆人说："这是我的主人。"这话显然只是指着以撒说的，因为他如果看见了两个人，就不可能只指着一个人说。没错，他根本没有看见神，因为他不能被指认。凡在半路上徘徊的人，没有一个能看见他。

　　10. 我想，我们已经非常清楚地表明，该隐叫亚伯去平地（田野），这是向他挑战。这里的平地就是比喻必须争战的一场比赛。接下来我们必须努力揭示他们出发之后所要考察的是什么问题。显然，他们是在考察完全相反的不同观点。在亚伯，万物都归于神，所以他所考察的是爱神的信条；在该隐，一切都属于他自己——他的名字就是"获取"的意思——，所以他所考察的就是爱自己的信条。爱自己的人，一旦脱掉外衣，预备与那些珍爱德性的人开战，就不停地拳打脚踢，直到彻底毁灭对手，或者迫使他们举手投降。因为他们总是千方百计——如俗语所说的

——地不断提问:"身体不就是灵魂的房子吗?"既然如此,我们为什么不该关心这个房子,使它不至于崩塌?眼睛、耳朵和别的感官岂不是——可以说——灵魂的保镖和侍臣吗?我们难道不该珍爱自己的同盟和朋友吗?自然创造了各种享乐、娱乐和喜乐,满足我们生活的方方面面,这岂是为死者,或者为那些根本没有出生的人准备的,而不是为我们活生生的人预备的?凭什么我们要放弃财富、名声、荣誉和职位,以及其他诸如此类的事物?它们不是保证了我们的生活不仅安全而且快乐吗?这两种截然不同的生活方式证明我所说的话是对的。那些热爱和追求德性的人,几乎无一例外都是身贱位卑、受人鄙视的无名小卒,他们只有贫瘠的土地,缺衣少食,不享有臣民的特权,甚至连奴隶都不如;由于吃不饱、穿不暖,他们看上去面黄肌瘦,皮包骨头,疾病缠身,挣扎在死亡线上。相反,那些关心自己的人则都是名人、富人,占据着领导的位置,领受众人的吹捧,接受各种荣耀,大腹便便,红光满面,心宽体胖,过着纸醉金迷、放荡不羁的生活,对劳作一无所知,却谙熟各种享乐,借着感官把甜美的生活带给那些来者不拒的心灵。

11. 他们经过这样冗长和远距离的辩论之后,就被认为已经打败了那些不习惯吹毛求疵的论证的人。但他们的胜利不在于得胜者有多大力量,而在于他们的对手在这方面的软弱。追求德性的人可以分为两类。有些人只把灵魂作为他们所追求的好事的宝库,致力于可称道的行为,毫不擅长于玩弄辞藻。还有些人两方面都很成功,心灵有智慧和善行保卫,嘴巴又能言善辩,口齿伶俐。所以,与某些好战的对手面对面论辩,这特别适合后面这类人,因为他们全副武装,已经预备有击退敌人的方法,但这样做对前者来说,就毫无安全可言了。就算他们也全副武装,这战争也不是平等的,何况他们毫无装备,怎能对付全副武装的人呢?就亚伯来说,他从来没有学过说话的技巧,只是用心去领会美和高贵。出于这样的原因，他应当拒绝平地应战，对心怀恶意的人的挑衅置之不理，因为退避总比溃败好，尽管我们的敌人会把这种退避称为怯懦，但我们的朋友会认为这是小心谨慎。既然朋友不会糊弄人，我们就当相信朋友，而不是相信那些对我们心怀恶意的人。

12. 你岂没有看到摩西与"埃及"文士（也就是身体）的诡诈争战吗？他把他们称为"魔术师"，因为诡辩的把戏和骗局就像魔术的魔力一样，腐蚀并败坏好人。摩西向耶和华恳求说，他不是个"能言"的人（《出埃及记》四章 10 节），这话的意思等于是说，他没有演讲的天赋，没有辩才。其实所谓的辩才不过是对看似可能之事的似是而非的推测而已。后来，他又提到这个问题，特别强调他不只是不会能言善辩，而且全然"不会说话"（《出埃及记》六章 12 节）。他称自己"不会说话"，不是我们所说的全无理性的动物的不会说话，而是指他找不出适当的言语来表达自己。其实，他心里刻着真正智慧的教导，这与虚假的诡辩完全相反。所以，摩西必不会匆匆下到埃及去，也不会与它的文士正面交锋，直到神拣选了他的兄弟亚伦（Aaron），把表达思想所必不可少的要点完全显明出来，使他在表达方面得到全面训练。亚伦能言善辩，可以作他的"口"、"代言人"和"先知"（《出埃及记》四章 16 节；七章 1 节），这些称呼都是属于话（Speech）或道（Word）的，[①] 话或道是心灵的兄弟。心灵是话语的源泉，话语则是心灵的流溢。心里所有的思想，就像从泉源里流出来的溪流，涌上来，借着话语说出来，叫众人知道；话语就是把悟性在自己的议院里所形成的计划表达出来。而且，话语就是神谕的代言人和先知，而悟性则在深不可测、难以企及的深处不停地说着神谕。

---

13. 这样去面对那些在自己所持守的信条上振振有词的人，与我们必是有益的，因为我们既在表达形式上接受了训练，也就不会因为缺乏辩论技巧而一下子倒下。相反，我们必会鼓起勇气，从容应对，轻松地摆脱对手凭借其技巧设下的圈套。一旦我们识破了他们的诡计，就必使他们原形毕露，原来他们所显示的英勇只是演习中的英勇，不是真正战斗中表现出来的英勇。他们只是在自己人中间举行的模拟比赛中获得荣耀的拳击手，若是参加真正的比赛，恐怕就是无名小卒了。如果一个人心灵里武装了全部的德性，虽然没有受过修辞的任何训练，但只要他静静地一言不发，就可以稳操胜券，不需任何风险就可赢得奖牌。但是他如果像亚伯那样，出去参加充满诡计的争战，那就会还未站稳脚跟就栽倒在地上。正如在医学界，有些开业者能够治疗几乎所有的苦痛、疾病和身体的其他损伤，却不能对任何一种治疗作出科学解释，不论是真理性的解释，还是似是而非的解释，他都说不出来。相反，还有些人，就理论水平来说，非常杰出，对症状、病因以及应该如何治疗讲得头头是道，令人敬佩，但是对解除病体的痛苦却没有任何好处，对真正的治疗起不了任何作用。同样的道理，那些对德性孜孜以求，在生活中身体力行的人往往拙于表达，而那些在演讲技艺上受过全面训练的人又往往不能把所学的高深教导在内心里沉淀下来。如果我们发现这些人控制不住自己的舌头，喋喋不休地说个没完，表现出傲慢和放肆的姿态，那一点儿也不值得奇怪。然而，他们只是表明自己的无知和愚蠢而已，他们的学习过程一直就伴随着这样的无知。而另一些人，就如医生那样，已经接受教导，知道要根治灵魂的疾病和烦恼必须耐心等待，直到神准备好了最完全的解释者，喷出话语之源，向他显明出来。

14. 所以，要是亚伯训练过救人要谨慎的德性，待在家里，对挑衅和较量的话语置之不理，那就好了。他应该效法利百加，她代表的就是耐心等待。当以扫，就是追随邪恶的人，威胁要杀死雅各，就是德性的信徒的时候，她就指示雅各离开，因为以扫策划了计谋要害他，直到以扫的残忍和疯狂渐渐平息。实在的，他的威胁令人难以忍受，他说："为我父亲居丧的日子近了，到时候，我要杀我的兄弟雅各。"（《创世记》二十七章41节）以撒是世上惟一一个不受情欲支配的典范，接受了神的"不要下埃及去"（《创世记》二十六章2节）的警告，以扫却祈求和希望他成为非理性情欲的奴仆，希望他（在我看来）被快乐或忧愁或别的情欲之箭射中。他竟这样希望，这就清楚地表明，人若不够完全，只知道埋头苦干，就不仅很容易受伤害，还可能遭到彻底毁灭。然而，神是仁慈的，他不会让一个圣洁和不可亵渎的人成为情欲的牺牲品，也不会把追求德性的人交给疯狂的杀人犯遭受毁灭①。所以接下来的话："该隐起来打他兄弟亚伯，把他杀了"（《创世记》四章8节），从浅层看，这话是说亚伯被杀死了，但只要深入研究，仔细琢磨，就会发现，这话的意思是说该隐被他自己杀死了。这话必须这样理解："该隐起来，杀死了自己"，而不是别的什么人。这正是我们所指望的他该得的下场。因为灵魂若是从自身中根除了爱德性和爱神的原理，就是在德性之生命上死了。因而可以说，亚伯既被杀死了，又还活着，这听起来似乎有点儿奇怪，但真实的意思是说：他是从愚昧者的心里毁灭了，被消除了，但他在神那里过着快乐的生活。对此，圣经会为我们作证。我们清楚地看到，它说他有"声音"从地里向耶和华"哀告"，诉说他在邪恶兄弟手里所遭受的冤屈。人若不是还活着，怎么可能说话呢？

15. 我们所得到的结论是：智慧者看起来在败坏的生活上死了，在不朽坏的生命上却是活的；而卑劣小人尽管在邪恶的生命

---

① 即"以撒不会跌倒，雅各也不会毁灭"。

上活着，在快乐的生活上却已死了。如果我们想到的人或一般的物体是彼此分开的，那么可以说，作用者是一个，被作用者可能是另一个。比如为教育的目的，父亲打儿子，或者教师打学生，打的是这一个，被打的则是另一个。但当我们思考的人或物体不是两个，而是同一个，那么施动者与被动者当然也是同一个了。它们不是处在不同的时空里，不是两个对立的主体，而是同一个时空中的同一个主体。比如，一个运动员为了训练按摩自己，那么毫无疑问，被按摩的就是他本人；一个人击打或伤害自己，被击打或受伤害的当然就是他本人，甚至可以说，他若切割自己的肢体、杀死自己，被切割、被杀死的就是他自己。我举这样的例子要说明什么问题呢？也就是说，灵魂若不是出于彼此分开的人或事物，而是出于同一个整体的人或事物，那么它做了什么，就必然承受什么，就如同我们在讲的这个例子那样。看起来，它毁灭了与神最亲近的教义，但结果，它毁灭的是它自己。该隐不敬神的子孙拉麦（Lamech）就证明了这一点。拉麦有两个妻子，就是两个不明智的判断，他对她们说："我杀壮士却伤自己，我害幼童却损本身。"（《创世记》四章 23 节）很显然，一个人若杀了勇敢的原理，就是拿它的对立面怯懦之病来伤害自己，若去掉了追求高尚行为所需要的强大力量，就是使自己遭受拳击，蒙受极大的耻辱。事实上，代表耐心等待的利百加就说了，如果训练和渐进都除去了，那么她所失去的就不只是一个儿子，而是两个儿子，最终以至于断子绝孙（《创世记》二十七章 45 节）。

16. 正如伤害情操高尚的人，最终受损的是他自己。同样，人若认识高贵者的尊荣，就能获得一定益处，名义上是荣耀他们，实质上是自己受益。自然本性以及所立的与自然本性和谐一致的诫命都证实了我所说的话。我们在经上看到这样一条直截了当的诫命，"当孝敬父母，使你得宠"（《出埃及记》二十章 12 节）。它没有说"使那些被孝敬的人"，而是说"使你得宠"。我们是由心灵和感觉构成的复合存在，如果我们能敬重心灵如敬重父亲一样，敬重感觉像敬重母亲一样，那么我们自己也必得到它们的善待。尊敬心灵表现在，不是为它提供享乐的东西，而是为它提供有益的东西；凡是从德性生出来的，都是对它有益的。尊敬感觉表现在，不放任它专注于外界对象，而要以心灵控制它，因为心灵就像引航员或马车驾驭者，能够指挥我们里面的非理性力量。如果心灵和感觉得到了我所描绘的这种尊敬，那么作为它们两者的构成者的我，就必能从中得到益处。关于心灵和感觉我们就谈到这里。你若能像尊敬父亲一样尊敬那创造世界的神，像对待母亲一样对待构成宇宙的丰富多彩的智慧，那么你自己必是最终的赢家。神是完满的，他什么也不缺；至高和终极的知识不需要任何东西。既然这样，我们必然可以说，关爱神和终极知识的人，他付出的爱并不是为他所爱的对象增添什么好处，因为他们什么也不缺乏，受益的主要还是他自己。驯马的人懂马，爱狗的人了解狗，他们都知道怎样爱护动物，为它们提供它们所需的、对其有益处的东西。他们若不这样做，就会被指责不尽职。然而，若说虔诚，即爱神，就是为神提供益处的途径，这就是不敬神了。因为神既不缺乏任何东西，当然就不可能从任何东西上获益，任何存在物也不可能为至高无上的神增添什么。恰恰相反，倒是神在不断地、永不停息地为宇宙提供恩益。所以，当我们说虔诚就是对神的爱的时候，我们指的是类似于仆人对主人的侍奉，主人告诉仆人去做什么，仆人就马上遵命去行。但同样，这样的类比似乎也不够完全，因为主人需要侍奉，神却根本不需要。这样说来，对主人来说，仆人的侍奉使他们受益，但对神来说，并没有从人的侍奉中获益，所体现的惟有人对主的一片爱心。既然神的一切从来就是完全的，人就不可能使他的什么方面有所改善，反倒是他们自己在走向神和与神日益亲近的过程中受益无穷。

17. 至此，我们讨论了这样一个问题，即那些人看起来是对别人行了善或作了恶。其实，我们发现，受益或遭报的乃是他们自己。关于这个话题，我想已经谈得够多了。接下来我们要看看下面的话。有一个问题是这样提的："你兄弟亚伯在哪里？"（《创世记》四章9节）对此，该隐回答说："我不知道，我岂是看守我兄弟的吗？"这段经文要求我们思考这样一点，从严格意义上说，神是否真的在提问题。一般来说，人之所以要提问题，是因为他对所问的事物不知道，想要寻找答案，所以询问别人，以便知道原来不知道的事情。然而，神是知晓一切的，不仅知晓现在的事，过去的事，连将来未发生的事也全在他的掌握之中。提问既然不会使他得到任何知识，那他为什么要提问呢？事实上，从严格意义上说，这样的表达式不能使用在第一因（即神）身上。正如我们可以说这样的谎言，它只是形式上表现为谎言，并没有任何骗人的意味；同样，我们可以说这样的话，它从形式上看是一个问句，但其实并不是在询问什么。那么，有人就会问了，这样的表达究竟是为什么目的呢？不为别的，就看灵魂是用好言还是用恶语回答，从而见证它自己是可指责的，还是有可推诿的理由。神也曾问智慧者："你的德性在哪里？"（《创世记》十八章9节）——（我指的是向亚伯拉罕问他妻子撒拉在哪里），他这样问并不是因为他不知道，而是因为他认为亚伯拉罕必须回答，目的在于，让说话者在无拘无束的轻松状态中通过自己的话表明应得的称颂。你看，亚伯拉罕是这样回答的："她在帐篷里"，即在灵魂里。那么，从这样的回答中可以看出什么东西是值得称颂的呢？其实他的意思是："我有德性，我把它作为某种珍宝藏在心里。但光有德性，并不能使我快乐。因为德性在于践行并享受德性，而不只是拥有它。你若不从天上派下种子，使她怀胎，她若不生育出以撒，即完全的快乐，我就不可能践行美德。我已经断定，快乐就是在完全的生活中实践完全的德性。"所以，神对他的回答非常高兴，答应在适当的时候满足他所提出的要求。

18. 于是，在亚伯拉罕，他的回答赢得了称颂，因为他承认若没有神的直接眷顾，即使有美德，也不足以对我们有益；而在该隐，他的回答引来的是责备，因为他说，他不知道他的兄弟，就是被他阴谋杀害的兄弟在哪里；他还以为能蒙骗神哪，似乎神没有清楚地看见一切，不曾预见他必诸求于这样的诡诈。然而，凡以为有什么事能逃脱神的眼睛的，就是不法之徒，就是被驱逐的人。此外，该隐还厚颜无耻地说："我岂是看守我兄弟的吗？"（《创世记》四章9节）我得说："若不是自然本性派他作看守，看守如此大的良善，他的生活将会有多么邪恶。"你岂没有看到，立法者不是把保守和看护神圣之事的职责托付给普通的人，而是托付给利未人，就是满怀虔诚的人？因为在他们看来，这大地、海洋、空气，以及天空和整个世界，都是微不足道的，惟有造主才适合他们，他们作为真正的恳求者，惟有从他那里才能找到庇护，并成为他的侍从，永不间断地侍奉他，不知疲倦地看护交托给他们的圣物，从而显明他们对这位造主的爱。

19. 但看护圣物的职责并不是交给所有的恳求者的，惟有那些寿至五十，停工退任，得了完全自由，恢复了旧时天命的人，才能受此重托。因为我们读到经上的话说："利未人是这样的：从二十五岁以外，他们要前来任职，办会幕的事。到了五十岁，就要停工退任，不再办事。只要在会幕里和他们的弟兄一同侍候，谨守所吩咐的，不再办事了。"（《民数记》八章24至26节）所以，要记住，数字五十是完全的，而二十五则是半完全，并且正如某位古人所说的，开端就是全部的一半。我们注意到，他命令利未人从半完全开始做工，担任圣职，表明积极的顺从；同时又命令完全的人不再做事，只要谨守他经过劳苦实践所获得的东西就可以了。事实上，我若从来没有努力学习，不曾付出汗

水，就不可能在将来成为一个看守者。学习或践行是一种手段，
一种未完成状态，不是最后的完全成就。这可以在那些还未完
全，但正在走向完全之顶点的灵魂里看到。看管或谨守是某种完
全的事，实质就是委托某人纪念那些从实践中获得的关于神圣之
事的原理。要这样做，就要把相当一部分积淀的知识交给一位可
信赖的管家，惟有她对遗忘的罗网及其一切狡诈的计谋毫不在
乎。因而"看守者"是一个好听而适当的称呼，他用这个称呼
来指记住了自己所学之知识的人。这样的人，当他还处在早期的
训练阶段的时候，就是个学生，需要老师指导；后来，当他有了
看护和谨守的能力，获得了为师的能力和资格，就任命他配合他
的导师即自己的弟兄，也就是说话的言语做辅助工作，如经上所
说的，"与他弟兄一同侍候"（《民数记》八章26节）。所以，真
正高贵的人的心灵必成为看护德性之教义的管家，而他的弟兄即
言语，则照顾那些寻求教诲、力图改进自己所学的教义和智慧原
理的人。正因为如此，摩西在祝福利未人时给他们加了许多颂
词："他遵行你的话，谨守你的约"；紧接着又说："他们要将你
的典章教训雅各，将你的律法教训以色列。"（《申命记》三十三
章9节以下）所以他断言，完全的人就是神的道和约的看护者。
此外，他还清楚地指出，这样的人就是最好的说话者，典章和律
例的制定者。因为说话就是话语器官的功能，而谨慎看护则是心
灵的功能，心灵生来就是一个宏大的仓库，里面有足够的空间，
可以容纳一切情形和任何条件下的律例。它甚至让该隐这个只爱
自己的人看护亚伯，以便使他得到益处。他若能认真保护亚伯，
就会认识到自己实在只是过着"半心半意"的生活，也就不会
去喝光十足邪恶的酒杯了。

20. "耶和华神说：'你做了什么事呢？你兄弟的血有声音
从地里向我哀告。'"（《创世记》四章10节）"你做了什么事
呢？"这话既表达了对某种邪恶行为的义愤，也表达了对这个人

的讥笑，笑他以为自己的悖逆行为为已经使他兄弟死了。义愤是因行为者的意图引发的，是对他刻意要毁灭高贵者的愤怒；讥笑是因为他自以为邪恶意图指向的是比他优秀的人，却不知道做贱的乃是他自己，而不是他的兄弟。因为如我前面所说的，看起来死了的人其实活着，我们看到他发出声音，向神恳求；而那自以为活下来的人，其灵魂已经死了，被排除在德性这惟一有价值的生命原理之外。因此问："你做了什么事呢？"就等同于说："你什么事也没做，什么事也没成。"巴兰（Balaam）也是这样的。他原是一个文士，是各种相互矛盾、彼此冲突的概述的空洞混合体。他的愿望就是要咒诅好人，使他受伤害。但是他没有做到，因为神把他的咒诅变成了祝福（《民数记》二十三章 8 节），这样，他就可以让不公正者意识到自己的罪恶，同时使他自己转而爱德性。

21. 文士们一定会发现，他们里面的各种力量是相互冲突的，所说的与所想的是完全相左的，愿望也与话语全然不一。他们喋喋不休地说着公正的社会性，节制的益处，自制的高贵，虔诚的大益，各种德性对健康和安全所具有的大能，令人耳膜生痛。他们又极力强调不公正的反社会性，放荡生活带来的对健康的损害，令人厌烦地唠叨不敬神会使你变成受人蔑视、被社会遗弃的人，以及其他各种邪恶所产生的严重后果。然而，他们始终怀着与他们所说的话完全不协调的情感。他们刚刚还在歌唱赞美理性、自制、公正和虔诚，转眼却比任何时候都更加热情地行愚拙、淫邪、不公正和不虔敬之事，甚至可以说，混淆并颠覆神的或人的每一条法令。对这些人，你完全可以拿圣书里神问该隐的话来问他："你做了什么事呢？"你做了什么对你有益的事吗？对德性的话题如此夸夸其谈对你们自己的心灵带来了什么益处呢？你们的生命中有哪一部分，大的，或者小的，是行在正道上的？你们所做的岂不是正好相反吗？你们所指控的不正是你们自己吗？因为一方面，就领会佳美之事和高深理论而言，你们已经表明自己是最高水平的演讲家，但另一方面，你们却始终心怀各种情欲，纵情于最卑鄙的行为。我们岂不可以进一步指出，在你们的心里，一切高贵的品质都已死去，邪恶品质却得到激活？正因为如此，你们中间没有一个是真正活着的。① 诚然，当一个音乐家或学者死了之后，存在于音乐家个体心里的音乐，学者个体心里的学问，也随着他一同死去了，但它们原初的模型却仍然留存，并且可以说，要与世界一起长存；人只要遵守这些模式，不仅这一代，将来的世世代代都会出现音乐家或学者。与此完全相同，就算某种明智的、自制的、勇敢的、公正的东西，简言之，智慧的东西被毁灭了，富有鲜活生命的良心却仍然存留，铭写在宇宙这不灭的刻板上；而且德性本身也永远不会有任何衰弱。正是分有了这种德性，今天的人可能有真正的智慧，并且将来也必永远这样智慧。这是毫无疑问的，除非我们认为，某个个人的死导致了整个人类的灭亡。至于"人类"指的是什么意思，是指一个类，一个原始模式，或者一个概念，或者别的什么含义，这是那些研究如何准确使用术语的人所思考的问题。就是一枚印章也往往在数不胜数的实体上留下印象，并且情形常常是这样的，所有印象都随着那些留有印象的实体②的消失而消失了，印章本身却依然是原来的印章，毫发未损，原来怎样，现在也怎样。面对这样的事实，我们岂能不相信所有美德都将保持自己的本色，永远不会被损坏或腐蚀？就算它们印在那些受它们影响的人的灵魂里的印象，由于败坏的生活或者别的什么原因，全都模糊不清了，德性本身也不会毁损。我们看到，那些缺乏教养的人，弄不

---

① 这里，斐洛对该隐说的话又转变了阐释的方向，认为"你做了什么事呢？"的意思等同于"你杀的只是一个善人，而不是良善本身，所以你所做的事极其微不足道"。——中译者注，参看英译者注

② ousiais. ——中译者注

清楚整体与部分之间，类与种之间有什么区别，不知道为何明明不同的东西却有同样的名字，完全混淆和模糊了一切事物。因此，要教训那些爱自己的人——他们的别名就是"该隐"——让每一个人知道，他所杀害的亚伯只是样本，是部分，是印章所烙下的印象，而不是原本，不是类，不是原型；他以为这些东西与生命体一同毁灭了。然而，它们是不灭的。我们可以带着嘲笑和奚落问他：可怜的家伙，你做了什么事呢？爱神的信条，你以为被你灭绝了，但它不是好好地与神同在吗？你已经表明你是杀死你自己的凶手，你杀害了那惟一有力量能使你过上纯洁无瑕生活的东西。

22. 接下来的话意味深长，不仅表达形式优美，而且思想含义丰富。这话是这样说的，"你兄弟的血有声音从地里向我哀告"（《创世记》四章 10 节）。凡精通文学的人都能看出这话的高尚不凡。现在让我们尽我们所能思考它所表达的思想。首先看一看血。在律法书的许多段落里，摩西都表达过血是生命的本质①这个意思，甚至直截了当地说："因为活物的生命是在血中。"（《利未记》十七章 11 节等）然而，当造万物的神在起初造了天、地以及天地之间的众生之后，又造了人，此时，我们念到这样的经文："耶和华将生气吹在他脸上，他就成了有灵的活人"（《创世记》二章 7 节）。这里，与上面所说的不同，说的是生命的本质是生气。但我们必须知道，作者有一个固定不变的习惯，就是他一开始定下的原理要一以贯之，不可有丝毫遗忘；他

---

①　这里的"本质"在希腊文是 ousian，与前面的"实体"是同一个希腊文，但是这里英译者没有将它译为 substance，而是译为 essence。我这里把 ousian 译为"本质"，当然有出于斐洛所理解的并且是我们汉语所意指的血是生命的"根本"的意思，但也含有另外的一个意思，即"基质"的意思，即人的生命在具体的有形存在上是基于某种特殊的基质的。斐洛关于 ousian 的此种用法和此种意义，可能是受了斯多亚主义的影响。——中译者注

非常仔细和严谨，防止后面的话与前面有任何矛盾，确保前后一致，逻辑严密。因而，他若不是把这一问题放在某种最重要、更本质的原理之下，是不会出现前面说生命的本质是生气，后面又说生命的本质是另外一种东西，即血的。那么我们该怎么理解呢？根据最基本的分析，我们每个人都是由两部分组成的，一部分是动物，一部分是人。每一部分都配有与各自的生命原理的特点相符合的内在能力：一个是生存能力，借此我们得以存活；另一个是推理能力，由此我们才是理性存在物。生存能力是非理性受造物与我们共有的；推理能力则属于神，当然神不是分有者，而是原创者，因为他就是原初理性的泉源。

23. 就我们与非理性受造物共有的能力来说，血就是它的本质；但就从理性的泉源里流溢出来的能力来说，生气是它的本质。这生气不是流动的空气，而是——可以说——神圣权能烙下的一个印记，摩西恰当地称之为"形像"，由此指明神就是理性存在的原型，而人则是它的复本和样式。我这里所讲的"人"，不是指由两种本性构成的生命受造物，而是指生命所展现的最高形式，也可以称之为"心智"和"理性"①。所以，他说血乃是活物的生命，知道活物的本性是不分有心智的，只与我们的整个身体一样分有生存力；而人的生命，他称之为"生气"，这里所称的"人"不是指混合体，如我已经说过的，而是指富有理性的神性造物，他的根基甚至可以远至天上，来自于所谓的最外层的恒星界。因为神造人，使他成为地上万物中惟一一个源于天上的受造物，主要体现在头部：其他万物的头都向下，惟有人的头笔直向上，使他可以从天上得着不朽坏的食粮，而非地上可朽坏的食粮。与此相应，他使我们的脚立在地上，使我们身上最缺乏感觉能力的部分尽可能远离理性能力，而我们的感觉——它们是

---

① 希腊文是 ho nous kai logos kekletai。——中译者注

心智的侍从——以及心智本身，则被放在离地面最远的地方，把它们与不灭的气和天联结起来。

24. 至于人为什么会认识不可见的神这个问题，我们既是摩西的弟子，就不可再感到迷惑不解了。摩西本人是从与神的交谈中认识这个问题的，他已经把他的知识传授给了我们。他是这样说的。造主刚创造身体的时候，并没有创造仅凭自己就能看见造主的灵魂，但考虑到它若能认识创造它的主，那对它必是极大的好事，因为这正是决定快乐和幸福的因素。于是，他从天上把自己的神性吹到他里面。不可见的神把自己的形像印在不可见的灵魂上，目的就是让陆地上和尘世中的事物也分有神的形象。但是，原型本身不可能有可见的形式，甚至他的形象也不可能被人所见。灵魂既留下了原型的印象，如今它所拥有的观念就不可能是可朽的，而是不朽的。因为一个可朽的东西怎么可能同时既待在里面，又在外面，或者既看见这里的东西，又看见别处的事物，或者既绕着每个海洋航行，又穿越大地走到极处，或者既领会律法，又了解习俗，或者概而言之，既掌握条件，又认识本质？它怎么可能除了理解地上的事物之外，还理解高处的事物，空气及其各种变化，时令的不同特点，四季更替所产生的一切结果，无论出乎意外，还是合乎常规？而且，他怎么可能飞离地面，穿越空气，升入天空，去考察天体的运行，揭示它们如何开始运动，又为何停止不动的原因，它们怎样遵照某种和谐的法则，既彼此相互协调，又与整个宇宙统一一致？他怎么可能发明出各种技艺，建立各门学科，制造物质对象，探讨灵魂和身体的健康，以及其他难以穷尽的成千上万之事？我们身上所有的才能中，惟有心智最敏捷，尽管它似乎是在时间中发现自己的，但能越超越时间，把时间留在后面，并且由于不可见的能力，它不受时间限制，同时与整体和整体的各个部分接触，也触及形成整体与部分的原因。如今，它的脚步已经远至地极和海洋，还到达空

中和天上，但它并没有在那里停止不前，认为偌大的宇宙对于它
永不停息的奔跑来说，仍然太窄，不够宽广。它的目标还在前
面，如果可能，要达到对神性的领会。要知道，神除了他的是
(that He is)① 以外，他的本性是人所无法领会的。那么，只居
于大脑或心脏这么小的空间里的人的小小的心智，若不是那神圣
灵魂的不可分割的一部分，怎么可能容纳天空和宇宙的浩瀚呢？
凡神圣事物，它的任何部分都不会剪除和分离，只会不断扩展。
所以，心智既分有了属于整体的完全，当它构想宇宙的时候，就
伸展到了整体的各个广袤的边界，并且自身毫无分离，因为它的
力量是扩展性的。

---

① 在希腊文为 ontos onta。斐洛用以表达"神"的专门术语有二：to ontos on 和
to on。前一个术语相当于英文 that which existingly exists，后一个相当于 that which
exists. 这两个术语在斐洛的用法中似乎没有大的区别，都是表述超验的、不可知的
神。而斐洛使用的另外两个旧约《圣经》中的术语 Theos（神）和 Kyrios（主）则是
与神的活动而非本质有关，与过去和现在相关。因此 to ontos on 和 to on 表示神的本
性是不可知的，而 Theos（神）和 Kyrios（主）则由于与神的活动例如创造有关，倒
相反是部分可知的。至于在翻译中，该如何处理 to ontos on 和 to on，则是一个大伤脑
筋的问题。现在学术界为此兴起一场规模不小的争论，都是围绕 to on 的翻译展开的。
现在的主流看法是译为"是"，以表明它的"断真"及系词性质，以及表明它是如
何向普遍一般的观念演变的。但是，斐洛的用法显然与亚里士多德有所不同，正如
我们看到，它与"断真"是没有关系的。斐洛的用法主要来自于柏拉图，表示超越
性，即与现象世界完全不相关的神，斐洛甚至不认为这个 to on 会进入质料世界之中，
因此他的逻各斯是作为一个中介性的存在，是为了要避免这个完全超越的 to on 与世
界的相关性。由此而论，译为"存在"也并非不妥。事实上，将斐洛的 to on 译为
"存在"要比译为"是"更为合适，因为斐洛的"神"是一个位格性的存在，在这
方面与柏拉图和亚里士多德不同。它体现了希伯来文化的宗教意识。"是"和"实
是"更为哲学化些，而"存在"则更为中性些。在我的翻译中，我将依据上下文作
不同的处理，要么译成"是"，要么译成"存在"。译成"是"的时候，主要是表示
神之为神的那个本性，译为"存在"，主要表示"他存在于那"，或"他如此如此存
在"。为了让读者更好地理解，我们在与 to on 有关的中译中，都将拉丁化了的希腊
文注出，便于读者自己见仁见智。——中译者注

25. 关于生命的本质，就谈到这里。接下来我们必须以同样的方式解释"血有声音哀告"的意思。我们生命或灵魂的一部分是无声的，另一部分则会发声。非理性部分是无声的，理性部分会发出声音，惟有它获得关于神的概念；而我们的另一部分既不能领会神，也不能理解任何别的思想对象。于是，在生存能力——它的本质就是血——里，作为特殊的奖赏，有了声音和说话这一部分。我不是指从嘴和舌上流出来的支流，而是指源头。根据自然的安排，从这源头流出的水注满了话语这蓄水池。这源头就是理智，借此，我们向那所"是"① 大声恳请和哀求，部分是自觉的，部分则是自发的。神是圣善和仁慈的，他对恳求他的人从来不会置之不理。无论如何，当他们真诚哀求，没有伪装，没有虚假，抱怨他们在埃及做苦工受苦难时，如摩西所说的，他们的哀声达于神（《出埃及记》二章 23 节）。他聆听他们的哀求，使他们脱离临到他们头上的恶。所有这些都发生在埃及王死后。这里有一件事显然出乎人的意料，因为一般人都会想，一个暴君死了，那些受他欺压的人必会高兴和喜悦。然而就在那个时候，经上说他们叹息忧愁，因为我们念到："过了多年，埃及王死了，以色列人就叹息哀求。"（同上）从字面意思看，这个句子不合乎理性，但若是把它理解为指影响灵魂、使之发生动摇的那些权能，这句子的前半句与后半句就顺理成章了。法老就是丢弃一切高贵的观念、把它们撒入空中的权能。当这种权能在我们里面活跃变得敏捷，并且看起来很强壮和健康——如果可以把邪恶权能也称为健康的话——时，我们就远远地赶走了自制，兴高采烈地接受享乐。一旦污秽和放荡的生活动力变弱，并且可以说，渐渐消失了，我们面前就立即呈现出自制的生命，但我们却为逝去的、旧有的生活模式哀叹哭泣；我们既然喜欢享乐，而不

---

① on.——中译者注

喜欢德性,就是拿朽坏的生命来覆盖不朽坏的生命。但神(也惟有他)是仁慈的,他垂怜我们的不停叹息,接受我们恳求的灵魂,毫不费力就把临到我们头上的埃及情欲风暴给消除了。

26. 对于该隐,这个拒不悔改的人,由于他罪大恶极,神就说要给他最适用于杀兄弟之人的咒诅。他先是对他说:"现在你也必从这地受咒诅"(《创世记》四章11节),表明这不是他第一次实施背叛行为,成为可恶和可咒诅的。先前,当他谋划杀人时,也是这样。因为设想图谋与完成行为同样重要。如果我们只是在心里想着无耻的行为,但没有付诸行动,那么我们的意图还不是犯罪,因为灵魂也可能背离我们的意志出错。但是,一旦所设计的行为付诸实施,那么这计划本身也就有罪了,因为从罪行的实施过程可以看出,当初的出谋划策乃是关键要素。所以,他说,心灵必从地受咒诅,而不是从别的什么地方,因为我们每个人的属地部分是导致我们遭受可怕不幸的罪魁祸首。比如,身体要么患病,使它的主人遭受痛苦,恶心呕吐,要么纵欲无度,变得无耻和粗俗,使敏锐的知觉麻木不仁。如我们都知道的,这些感觉每一种都是招致祸害的通道。一个人看见美丽,就被致命的爱欲之箭射中;或者听到亲人的死讯,就悲伤不能自拔。同样,他的味觉也常常使他堕落,不是因珍馐不合口味而感到不适,就是太多佳肴使他感到压抑。更无须说性欲的刺激了。这些东西曾使整座整座城邑,整个整个国家,大片大片土地毁灭殆尽,几乎全世界所有的诗人和历史学家都证实了这一点。

27. 接下来的话指明了心智是如何从地受咒诅的:"地开了口,从你手里接受你兄弟的血。"(《创世记》四章11节)这是多么可怕的事,感官大开其口,接纳喷泻而来的感觉对象,就像一条水势猛涨的河流,倾入它们张开的大口,在其汹涌的冲击中,没有什么东西可以存留。那个时候,心灵被巨浪吞没,沉到了河底,甚至无法升到水面,看一看外面。

我们应当利用各种官能，但不是基于它们的能力，而是为了价值最大的对象。眼睛能看见各种色彩和形状，但它应当只看那些属于光明的事物，而不是那些属于黑暗的事物。耳朵能听见各种话语，但它应有所听有所不听，因为有数不胜数的话都是下流无耻的。因为自然已经赐给你味觉，也赐给我们所有人这种能力。所以，愚拙的人哪，不要像鸬鹚一样贪婪地吞食一切。要知道，在许多情况下，引起剧痛的疾病就是暴饮暴食，它是毫无节制导致的。鉴于人要传宗接代，所以你得赐了下体，但不可因此行奸淫之事，也不可有其他不当的性行为，只能按合法的方法繁衍人类。因为你有嘴有舌，有说话的器官，但不可张口就说，甚至该保密的事也脱口而出。总有一些地方是要管制舌头，不说为好。在我看来，那些学会了说话的人，也应同时学会了沉默，因为同样的功能使我们既能说话，也能控制不说。人若在不该说的时候滔滔不绝，在我看来，这不是显示了他的说话才能，倒是暴露了他的弱点，就是不知道保持沉默。所以，我们当尽我们最大的努力，用坚硬的自制之锁链勒住我们所提到的这些器官的入口。摩西也在别处说过："凡敞口的器皿，就是没有扎上盖的，也是不洁的"（《民数记》十九章 15 节），暗示灵魂的各个部分若是松懈了，张开了口子，没有盖子扎紧，那么就会生出邪恶，只要把它们盖住、扎牢，生活就会井然有序，说话也会井井有条。所以，我们看到，神不得不咒诅不虔不敬的该隐，因为他大大张开了其复合体的内室，张大口子接纳一切外来的东西，贪婪地祈求：既能把它们一一吸入，又能为它们找到机会去毁灭亚伯，或者献给神的教导。

28. 所以，他必"种"（work）地（《创世记》四章 12 节），而不是"耕"（till）地。因为每一个土地的耕作者都是熟练工人，耕作也是一种需要技术的事，但大量不谙家事的人就只能在土地上做工，不停地劳作，机械地苦干，只为谋取生活必需之物。这些人由于找不到人引导他们，严重损害了农事；就算他们在哪一点上做好了，那也是出于偶然，不是借助于理性①的结果。惟有土地耕耘者的科学劳动才必然有收益。这就解释了为什么立法者论到义人挪亚时说他精通农夫的手艺（《创世记》九章20节），因为他希望揭示这样一个真理：具有良好素质的人正如同好的农夫，在处理野树时，总是把从情欲或邪恶长出来的枝条统统砍掉，留下来的树木就算不能结果子，也可以作墙用，作灵魂最坚固的篱笆；而另一方面，他照料种植的树木却不是这样一砍了之，总是对不同的情形采取不同的方式，有些要砍掉，有些要增添，有的要扩大，有的要缩小。这里，我想到一个特别令我感兴趣的例子。他若看到一根葡萄藤根须浓密，必会把它的卷须弯到地面，挖沟，把土翻出来盖在卷须上。不久之后，这些卷须就成了整体，而不再是部分，成了母亲（根源），而不再是儿女（产物）。不仅如此，它们还减轻它们年老的母亲的负荷。她原本得把自己的养分分成多份，供给她众多的后代，这一任务往往使她自己日益枯竭，渐渐虚弱，但如今她得以从这一重负下解脱出来，它们已经有能力从自己的根部汲取营养，经过许多挫折之后，她获得了自己所需的营养，精力充沛，重新焕发出勃勃生机。

我观察过另一个人处理种植树木的方法。看到一棵可怜的树木虬枝丛生，就会把它们一一剪去，只留下靠近根须的很小部分。然后，从另一棵树干坚挺的树上取下一根长势良好的树枝，削去一端的树皮，直到露出木髓，再在已经清理掉根部杂枝的那棵树上切一条口子，不能切得太大太深，以刚好能插入嫁接枝为宜。然后，就把削了皮的枝子拿来紧紧插入这个切口里。结果，这两部分能彼此获益，互恩互惠，长成同一棵树。根部为嫁接的

---

① logoi.——中译者注

枝子提供养分，使它成活，不至枯萎，而枝子，作为回报，为根结出丰硕的果实。

农业的许多操作都需要技术，但现在谈论这个问题不大合时宜。我写了这么多，只是为了表明，一个苦力与一个（懂科学的）农学家之间存在多大的区别。

29. 卑微的人总是在他那属地的身体、与之密切相关的感官，以及各种外在的感觉对象上笨手笨脚地劳作，这样只会伤害他那可怜的灵魂，同时也对他自己的身体造成损害，但他还自以为大大有益呢。而就高尚的人来说，既然是专家里手，对家事无不精通，那么经他手所成的事没有一样不是根据科学做成的，都是合乎理性要求的。无论何时，感觉胡作非为，不可遏制地冲向它们外部的对象，都可以用某种科学方法驾轻就熟地控制它们。无论何时，灵魂里骚动不安的情欲疯狂肆虐，渴望行淫和纵欲，或者由于恐惧和忧伤产生阵阵痛楚和痉挛的颤抖，都可以用预先备好的良药对付，使情欲缓解和平息。再者，如果某种邪恶恣意蔓延，如同那身体上的疾病，潜入皮肤，深入肌肉，那就要在科学的指导下用理性①之刀把它切除。这样做了之后，野树的生长势头就被遏制住了，而所有种植的植物和结果子的德性则在人的努力之下发芽开花，高尚的行为结出了果子。在灵魂上娴熟耕作的人培养出的就是这样的果树，并且精心看护它们，使它们不朽。

30. 由此，我们可以清楚地看出，这样的人就是土地耕耘者，而卑微不中用的人只是在地上劳作的苦工。要是当他在地上做工的时候，他身上属地的那部分能借给他力量，而不是反过来削弱他的力量，那就好了。然而，经上说："你种地，地不再给你效力。"（《创世记》四章 12 节）人若总是吃吃喝喝，欲壑难

---

① logoi. ——中译者注

填，或者总是不知疲倦地追逐性爱，沉溺于淫乐不能自拔，那就必然陷入这样的困境。因为空虚产生软弱，饱满产生力量。不饱足就是饥饿，丰富的食物与可怕的不自制结合，那就是永不饱足。那些躯壳已经填满了，但食欲还没有满足，仍然饥渴难当，这样的人就是可怜虫。关于爱知识的人，他在大歌（Great Song）①里说："耶和华使他们乘驾地的高处，得吃田间的土产"（《申命记》三十二章13节），表明不敬神的人总是迷失自己的目标，为叫他遭受更大的苦痛，不仅不加给他力量，反而要因他的作为削弱他的力量。而那些追求德性的人，则高高升起来，超越一切属地和必朽坏的事物，完全有能力无视这些事物所挥舞的权柄，因为他们有神引导他们上升，神把田间的土产供给他们使用和享受，叫他们从中获取最大的利益。他用了"土产"这个词，因为他是在思考产物：从心智产出的是明智的行为，从自制生出的是自制的行为，从虔诚引出的是虔诚的行为。总之，每一种德性都产生相应的行为。

31. 从严格意义上讲，这些"土产"就是营养物，是有能力的灵魂提供的，正如立法者所说的，"从磐石中咂蜜，从坚石中吸油"（同上）。他用"磐石"来表达坚实和不可毁灭的神的智慧，凡渴望不朽之食粮的人，都从这智慧得喂养，变得日益强壮。因为这神圣的智慧显然就是世上众生的母亲，一生下孩子就用双乳为他们提供必不可少的滋养。但并非她所有的孩子都适宜吃神圣食物，惟有那些看来与父母相配的孩子才能吃。其余的许多人都成为德性之饥荒的牺牲品，这样的饥荒比缺吃少喝更加可怕。神的智慧之源有时流出比较温和而安静的小溪，有时流出汹涌澎湃的洪水。当它缓缓流下时，就像蜜一样甜；当它急速流下

---

① 指摩西所作的一首歌，教谕以色列人不要忘记历史教训，重蹈覆辙。——中译者注

时，整个水势就像点燃灵魂的材料，甚至如同点燃油灯的油。在另外的地方，他用同义词来替代磐石，称之为"吗哪"（manna）。吗哪就是神圣的道①，是一切存在中的最早存在，有一个最广泛的名字叫做"Somewhat"（某些）。用它做成的两块饼，一块是蜜饼，一块是油饼。这就是教化中不可分隔、极为重要的两个阶段②。先是使甜水从知识之源中流出来，然后又发出一束明亮的光，照在那些坚持不懈地追求所爱对象的人身上，因为他们从来不会摇摆不定和敷衍了事，总是坚持不懈，持之以恒，不知道什么是懒怠，什么是放弃。这些人，如我前面所说的，"得以乘驾到地的高处"（《申命记》三十二章13节）。

32. 相反，对不虔诚的该隐，地不给他提供任何有利于健康的东西，尽管他一心致力于地上的事，没有从事地之外的其他事。结果，我们看到，他"在地上呻吟、颤抖"（《创世记》四章12节），这是合乎自然的。也就是说，他成了被恐惧和哀伤攫取的人。这就是恶人的悲惨生活，四种激情中比较严重的两种都分派给了这种生活，就是恐惧和哀伤，一个对应颤抖，一个对应呻吟。因为在这样的生活中，必有某种邪恶出现，或者将要出现。如果还没出现，那么想着那将要临到的东西，就产生了恐惧；如果已经存在，那么切实的体验就产生哀伤。然而，追求德性的人必然处于另外两种恩福状态。他或者已经得着奖赏，或者将要得着奖赏。如果已经得着，那就产生喜乐，这是最美好的财富；如果能够指望得到，那就产生盼望，这是爱德性之灵魂的食粮，使我们抛弃犹豫，欣然同意去尝试一切高尚的行为。一旦公正为某个灵魂生出一个旧性后代，即公正的理性，灵魂里的一切

①　或者说"理性"。整个短句的希腊文为 ton onton logon theion。——中译者注，参看英译者注。

②　其实就是"教训"和"引导"。

痛楚就会烟消云散。对此我们有挪亚（Noah）的出生作见证。"挪亚"的意思就是义的，经上论到他时说："这个儿子必为我们的操作和手中的劳苦安慰我们，这操作和劳苦是因为耶和华咒诅地。"（《创世记》五章 29 节）首先，公正必在劳苦的地方创造安慰，这是它的本性使然，因为它完全漠视存在于邪恶与德性之间的边界地带的事物，诸如财富、名声、职位、荣誉，以及其他大多数人孜孜以求的东西。其次，它的本性必除去哀伤，哀伤完全出于我们自己，是我们自己的行为引起的。摩西并没有如有些不虔诚的人那样说神是祸害的根源。不，他没有这样说，他说是"我们自己的手"造成了它们，从而形象地指出，我们自己的所作所为，我们心里的自发活动导致了灾祸的发生。

33. 公正最大的目标则是要使我们从"神所咒诅的地"得完全的安慰。这里的"地"意指邪恶，它已经居住在愚拙人的心里，就像人患了疾病一样。然而，我们可以在义人里面找到对付它的防护措施，因为他的公正就是医治百病的良药。

因而，当他战胜了邪恶，就充满喜乐，如撒拉那样。撒拉说："神使我喜笑"，接着又说："凡听见的必与我一同喜笑。"（《创世记》二十一章 6 节）神就是好的喜笑，也即喜乐的造主。所以，我们必须认为，以撒不是受造的人所生，乃是非受造的神所造。因为既然"以撒"的意思就是"喜笑"，而根据撒拉绝对正确的见证，神就是喜笑的造主，那么就可以完全真实地说，神就是以撒的父亲。只是他把自己的头衔分给智慧的亚伯拉罕，让他也分有父亲的名分，并且解除他的忧愁，赐给他喜乐，这是智慧的产物。因而，人若能听见神所创作的诗篇，就必然欣喜不已，并与那些已经有能力聆听圣诗的人一同喜乐。神创作了许多作品。在这些作品中，你找不到任何虚谎或杜撰的话，惟有真理所立的不可变更的规则，如同刻在石头上一样，众人必须遵守。在这些作品中，你找不到悦耳的韵律和旋律，和谐的诗节，它们乃是自然自身的完美杰作，包含它们自己的和谐格律。正如心灵侧耳倾听神的圣诗，喜乐无限，同样，话语①，只要与心灵的概念一致，并且——如果可以这样说——仔细聆听，也必然喜乐。

34. 神与摩西这位大智慧者的交谈清楚地表明了这一点。神的话这样说："不是有你的哥哥利未人亚伦吗？我知道他是能言的，必代你说话，现在他出来迎接你，他一见你，心里就欢喜。"（《出埃及记》四章 14 节）造主说，他知道话语②，也就是心灵的兄弟，是能说话的，因为可以说，他已经使它成为一件乐器，成为清楚地表达我们的复合整体的一种方式。这种"表达"是我的，是你的，也是所有人的，它发出声音、说出话语、解释我们的思想；不仅如此，它还出来与心灵的推论会合。当心灵受到激励，奋力冲向某种属于它自己领域的对象，这时，它或者从自身里面运动，或者经历外部对象在它上面刻下各种印记的过程，于是就怀胎并分娩自己的思想。它希望能把它们传达出去，但无法做到，直到舌头发出声音，其他表达器官像接生婆一样把思想接到自己手上，然后把它们表达出来，显明在光天化日之下。这样的声音是对我们思想的最有力表达，就像照到最远的光一样。要知道，留在黑暗里的东西没有人能看见，直到有光照到它们，把它们显现出来，才会被人看见；同样，思想贮藏在心灵里面，视力无法企及，直到有声音把它们传达出来，就像有光照在它们身上，全都显明出来。

35. 所以，这样说是极为贴切的，话语③出来迎接思想，甚至大步奔向它们，迫不及待地领会它们，诠释它们。对每个人来说，他专有的工作就是他最切望的对象；表达就是话语的专有工

---

① logos.——中译者注

② Ibid.

③ Ibid.

作，所以它急急地奔向它，从本性知道它就是它自己。当它看见并完全领会向它显现出来的事物时，就如同被光照亮，它就喜乐、高兴；因为那时它把手放在它上面，紧紧抓住它，成为它完全的诠释者。在任何时候，对于那些在口头表达上明显缺乏驾驭所要表达的思想的人，我们总是惟恐避之不及。我们把他们称为夸夸其谈者，这是名副其实的，因为他们总是不停地说话，无休无止地唠叨，而说的话既无聊，又冗长，并且（更糟糕的是）枯燥乏味，毫无生气。这种人的说话，完全可能是无病呻吟，令人不齿。相反，另外一种人的说话则必是喜乐的，他们先是对心里的概念作一番思考，然后对所见所闻，以及对经过努力已经完全领会的思想胸有成竹地表达出来。我们每个人都几乎可以从日常经验中看到这一点。我们如果完全认识和了解了所要叙述的事物，我们的表达就高高兴兴，充满喜乐，并且用词生动、清晰、准确、恰当，各类措辞信手拈来，游刃有余，表达流畅自然，绝不会疙疙瘩瘩，结结巴巴；而且，这样的表达能把主旨阐述得清清楚楚，达到好的效果。相反，如果对要表达的思想缺乏明确的理解，表达过程就会出现严重缺乏适当词汇的情况，不是弹错调子，就是唱错歌词，言不由衷，词不达意。结果呢，不仅我们的话语本身陷入困境，支支吾吾，不知所云，而且无法令听众信服，反倒使他们耳根生痛，心生厌烦。

36. 当然，并非任何话语毫无例外都能表达思想，同样，也并非所有的思想都能毫无例外地被话语所表达。但是完全的亚伦（Aaron）必能吻合最完全的摩西的思想。他在"你的哥哥"后面又加上"利未人"，没有别的目的，就是为了教导我们，惟有把思想向利未人、祭司以及最诚挚的话语显现出来才是恰当的，因为他们是完全的心灵所盛开的花。一个卑鄙小人的话语，根本不会尝试诠释神圣诫命。他本人的败坏会损坏它们的美。反过来，高贵者的口绝不会说出卑鄙淫秽的思想，神圣、洁净的话语

只能永远表达圣洁的事。据说有一个管理得非常出色的城邑流行
以下这种风俗。如果某个生活放荡和不受尊敬的人想要向元老院
或民众提建议，他不能自己做这样的事，只能按行政官员的要求
把他动议的主旨传授给某个纯洁无瑕的人。然后，由这个人站起
来把说给他听的建议复述出来。这位有教养的人暂且做那人的学
生，听他指示，但他的嘴巴得到了支持，可以把别人设想出来的
主意展示出来，并且认为那想出这主意的人甚至不适合占据听众
或者旁观者的位置。迄今为止，有些人一直不愿意从坏人那里得
益，坚持认为耻辱所必然产生的危害肯定要比可能对他们的帮助
更大。

37. 最圣洁的先知摩西似乎也教导了这样的教训。这从利未
人亚伦出来迎接他兄弟摩西，一见到他心里就生欢喜（《出埃及
记》四章14节）看得出来。"他心里欢喜"这话除了我已经评
论过的意思外，还说出了一个更加重要的关于无私侍奉的真理。
立法者把注意力指向那种真正的、最适用于人的喜乐。从严格意
义上讲，没有任何理由为大量的财富、资产，或者显赫的地位，
或者一般意义上的我们身外事物喜乐，因为所有这些东西都是没
有生命的，也不安全，其自身一开始就包含了败坏的病菌。事实
上，也没有理由为身体的强壮、力量以及其他优势喜乐。这些东
西，最卑鄙的人也会与我们一样拥有。何况许多时候，它们还导
致那些拥有它们的人不可扭转地走向毁灭。这样说来，既然与一
切伪善和假装无关的喜乐只能是对灵魂里的美事的喜乐，那么每
个智慧者所喜乐的必是"他心里的"，不在于他地位上的各种偶
然因素，因为"他心里"的就是心灵的德性，而我们地位上的
各种偶然因素不是身体健康就是大量外在的利益，对这些东西我
们必不可沾沾自喜。

38. 至此，我们已经尽我们所能，引用最可信的证人摩西的
话表明了喜乐是智慧者所特有的，接下来我们要表明盼望也是如

此。为证明这一点，我们再引用前面同样的证据。塞特（Seth）的儿子名叫以挪士（Enos），意思是以盼望为特点的"人"。经上说："这人开始盼望求告耶和华神的名"（《创世记》四章 26节），这话说得好。盼望并指望从惟一丰富的神那里得好事，还有比这样的盼望更能显出与真正的人相一致的事吗？说实话，从严格意义上说，这才是人的惟一诞生，因为那些不盼望神的人不拥有理性本性，也就算不上是真正意义的人。所以，他先是说以挪士"这人盼望（并大胆地）求告耶和华神的名"，然后又加上这样的话说："这就是记载人类后代的书。"①（《创世记》五章 1节）他这样说其实是说出了一个重要的真理，即我们有了一个被写入神的册子里的入口，这入口就是那惟一有盼望的人。因而反过来说也是对的，即没有盼望和失去信心的人就算不得人。关于我们这复合体的界定就是"富有理性的、必死的生命受造物"，但摩西所描绘的人的界定应该是"盼望那真正存在的神的心灵"。这样说来，那些得着喜乐和盼望的人必能享有或者在任何情况下都能指望美好的事物；而那些卑鄙的人，就是与该隐同伙的人，必生活在无穷无尽的痛苦和恐惧之中，收割最哀伤的收获，经历或者等候邪恶，为他们已经遭受的状况呻吟，为他们所等候的可怕事物颤抖和战栗（《创世记》四章 12 节）。

39. 关于这一段我们已经说得够多，就此打住。接下来我们要考察以下的话。这话是说："该隐对耶和华说：'我的惩罚太重，过于我所能当的。'"（《创世记》四章 13 节）我们可以通过类似情形的比较阐明这话的性质。如果舵手放弃海上航行的船只，为航行所作的一切安排当不全要乱套？同样，如果车手离弃正在比赛的马车，那马车当不乱了秩序、迷失方向？再说，治理城邑的人抛弃城池，或者城邑没了律法，——当然统治者是按照

---

① 和合本《圣经》译为："亚当的后代记在下面。"——中译者注

刻版上的律法来治理的——那城邑岂不马上成为两大邪恶的猎物，即陷入无政府状态和无法无天状态？更不必说，按照自然律法，灵魂离开了身体，身体就要毁灭，灵魂没有了理性必然灭亡，理性没有了德性也是死路一条。我所提到的这些东西，身体与灵魂、灵魂与理性、理性与德性，彼此之间不可或缺，若是少了一方，对另一方就是莫大的损失。失去这些东西尚且如此，更何况失去神呢？我们必可以断定，人若是被神抛弃，那他该会经历怎样的大灾难。神之所以弃绝人，是因为他擅离职守，不谨守最神圣的诫命；他曾试探他们，却发现他们与他的法令和治理完全不配，所以就驱逐他们。总而言之，可以肯定，凡被比自己大得多的恩惠者遗弃的，必卷入最严重的指控和责备。你说没有技术的人什么时候受到的伤害最大？不就是当他完全被科学遗弃的时候吗？没有知识、完全未受教育的人什么时候遭受的伤害最大？不就是不给他教导、剥夺他做学生资格的时候吗？我们说愚昧的人什么时候最不快乐？不就是健全的理性永久地摒弃的时候吗？放荡的或不公正的人什么时候最不快乐？不就是自制和公正判决他们永远被驱逐的时候吗？不信神的人呢？不就是宗教排斥他们，不让他们参加神圣仪式的时候吗？尽管如此，在我看来，那些还不是完全不可洁净的人，应该祈求刑罚，而不是破罐子破摔，任它去。因为放任不管很容易导致他们彻底败坏，如同船只没有压舱物或者舵手就要倾覆一样，而刑罚必能使他们重新振作起来。孩子做错事的时候若有老师指责，不是比没有老师指责更好吗？学徒在所学的手艺上没有做好，师傅就该严厉训斥他。这样，他必会比那些没有人鞭策的学徒做得更好。年轻人若无人引导，境遇就会不如那些有人引导的年轻人。孩子若能有幸得到父母的合乎本性的指导和教训，那是最好的；如若没有父母，但仍能得到别的指导者——这些人出于对无父孩子的怜悯，常常受派担当父母的职责，教导他们向善——的引导，那也是好的。

40. 我们若是良心发现，认识到自己的不公正行为，那就恳求神责罚我们，不要扔下我们不管。他若是任我们去，就会使我们成为奴仆，不是如以前那样作他这位仁慈的主的奴仆，而是成为那毫无怜悯之心和冷酷无情的受造物的奴仆。他若责罚我们，凭他的圣善，必能温和而友好地纠正我们的过犯，因为他把责备和鞭策的话浇灌在我们心灵，严厉训斥我们的心灵，使它对自己的罪恶深感羞愧，这样就必能治愈它的病，洁净它的罪。正是出于这样的原因，立法者说："寡妇或是被休的妇人所许的愿，就是她约束自己的话，都要为定。"（《民数记》三十章 10 节）我们可以恰当地说，神就是宇宙的丈夫和父亲，把生命和幸福的种子带给众生；可以说，心灵若是被驱逐，失去了神，就不能接纳神圣权能生育孩子，即使接纳了，后来也会选择流产。所以，不论她作什么样的决定，都对自己不利，她所决定的任何事都完全无可补救。试想，一个没有定性、从来不持守某种状态的受造物所决定的事，除了是可悲的邪恶外，还能是什么呢？它还宣称自己拥有一切，妄称拥有造主的至高权力，其中一项就是果断地、不容改变地决定万物的至高权力。所以，这样的心灵不仅可能被剥夺知识，而且还可能被驱逐出知识的殿堂。请容我解释一下。灵魂若只是失去良善和美好，还没有被驱逐，那经过持之以恒的努力，还是可以找到某种和解的方法，与理性，也就是她的合法丈夫和好。但灵魂一旦被无可挽回地逐出了家门，那就是永远被放逐了，不可能再回到她原来的居所。

41. 关于"我的刑罚太重，过于我所能当的"这话的讨论已经足够了，我们必须接着思考下面的经文。他说："你如今赶逐我离开这地，以致不见你面。"（《创世记》四章 14 节）尊敬的阁下，你要说什么呢？你还能隐藏自己吗？如何隐藏？你还能活吗？你岂不知道自然并没有给所有的生命受造物同样的住处，而是各有不同，海洋是鱼和一切水生动物居住的，陆地是一切陆生受造物居住的？而人，无论如何，就他的身体构造看，只能是一种陆生动物。所以，每一种生命受造物，一旦离开自己所属的居所，进入——可以说——异乡，就会立即死亡。陆生的受造物到了水里，水生的动物到了干地，都得死亡。因而，作为一个人，若被赶出地，岂不面临毁灭？你能像水生动物那样在水下游泳吗？不能，到了水下不一会儿，你就会溺死。或许你能长出翅膀，飞越天际，穿越大气，从陆生动物变成鸟类？果真如此，你就改变神所造的样式和特征了。但是你永远不可能做到这一点，因为你升得越高，就有越大的推力把你从高处迅速推向地上，这才是你所属的地方。

42. 你既是一个人，或者其他受造之物，怎么可能躲开神的面？你能藏到哪里去？无论我们走到哪里，他都始终在我们面前；他的视线延伸到地极，他充满整个宇宙，连最微不足道的东西也不缺乏他，你怎能从那存在①面前逃遁呢？凡受造的，没有一个能够躲避造主，因为我们不可能摆脱构成物体的基本元素，若是避开了这种元素，就必进入另一种元素，这样说你会感到吃惊吗？如果那存在②愿意用那种技艺，就是他造了两栖动物的那种技艺，造出一种能生活在任何一种元素区域的受造物，那么，就算这种受造物逃离了重元素即土和水的区域，它也只能到达轻元素即气和火的区域；同样，它若是熟悉了上面的区域之后，想离开那里，那就只能换到相反的区域去。无论如何，它只能表明自己是处在宇宙的某个区域，它不可能离开宇宙，到宇宙之外去。何况，神造世界的时候用尽了四大元素，没有在外部留下任何东西，这样，他就可以从完全的部分造出最完全的整体。这样说来，无论如何，它都不可能脱离神所造的宇宙。既然如此，它

---

① to on（that which IS）.——中译者注
② ei to on（the existent One）.——中译者注

又怎能逃离它的造主和统治者呢？因而，对于经上所说的话，我们不可不经思考就轻率地接受它的字面意思，如果这样做，律法就显得极为荒谬。我们要仔细考察它从比喻意义所传达的意思以及字面后面的深刻含义，这样才能获得某种知识。

43. 所以，"你如今赶逐我离开这地，以致不见你面"这话所表达的意思很可能是这样的："如果你停止供给我地上所产的美物，那我也拒不接受天上的粮食；如果要剥夺我体验、享受快乐的权利，那我也拒斥德性；如果你不给我任何属人的东西，那也把属神的东西收回去吧。因为根据我们的标准，必不可少、富有价值和真正实在的好东西就是这些：吃、喝、眼见各种迷人的色彩，耳听各种悦耳的旋律，呼吸各种馨香，尽情享受肚腹以及其他器官所带来的愉悦；一心一意追求金银，头顶荣誉，身居要位，关心一切能给我们带来显赫的东西。至于明智的理性，艰难的忍耐，苛刻的公正，这些东西使生活充满艰苦和辛劳，我们不想与之有任何关系。就算它们原来是我们生活所必须经历的必不可少的一部分，我们也必不会把它们看作美好，成为追求的目标，最多只会把它们看作获得美物的手段。"

多么可笑的人啊！若是把身体和外部的益处都剥夺了，你还认为能躲过神的面吗？我告诉你，如果你失去了它们，必比任何时候更可能见他的面，因为一旦脱离那些由身体和身体的需要所强加的和难以打破的锁链，你就能更加清楚地看见那非受造的神。

44. 你岂没有看到，当亚伯拉罕"离开本地、本族、父家"，即身体、感觉和话语①（《创世记》十二章1节）之后，就开始与那"所是"②的权能相遇？当他离开了本家之后，律法书就说，"耶和华神向他显现"（《创世记》十二章7节）。神清晰地

---

① legei.——中译者注
② tou ontos（Him that IS）.——中译者注

向他显明出来，使他脱离可朽坏的东西，上升为一个全然没有我们这样的身体之负荷的灵魂。所以，摩西"素常将帐棚支搭在营外"（《出埃及记》三十三章7节），把帐棚支在远离身体这营的地方，指望这样就能使他成为神的完全的恳求者和敬拜者。

他说，这帐棚的名字就叫"会幕"。他用这个词经过深思熟虑，以表明这是那真是自是者①的幕帐，而不是徒有其名。因为在诸德性中，惟有那真正所是之神的德性是真正存在的，因为惟有神才有真实的所是。② 所以摩西论到他时竭尽人的语言之所能，说："我是自是永是的"③（《出埃及记》三章14节），暗示比他低的其他东西都没有存在，即没有真正意义上的存在，但是分有了存在的理念，并按着惯例称为存在。然而，摩西的会幕是比喻人的德性，不可以说就是存在，只能说是一个名称，因为它是神圣德性的复本和样式。由此可以推出，当摩西被指派作"法老面前的神"时，他并没有真的成为神，只是按照某种惯例才这样说；因为我诚然确实知道神给予了恩惠，让出了身份，但我不可能如神所给予的那样认识他。诚如经上的话所说的："我使你在法老面前代神"（《出埃及记》七章1节），那代替神的是被动的，而不是主动的；而真正的神则必然是主动的，而不是被动的。那么从这话我们可以得出什么呢？我们可以说，智慧者是愚拙人的神，但他并不是真神，正如仿造的四德拉克马银币不是真的四德拉克马银币一样。也就是说，智慧者若与自是永是的神相比，只能显现为一个属神的人；但与愚拙人相比，就可以认为是神，当然这

---

① hin he tou ontos（the Existent One really IS）.——中译者注

② 本节的希腊文为 hparchei, me kaletai monon. Ton gar areton he men theou pros aletheian esti kata to einai sunestosa, epei kai ho theos monos en toi einai huphestanai.——中译者注

③ ego eimi ho on. 和合本的译文为，"我是自有永有的"。因为我在译文中统一地把。——中译者注

是按人的观念和想象说的神，不是按真理和事实意义说的神。

45. 那么你为何徒劳地说："你如今赶逐我离开这地，以致不见你面？"（《创世记》四章14节）事实上，正好相反，他若是真的赶逐你离开陆地，就必会把他自己的形象清晰地向你显现出来。这是可证明的。你将要离开神的面，一旦离开了，就必仍然住在你属地的身体里，因为他后来有话说："于是该隐离开耶和华的面，去住在这地"（《创世记》四章16节）。这样看来，你并不是被赶逐出这地，从而不得见那自是永是者的面，而是相反，你转身离开了他的面，来到地上，即必朽坏的身体里避难。而且，你所争辩的"凡遇见我的必杀我"（《创世记》四章14节）这话也完全不对，你是言不由衷。因为某物被遇见，总是被两者之一遇见，要么被同类遇见，要么被异类遇见。同类遇见它是因为它们各方面都相似，彼此友好相和；异类遇见它是因为它们彼此相反，全然不一。同类往往会保护、守卫与它如此密不可分的同类；异类则随时准备毁灭与己完全不同的东西。所以，要明确地让该隐和其他所有无耻之徒知道，他并不会被所遇见的每个人所杀，那些和他一样与邪恶亲密为友的无耻的人，必成为他的看护者和保卫者。但是凡辛勤努力追求明智理性以及其他德性的人，都要把他视为死敌，不可能有任何妥协，如果可能，就把他歼灭。有一条规则几乎永恒不变：无论是人还是事，与之友好和亲密的，就珍爱它，与之迥异的，就要毁灭它，绝不会用赞赏的眼光去看它。因此圣言说："你说是这样说，想却并不这样想"（《创世记》四章15节）[①]，证明该隐的单纯是虚伪的。你嘴巴里说凡发现你在话语较量中耍了诡计的人，都会杀你，但你

---

① 这是中译者根据英文翻译出的经文，和合本《圣经》里没有这样的话 on 译为"是"或"存在"，因此我们这里改译为"是"，以表示神的自我所据有的那个独特的惟一的"有"。——中译者注

知道并非每个人都会这样做，因为有无数人已经加入到你的行列。惟有德性的朋友，你的死敌才会这样做。

46. 经文接着说："凡杀该隐的，必使七种可惩罚的事物脱离约束。"（《创世记》四章 15 节）① 我不知道在那些按字面解经的人看来，这话传达了什么意思。因为没有任何迹象表明这七种东西是什么，它们为何是可惩罚的，以及它们是怎样变得没有约束，丧失作用的。我们必须拿定主意认为，所有这样的话都是比喻，包含着更深层的含义。所以，摩西想要表达的思想似乎这样。灵魂的非理性方面分为七个部分：视觉、听觉、味觉、嗅觉、触觉、表达和生产。要是一个人除掉了第八个部分，即心灵，它是其他七个部分的治理者，在这里被称为该隐，那么他也必使其他七部分丧失作用力。因为它们分有心灵的力量和元气，就变得强壮；随着心灵变弱，它们也就渐渐虚弱；由于邪恶把完全的败坏引到它头上，它们就又软弱又松懈。这七部分在智慧者里面就显得纯洁，毫无污点，配得荣誉，但在愚拙人的灵魂里，却是不洁而污秽。并且，正如摩西所说，必遭受"相应的刑罚和报应"。我来举一个例子。造主想要用水来洁净大地，立意要让灵魂接受洗涤，遵照神圣洁净的样式，把它的污秽洗去、除净，把它那还没有表现出来的恶行扼杀在摇篮状态，当他想这样做的时候，就吩咐那没有被汹涌而来的洪水吞没、反而显为义的人，"从洁净的畜类中选七公七母"（《创世记》七章 2 节）带上方舟，也就是身体，或者包容灵魂的器皿，因为他认为，应该让优秀的理性能力② 看到，非理性方面③ 的所有部分都是洁净可

---

① 此经文与和合本《圣经》（"凡杀该隐的，必遭报七倍"）不符，中译者根据原英文译出，以与下文对应。——中译者注
② Logoismon chresthai. ——中译者注
③ alogou. ——中译者注

用的。

47. 这是立法者规定的一切智慧者所特有的经久不衰的特色：他们的视觉纯洁无瑕，他们的听觉和其他各种感觉都经过严格试探；他们的言语干净清洁，他们的性欲有节制。七种官能中的每一种，有时候显得是阳性的，有时候显得是阴性的，因为它们要么处于控制状态，要么处于活动状态；休息安睡时是静止的，醒来活跃时是运动的；如果受控制、不活动是显性，那就表现为阴性的，如果活跃、用力是显性，就被认为处在运动状态，就可称为是阳性的。因而，在智慧者，这七种官能都显然是洁净的。相反，在愚拙人，它们都要遭受刑罚。我们必须指出，每日里有多少人由于眼睛沉湎于色彩、形状以及不宜看的东西而成为悖逆者，耳朵追逐各种声音，味觉和嗅觉器官追逐馨香以及无穷无尽、形形色色的刺激物，而成为悖逆者的？我还有必要再提醒你们又有多少人因那不受控制的舌头的滔滔不绝而遭受毁灭的吗？或者被致命的诱饵引向性犯罪的道路，发泄放纵的情欲？我们的城邑充满这样的邪恶，整个世界从这端到那极都充满这样的邪恶。这些邪恶又滋生出个人与个人之间、团体与团体之间的战争，这是和平时期发动的战争，没有硝烟却永无休止的战争，是一切战争中最大的战争。

48. 所以，在我看来，那些还不是完全无知的人应当宁愿变成瞎子，也不可看不宜看的东西；宁愿失去听力，也不可听有害的话语；宁愿让人割了舌头，也不可说出不该泄露的秘密。这样的事不是没有发生过。据说，有些智慧者在遭受车裂之刑、迫使他们说出秘密时，干脆咬掉自己的舌头，让行刑人去遭受更大的痛苦。这样一来，他们就根本不可能得到想要的情报。与其私通后疯狂，还不如一开始就受阉做宦官。既然所有这些事都使灵魂陷入灾难，无药可治，就必然招致最严厉的报复和刑罚。

经文接着说："耶和华神就给该隐立一个记号，免得人遇见他就杀他"（《创世记》四章 15 节），至于什么记号，他没有指明。不过，他有个惯例，常常用记号的方式表明每个对象的性质，比如在埃及的事件中，他把杖变为蛇，把摩西的手变为雪的形式，把河水变成血。看起来，正是给该隐立的这个记号，使他不会被人杀害，也就是说，他任何时候都不会死。律法书从头至尾都没有提到他的死。从比喻的意义上看，这表明愚拙人就像神话里的斯库拉（Scylla）① 一样，是一种不死的邪恶，从不终结，永远存在。但愿事实相反，让卑鄙的东西从眼前消失，彻底毁灭。但事实上，它们仍在发展壮大，诱捕猎物，那些已经被它们掳掠的人，就传染上难以治愈的顽疾。

---

① 希腊神话中的女妖，栖居锡拉岩礁上，攫取船上的水手。——中译者注

论该隐的后裔并他的流放

论该隐的后裔并他的流放

1. "于是该隐离开神的面,去住在伊甸对面的挪得之地。"①(《创世记》四章 16 节)这里,我们要提出这样的问题:在摩西扮演神的诠释者的这些书卷里,我们是否应该从比喻的意义上去领会他所说的话,因为从字面意思上看,这些话与真实情形实在大相径庭。若是那存在②有脸面,人想要离开它的视线,就能轻易地转移到别处,那么,我们有什么理由拒斥伊壁鸠鲁(Epicurus)的邪恶理论③,或者埃及人的无神论④,或者世俗世界中到处充塞的戏剧、诗篇中的神秘情节?脸面乃是生命受造物的部分,而神是整体,不是部分,那么我们也得分给他身体的其他部位、颈项、胸部、手足,更不要说肚腹和下体了,还有数不清的内脏和外器官。如果神具有人的样式和部位,他也必然有人的种种情欲和体验。要知道,大自然(Nature)⑤造出这些器官,如造出其他东西一样,不是徒劳和多余的,而是为了帮助拥有这些器官的人,弥补他们的软弱。她调节各种器官来满足他们的不同需要,使各个器官都能提供各自独特的服务和帮助。然而,

---

① 和合本里"对面"为"东边"。——中译者注
② To on(the Existent Being).——中译者注
③ 即神有人的样式。
④ 即他们的动物崇拜。
⑤ he physis.——中译者注

存在①没有任何需要，他不需要各部位提供的益处；既然如此，当然也根本不可能有任何部分。

2. 那么该隐"离开"哪里呢？离开万物之主的殿吗？但除了这世界，神还能有什么我们看得见摸得着的住所？离开了这世界，任何权能或设置都不可能有效用。一切受造物都被天宇包围在它自身里面。确切地说，人死了就分解成各种原初的元素，再重新分配给宇宙各种力量，他们原本就由这些力量构成；借给各人的债或迟或早都要还给大自然他的债主，她会决定究竟什么时候收回她自己借出去的东西。

再者，离开某人的人与被他抛在后面的人总是处在不同的位置。（如果该隐离开的是神），那么由此推出宇宙的某些部分就没有神。然而，神不曾留下任何空白，不曾使哪里缺乏他自己，他乃是完完全全地充满万物。［斯多亚主义的泛神论］

既然神没有脸面，事实上，他超越标志受造万物的一切特性；既然他不可能只表现为某种特定的部分，因为他包含一切，同时自身不被任何东西包含；既然这世界的任何东西都不可能像离开一个城邑一样离开它，因为没有什么事物存在于它之外，那么我们惟一能做的就是由此断定，（摩西）所提出的命题没有一个是从字面意义上意指的，从而采取哲学家们②极为珍爱的寓意解释。我们的讨论必须从这样的解释法则开始。要说离开某个必死的君王尚且是件困难之事，若要离开神的面，并决意从此以后远走高飞，不再让他看见，岂不是更难上千百倍；换言之，因为丧失了心眼的视力，没有能力形成关于他的心理图像。人若是因为被某种不可阻挡的力量支配，迫于无奈失去这种视力，这样的

---

① to de on（the Existent Being）.——中译者注
② 指那些既不赞同对神以及神圣之事作神话学上的解释，也不接受通常流行的解释，而寻求有关陈述背后的真相或事实的人。

人应该同情，而不是憎恨。但那些出于自己的自由选择，掉头离开存在①的人，就罪大恶极了——因为再也找不到还有哪种恶能与之相提并论的——这样的人必须予以惩罚，并且不是一般的惩罚，而是特别制定的远非通常惩罚所能比拟的刑罚。而绞尽脑汁所能想出的最大刑罚莫过于宣布被宇宙之主弃绝，这是闻所未闻的刑罚了。

3. 亚当被神逐出，该隐主动离开。摩西是要向我们表明人的两种衰退，一种是自主的，另一种是非自主。非自主的行为，由于不是出于我们深思熟虑之后的论断，以后必能得到其应有的补救，"神必另立一个儿子代替亚伯，因为该隐杀了他"（《创世记》四章25节）。这儿子就是塞特（Seth），或"滋润"，是为那不是出于其本身的原因跌倒的灵魂而立的。自主的行为，就其有预谋和目标而言，必然招致灾难，永远得不到补救。正如有计划的正当行为比非自主的正当行为更有价值，同样，就罪行而言，过失之罪就没有故意之罪严重。

4. 于是，该隐离开神的面，跌入了向邪恶者复仇的公正之手。但摩西必为他的弟子们定下最高贵的指示："且爱神，听从他，专靠他"（《申命记》三十章20节）；向他们保证这就是带来真正的后裔和长寿的生活。他激发他们尊敬那值得羡慕和深爱的神所用的方式鲜明而意味深长。他嘱咐他们要"专靠他"，由此表明我们与神之间的和谐与联合如何地延绵不绝和牢不可破。

这些以及其他类似的劝诫，摩西是说给别人听的。但他自己却是如此不停地渴求看见神，并被神所看见，所以他恳求神把自己的本性清晰地显明出来（《出埃及记》三十三章13节）——因为神的本性实在难以猜度——，希望最终能获得完全没有错谬

———————————
① To on（the Existent Being）.——中译者注

的观念，消除疑惑和不确定，代之以最确定无疑的信念。他这种
强烈的愿望没有一丝一毫的减退，尽管他知道自己倾心和迷恋的
对象必然需要艰难探求，不，甚至无法企及，但他仍然一如既往
地奋力争取，毫不松懈，并且正当而果断地把他所有的能力调动
起来，为到达他的目标齐力奋进。

5. 所以我们就看到他挨近了神所在的幽暗之中（《出埃及
记》二十章21节），也就是进入关于存在①的沉思，这存在属于
那不可企及的区域，那里没有任何质料形式。其实，万物之因
（the Cause of all）并不在幽暗之中，也不住在任何地方，他乃高
高地超越于一切时间和处所之外。因为他将一切受造物置于自己
的控制之下，却不被任何事物包含，他超越于一切之上。他虽是
超越于他所造的一切事物之上，却仍然充满整个宇宙；因为他使
自己的各种权能伸展到宇宙的各极，并根据和谐之法则把每一极
彼此连接起来。因此，当爱神者探求存在②之本质的问题时，就
是在探求那超越于质料和视线之外的。正是在这样的探寻过程
中，他获得了巨大的恩惠，即领会到真在之神③是任何人所不可
能领会的，并且清楚地看到，神不可能被人看见。不过，在我看
来，这位神圣导师还没有开始探索之前，就已经知道这种寻求必
是徒劳无益，因为他祈求这存在④做他自己的诠释者，把他自己
的本性显明出来，这就是明证。他说："求你向我显明"（《出埃
及记》三十三章13节）⑤，由此非常清楚地表明，没有哪个受造
物能够凭自己的努力获得关于真正存在的神的知识。

6. 我们必须记住这一点，这样才可能明白我们所读到的关

---

① to ontos ennoias（the existent being）.——中译者注
② to on（the existent being）.——中译者注
③ to einai theos（the God of real Being）.——中译者注
④ ton onta menuten（the Existent One）.——中译者注
⑤ 和合本经文："求你将你的道指示我。"——中译者注

于亚伯拉罕的话，他到了神所指示给他的地方后，为什么说到了第三日他举目"远远望见那地方"（《创世记》二十二章 3 节以下）。什么地方？他已经到达的地方吗？他既已到达，为何又说远远地望见它？我们所看到的可能是一个比喻的说法，大意是说，智慧者总是渴望认识宇宙之主。当他沿着知识和智慧之道前进的时候，首先遭遇的是神圣的话语，他就暂时停留下来，尽管他原本打算一直沿着来路走下去，但现在在此止步了。因为他悟性之眼已经得以开启，这使他清晰地看到他所追求的目标实在难以企及，它总是避开追求者，总是远在天边，把追求它的人远远抛在后面。由此他很自然地认为，地上跑得最快的东西，若与太阳、月亮和其他天体的运行相比，就显得是静止不动一般。他还沉思诸天都是神亲手所造，造主永远先于受造物，由此可以推出，不仅我们所熟悉的其他一切事物，就是其运动速度超过一切事物的心灵，也不能领会这遥不可及的首要原因（the First Cause）。最奇异的一点还在于，天体所经过的物体都是运动的，天体本身也是运动的，胜过这一切的神却是静止不动的。所以，我们可以断言，他始终保持不变，同时既与我们很近，又离我们很远。他借我们每个人都熟悉的形成权能和惩罚权能控制我们；又把受造物远远逐出他的本性，使我们根本无法触及它，就是悟性的纯粹灵性触觉也不能触及它。

爱神的人寻求存在[①]，就算他们永不可能找到，我们也与他们一同喜乐，因为寻求善和美，就算达不到目标，寻求本身足以使人预见品尝喜乐的滋味。而爱自己的该隐，我们对他表示同情，因为他把自己的灵魂置于困境，没有任何关于存在的观念[②]，那惟一能使他看见存在的器官，也被他蓄意弄瞎了。

———————————

①   to on. ——中译者注

②   tou ontos kataleloipen. ——中译者注

7. 还值得注意的是他离开神的面之后所到达的那个国，它被称为"颠簸"①的国。立法者由此指出，愚拙者就是一种由动荡不安的冲动构成的受造物，总是屈从于波动和混乱，就如风暴来袭时逆风吹刮的海面，从来没有甚至在幻想中也没有体验过平静和安宁。正如有时船只在海上遇到风暴，既无法向前航行，也无法靠岸避风，就这样上下颠簸，左右摇晃，来回波动；同样，卑微的人在风暴中头晕目眩，随波逐流，没有力量稳掌航舵。这样的人永远处在颠簸之中，随时可能发生海难，以致毁灭自己的生活。

我对于这一切事上体现出的完美的因果关系大为惊异。接近某个稳定的对象，就产生想要像它一样的愿望，渴望静止。而稳定不动的就是神，变动不居的是受造物。凡接近神的人就切望稳定，而抛弃神和靠近变动不居的受造物的，如我们完全可以预料的，就随波逐流。

8. 正是出于这样的原因，经上有咒诅说："他必使你不得安逸，也不得落脚之地"，稍后，又说："你的性命必在他眼前悬悬无定。"（《申命记》二十八章 65、66 节）愚拙者必然要与正当理性背道而驰，必然不喜欢安逸和平静，从来不会坚定而稳固地根植在任何一条原则上，这是他的本性使然。他时而有这样的看法，时而又有那样的看法，常常对同一问题持完全相反的观点，尽管问题本身没有出现任何新的条件。他既大又小，既是仇敌又是朋友，几乎所有的对立面都体现在他身上。如立法者所说，他的整个性命悬计无定，没有坚实的根基，总是任凭兴趣拖前扯后，东飘西荡。所以立法者在另一处说："被挂的人是在神面前受咒诅的"（《申命记》二十一章 23 节）；我们若看到人把自己挂在自己的身体上——这身体就如同一块木头——就应当

---

① "挪得"在希伯来语里类似于"颠簸"。

把这样的人挂在神身上。他这样做（把自己挂在身体上），就放弃盼望，代之欲望；放弃至善，代之大恶。盼望就是指望良善之事，使心灵与丰富的神相连；而欲望充满非理性的渴念，使心灵与身体相连。大自然造出身体就是把它当做享乐的容器和住所。

9. 这样的人应当挂在欲望的绳索上。但智慧者亚伯拉罕是一个站立者，所以靠近那最大的站立者神，如经上所说的，"他站在主耶和华面前，就近来说"（《创世记》十八章22节以下）。惟有真正不变的灵魂才能接近不变的神，具有这种品性的灵魂确实可以说在神圣权能面前就近站着。

不过，最清楚地显现出这位高尚之人的坚定不移品质的，是给全智摩西的神谕，这神谕说："至于你，可以站在我这里。"（《申命记》五章31节）这神谕说明了两件事，其一，存在①推动并转动万物，但他本身不动、不转；其二，他让这高尚的人分有他自己的本性，就是静止不动的性质。在我看来，正如扭曲的要用尺子纠正，同样，变动的也要靠那站立的神的力量使它中止变动，安静下来。在这里，他指示另一人与他一同站立。在另一处，他说："我要和你同下埃及去，也必定带你上来。"（《创世记》四十六章4节）他没有说"你要和我同去"，为什么呢？因为神的特性静止不动，位移以及导致这种变化的种种活动都属于受造物的性质。当他邀请一个人去获得他所独有的善时，他就说"你站在我这里"，而不说"我与你同去"。因为就神来说，站立不是一种将来状态，而永远是现在行为。但是当他要去那专属受造物的地方时，他就说"我要与你同下去"，这是完全正确的，因为改变位置予你完全恰当。所以，没有人要与我一同下去——因为我对转换和变化一无所知——只会与我一同站立，因为静止不动是我的所爱。但那些改变位置下去的人——

---

① to on. ——中译者注

改变处所乃是他们的至亲——我必与他们一同下去；我没有任何移动，却无处不在，因为我自身充满整个宇宙。我之所以与他们一同下去是出于对理性受造物的怜悯，好叫他们脱离情欲的冥府，在我的引导下步步升入德性的上界，因为我已经铺设了通向天上的道路，指定它为一切恳求之灵魂的大道，好叫他们一路上不会筋疲力尽。

10. 我们已经描绘了两幅图画，一幅是善人的安静，一幅是愚人的不安，现在我们要专心思考接下来要发生的事。立法者说，挪得，即"骚乱"，就是灵魂移居的地方，是在伊甸的对面（东边）。在健全而神圣的理性①看来，"伊甸"是象征的名字，它的字面意思是"肥沃、丰饶"。更重要的是，健全理性发现，拥有纯洁而纯真、完全而完满的良善真是莫大的享受，其乐无穷，何况给予财富的神又绵绵不断地降下圣洁的恩惠。从本性说，邪恶与良善相对，不公正与公正相对，智慧与愚拙相对，一切德性与一切邪恶对立。这就是挪得位于伊甸对面的含义。

11. 接着他又说："该隐与妻子同房，他妻子就怀孕，生了以诺（Enoch）；该隐建了一座城，就按着他儿子的名，将那城叫做以诺。"（《创世记》四章 17 节）这里我们有理由发问，与该隐同房的是哪个女子？因为自从神用亚当（Adam）的肋骨造出夏娃（Eve）以来，迄今为止再没有记载说曾造过另外的女人。倘若有人指出，该隐娶的是他的姐妹，这样的说法不仅渎圣，而且不可能，因为按经上记载，亚当的女儿都是后来才出生的。那么我们要怎样解释呢？我认为，他用"妻子"这个名称指不虔诚的人的理性能力所持有的意见，不虔诚的人对一切问题惯常所持有的意见。那些自称为哲学家的人中间有许多人就持有这样的意见，有些派别对于推演出来指导生活的法则意见一致，

---

① theios logos. ——中译者注

有些则各有推论，结论大相径庭。那么不虔诚之人的意见究竟是
什么呢？就是认为人心是万物的尺度，他们说这是古代一位名叫
普罗泰哥拉（Protagoras）的哲学家的观点，其实正是该隐的疯
狂所结的一个果子。我之所以认为"妻子"就是指这种意见，
是根据这样的事实，该隐与她同房之后，她就生了以诺，以诺的
意思就是"你的礼物"。如果人是万物的尺度，那么万物都是心
灵所给予的一种礼物而已。它给眼睛以恩惠，让它能够看见，给
耳朵以恩惠，让它能够听见，给予每种感官各自的感知能力，也
给话语表达思想的能力。既然这些都是礼物，那么思考，包括它
所产生的思想、决定、建议、预见、领会、知识、各种技能和组
织能力，以及其他数不胜数、难以列举的东西都是。既然你有这
样的心灵代替神，把一切与人有关的事物，无论善恶好坏，一律
占为己有，分给一些人善恶混合物，给另一些人单纯的好或单纯
的坏，那么请问，你为什么还要严肃而认真地讨论圣洁和荣耀神
的话题，并且聆听别人类似的讨论？如果有人指责你不虔诚，你
必大胆地为自己辩护，坚称你在某位令人尊敬的导师（这人甚
至就是该隐）名下受过训练，他建议你要尊敬就近的东西，而
不是远离的首因（Cause）；又说你必会听从他的劝告，除了别
的原因之外，最重要的原因在于，他以铁一般的事实证明了这种
信条的强大，因为他战胜了亚伯，就是倡导不同意见的人，将把
他和他的意见一并除灭了。然而，根据我及我的朋友们的判断，
喜欢与不敬神之人一同活的，必与敬神之人一同死；因为等候那
些死去的敬神之人的，必是永生，而等候那些活着的不敬神之人
的，必是永死。

12. 既然经上说该隐生了以诺，后来又说塞特的一个子孙的
名字也叫以诺（《创世记》四章 17 节，五章 18 节），我们就要
思考，他们究竟是两个不同的人，还是同一个人。当我们思考这
两个名字时，也要考察其他同名的人之间的区别。除了以诺这个

名字外，还有玛土撒利（Mathuselah）和拉麦的名字既出现在该隐的子孙中，也出现在塞特（Seth）的子孙中（《创世记》四章18节，五章21、25节）。重要的是，我们应当知道，以上所提到的每个名字都可以从两方面理解。"以诺"的意思，如我已经说过的，就是"你的礼物"，"玛土撒利"的意思是"死亡的散发"，"拉麦"的意思是"屈辱"。先看第一方面理解。在某些人嘴里"你的礼物"是指我们里面的心灵；在另一些优秀的人眼里，则指宇宙心灵。有些人认为，凡思想、观念或话语所涉及的一切，都是他们自己的灵魂白白给予的礼物，这样的人必须归入该隐支派，因为他们引入了一种不敬神和无神论的观点。该隐尽管连自己也支配不了，却胆敢说自己以外的一切都全是他的财产。还有另外一些人，他们从来不说创造出来的一切东西都是他们自己的，只承认一切都是神的恩赐，这样的人是真正高贵的人，他们的祖先不仅多而富，还是爱德性的人，所以必须把他们归到塞特名下，作为这一支派的头。这种人很难找到，因为他们脱离了充满情欲和邪恶的生活，弃绝这种生活的背信弃义、肆无忌惮和凶恶放荡。那些神所喜悦的人，神已经把他们从必死的人转化为不朽的族类，在众人中间再也找不到这样的人。

13. 我们区分了以诺这个名字所表示的事物之间的差别之后，再来看看玛土撒利（Methuselah）。这个名字的意思，如我们所说的是"死亡的散发"，这话使我们心里产生两幅图画。在一幅画中，死亡被派临到某人头上；在另一幅画中，死亡离开某人。死神降临到他头上，这人必死无疑；死神离开了他，这人就幸存下来。凡接受死神的，是该隐的效仿者，他对德性所引导的生活方式永远漠不关心；凡属塞特近亲的，死被阻隔和废除，因为良善之人堆积起真实的生命作为自己的收成。"拉麦"的意思"卑下、屈辱的状况"也有双重理解。我们成为屈辱和卑微的，有两种情形：当非理性的情欲导致我们产生疾病和损伤，使灵魂的力量减弱和松弛时，我们成为屈辱的；当我们在追求德性的过程中遏制自我膨胀和自高自大时，我们也变得卑微。前一种屈辱是由于疾病，并且是一种麻风病，一种具有许多不同变种的疾病。因为当肉身一贯的健康形象受损害，灾祸显露在皮下，立法者说，那就是染上了可怕的大麻风（《利未记》十三章3节）。后一种卑微是由于施行了强大的力量，这种干涉必然导致由十这个完全的数字所决定的赎罪，因为经上有令要在七月初十这一天使我们的灵魂变得卑微（《利未记》二十三章27节），这就意味着不要夸口，引导人去恳求赦免一切罪过，不论是故意犯的，还是过失犯的。所以，这种意义上的卑微的拉麦就是塞特的子孙和义人挪亚的父亲；而前一种意义上的卑微的拉麦则是该隐的子孙。

14. 接下来我们要思考的一件事就是，如叙述所表明的，该隐独自建造了一个城邑，他为什么要这样做呢？一大群人是需要一个相当大的城邑来居住，但对于三个人来说，住在某个山脚或者某个岩洞，岂不更为恰当？我虽然说"三个人"，其实很可能只是一个人，就是该隐本人，因为被杀的亚伯的父母不可能会容忍自己与这个杀人犯同居一城，何况他犯的是弑兄之罪，比一般的杀人罪更令人不耻。每个人都能看到，孤身一人建造一座城邑这样的事是怎样与我们的一切观念相悖，更与我们的理性相悖。这样的事如何可能呢？他若不雇用别人帮助他，甚至连房子最微不足道的部分也不可能造好。同一个人在同一时刻怎么可能既砌石头、又劈木头，再打铁炼铜，围绕城邑筑起巨大的城墙，建好庞大的通道、防御工程、宫殿、神圣的密室、门廊、武库、房屋，以及各种通常所需的公共设施和私人住所？除此之外，他怎能安装排水系统，开挖街道，提供喷泉和管道以及一个城市必不可少的其他诸如此类的设施？既然这一切与现实是不相符合的，那么在我看来，我们最好是从比喻的意义上来理解这些话，也就是说，该隐决心建立他自己的信条，正如人建造城邑一般。

　　15. 每个城市都需要建筑、居民和律法来表明它是活的。该隐的建筑就是明确的论点。有了这些论点，就如同凭借城墙作战，击退仇敌的进攻，臆造出与真理相悖的似是而非的假说。他的居民就是自高自大又自以为聪明的人，致力于不敬、不信、自恋、傲慢、谬见的人，对真正的智慧一无所知的人，沦落为一种有组织的系统愚昧，缺乏学识、没有修养，以及其他与此类似的令人讨厌的人。他的律法就是各种形式的非法、不义、不公、放荡、无耻、愚蠢、任性、纵欲、说不出名堂的种种反自然的欲望。在这样一个城邑里，每一个不敬神的人显然都是建筑师，自造了他那可悲的灵魂，直到神提出意见（《创世记》十一章 6 节），使他们精心设计的装置大大地、完全地混乱。这样的时候必然到来，不要说他们建造一座城邑，就是在他们建造一座通天塔的时候，神也必出来干涉（《创世记》十一章 4 节）。"塔"的意思是指发展他们所引入的每个（不符合道德的）理论的讨论。这种讨论有它自己专门的观点作为头，按比喻的说法，这头就是"天"。每一种讨论必然都有从它引发的思想作为它的头和目标；正是为了引出这样的思想，具有雄辩口才的人总是滔滔不绝和夸夸其谈，发表冗长的演讲。

　　16. 他们的不虔诚达到了令人发指的程度，不仅认为他们自己可以亲手建造这样的城邑，还强迫爱德性的以色列人也做同样的事，任命督工监视他们，指定教练教唆他们行恶。因为经上有记载说，他们在督工的恶待下为国王建造了三座城邑：比东（Peitho）、兰塞（Rameses）和安城（On），即希吕波利城（Heliopolis）（《出埃及记》一章 11 节）。按比喻意义解释，这些城分别代表我们的心灵、感觉和话语。比东就是我们的话语，因为话语的功能就是劝说①，这个词的字面意思是"扰乱的嘴"，

————————

　　① 就是希腊语的"比东"。

卑鄙者的饶舌就是研究如何扰乱、颠覆一切良善的、高贵的东西。兰塞就是感知觉［它的意思是"虫蛾的侵扰"］，因为心灵被每一种感觉吞噬和啃咬，就好像虫子在撕咬它。当念头进入心灵却不能给它快乐，它们就使我们的生活充满痛苦和辛劳。"安城"这名字的本意是"堆积"，但从象征意义上看，它指的是心灵，因为人的所有话语都被带到它那里，就如同归入宝库（财宝的堆积）一样。立法者称安城为"希吕波利城"或"太阳城"，就证明了这一点。太阳一旦升起，就把黑暗所隐藏的事物清晰地显明出来。同样，心灵散发出它独有的光，使一切形式和状况都变得清楚明白。因而，把心灵称为我们复合系统的太阳应该不会错。它若是没有升起，没有把它独特的光辉照耀在人这宇宙的缩影身上，万物就隐入深沉的黑暗当中，什么也看不见了。

17. 雅各这位真诚努力的人也求助于这种"堆积（石堆）"，来证明他与拉班（Laban）道不同则不相谋（《创世记》三十一章46节以下）。这表达了一个深刻的真理，对每一个人来说，心灵是对他隐蔽目标的见证，良知是最公正诚实的检察官。［不过，见证之城］是在这些城之前建的。因为从经上我们看到，有人上到希伯伦窥探；在那里有亚衲族人亚希幔（Ahiman）、示筛（Sheshai）和挞买（Talmai）；然后又说："原来希伯伦城被建造比埃及的锁安城（Zoan）早七年。"（《民数记》十三章22节）要表明同一个名字如何具有多种不同含义，这完全是一种哲学研究。比如，"希伯伦"的意思是"结合"，但结合可以有两种，灵魂与身体结合，成为身体的搭档，这是一种结合；或者灵魂成为德性的伙伴，与德性相亲相爱，这也是一种结合。灵魂若是下降到身体的层次，它的居民就是刚刚提到的那些。"亚希幔"的意思是"我的兄弟"；"示筛"的意思是"我的外面"；"挞买"的意思是"悬挂者"。对灵魂来说，确定无疑的是，爱身体，就必把身体视为兄弟，外在的美物就必受到最高的尊崇。

凡处于这种境地的灵魂都依靠并悬挂在没有生命的事物上，就像被钉十字架和被挂在树上的人，被固定在可朽坏的物体上，直到死。灵魂若与良善结合，得到的就是在德性上出类拔萃的居民，就有双洞①（《创世记》二十三章 9 节）成双成对地接纳他们：亚伯拉罕和撒拉、以撒和利百加、雅各和利亚，这些人既是德性又是德性的拥有者。这希伯伦就是保存个人知识和智慧之杰作的宝库，比锁安城和全埃及都要早建成。因为自然造灵魂先于造身体（或埃及），造德性先于造邪恶（或锁安）；"锁安"的意思是"撒空的命令"；因为自然决定优先性不是根据时间的长短，而是根据价值的大小。

18. 所以，尽管以色列在年龄上是小的，他却称之为"长子"，即荣耀上的长子（《出埃及记》四章 22 节）。这清楚表明，看见神即存在之首因的人，就是荣耀的接受者，非受造者（the Uncreated One）首生的儿子，是德性所怀的一切可朽者所恨恶的对象；他既是头生的，就有一条律法规定，双重的命数和长子的名分要归给他（《申命记》二十一章 17 节）。也出于这样的原因，虽然从顺序上说，第七天这个七是在六之后，但在价值上却在任何一个数字之先，与一没有任何分别。立法者本人说得非常清楚，他在叙述创世之初时有话说："到第七日，神造物的工已经完毕，就在第七日歇了他一切的工，安息了。神赐福给第七日，定为圣日，因为在这日神歇了他一切创造的工，就安息了。"（《创世记》二章 2 节以下）之后又说："这是关于创造天地的书，记载神创造天地的日子里创造的工。"②（《创世记》二章 4 节）这些事都是在第一日造的，所以第七日就回溯到一，万物之最初和起始。我如此详尽地写下这些，目的是为了更加清

---

① 希腊语翻译为"麦比拉"洞。

② 此句是根据英文直译的。——中译者注

楚地表明该隐的意见，他相信建立这样的意见必不可少，好像他在建造一座城邑。

19. 以诺的儿子名叫盖大得（Gaidad）①（《创世记》四章18节），意思是"一个畜群"。这样的名字必是对他父亲名字的承继。因为可以说，自以为依赖于那连自己的本性也无法领会的心灵的人，所生育的就是一些非理性的能力，把它们合起来就是一个畜群；富有理性的人不会接受那样的信条。凡没有牧人看护的畜群，必然遭遇巨大的灾难，因为它没有能力靠自身的力量趋利避害。所以，摩西在他的祷告中说："愿耶和华万人之灵的神，立一个人治理会众，可以在他们面前出入，也可以引导他们，免得耶和华的会众如同没有牧人的羊群一般。"（《民数记》二十七章16节以下）一旦我们这复合体的保护者，治理者和父亲，或者任何我们喜欢称呼的名称，也就是正当的理性，离我们远去，留下我们里面的羊群任其行为，它们就会因缺乏看顾而灭亡；这非理性、无人看护的受造物，没有牧人告诫它、规训它，终于发现自己被远远逐出理性的不朽生活，它的主人必蒙受巨大的损失。

20. 这就是经上说盖大得生儿子马伊利（Maiel）②（《创世记》四章18节）的原因，这名字翻译过来就是"离开神的生活"的意思。既然畜群毫无理性，神则是理性的源泉，由此可以推出，过着非理性生活的人就是被剪除和远离神的生活的人。按摩西的界定，按神生活的人就是坚持爱神的人，他说："你的生命就是爱那存在的神。"③（《申命记》三十章19节以下）作

---

① 和合本《圣经》里，以诺的儿子叫拿。——中译者注

② 和合本《圣经》里，以拿的儿子名叫米户雅利。——中译者注

③ 与和合本《圣经》有出入。和合本19节以下为："……你要拣选生命，使你和你的后裔都得存活；且爱耶和华你的神……"——中译者注

为另一种生活的例子，他提出拈阄选出的公羊，说："他要把它活着安置在耶和华面前，用以赎罪，于是打发人把它远远送出去。"（《利未记》十六章 10 节）这是一条考虑周全的诫命。没有一个明智的人会因为老年人放弃纵欲而大声喝彩的，因为老年这种漫长而难以治愈的疾病使他们的渴念不再强烈，强度已经大大减弱。他会认为风华正茂的年轻人值得赞美，因为由于他们血气方刚，激情澎湃，心里的欲望也炽热可灼，但他们依然利用一切手段根据所受良好教育的经验教训熄灭烈火，控制嚣张的火焰，缓和沸腾的情欲。根据这些原理，那些不曾沾染任何疾病——比如邪恶生活所产生的一般性疾病——的人并不那么值得赞美，因为自然给了他们一个轻松的阄，没有任何努力就让他们完全享受好运；而那些生了这种病并与之搏斗的人，才更应该高声称颂，只要他们勇敢面对疾病，不屈不挠地斗争，既表现出战胜它的意志，又表现出主宰它的能力。通过艰苦的努力，为战胜享乐的引诱而施展出来的力量是可称颂的，这种得胜就是道德的胜利，是靠意志力赢得的。如果住在我们里面的不是某种得了快乐命运①的品质，而是致命的疾病和应当摆脱的灾祸，我们就当尽心尽力地摧毁和摒弃它们，这就是"用它们赎罪"，虽然承认它们依然活在我们心里，但绝不因此屈服。相反，我们勇敢地面对它们，坚持不懈地击退它们，直到完全确定它们已经被彻底除灭为止。

21. 那没有按神的旨意生活的人，等候他的除了灵魂的死，还会有什么结局呢？为此，摩西给出玛土撒利的名字，按我们的理解，这名字就是"发送死讯"的意思。因而，他就是米户雅利（Mahujael）的儿子（《创世记》四章 18 节），这个米户雅利放弃自己的生命，接受死亡，并且是灵魂之死，就是在非理性情

---

① 指拈阄归于耶和华的那只羊。

欲的刺激之下灵魂发生变化。灵魂一旦怀上这种情欲，就在分娩的阵痛中生出种种疾病和虚弱，这些东西不断扭曲着它，使它卑躬屈膝，奴颜媚骨，每种疾病都在它身上施加不堪忍受的担子，使它甚至无法抬头仰视。这一切有个名字，那就是"拉麦"（Lamech）；"拉麦"的意思就是"屈辱"。这样，拉麦就自我显明为玛土撒利的儿子（《创世记》四章18节），灵魂之死所生的一种卑下、畏缩的情欲，非理性冲动所产的一种极度虚弱。这种关系完全顺理成章。

22．"拉麦娶了两个妻，一个名叫亚大（Ada），一个名叫洗拉（Sella）"（《创世记》四章19节）。无论如何，不配的人为自己所取的一切东西都应受指责。事实上，一种可谓不复洁净的意图把它们全都玷污了。相反，良善之人的一切有意作为都是可称颂的。在这里，拉麦为自己选妻，就是选择了很大的邪恶。另一方面，亚伯拉罕、雅各和亚伦娶妻则是与适宜他们的良善之物结合。我们读到关于亚伯拉罕的经文说："亚伯兰、拿鹤（Nahor）各娶了妻；亚伯兰的妻子名叫撒莱（Sarai）"（《创世记》十一章29节），论到雅各说"起身逃往美索不达米亚（Mesopotamia），到你外祖彼土利（Bethuel）家里，在你母舅拉班的女儿中娶一女子为妻"（《创世记》二十八章2节）；论到亚伦，"亚伦娶了亚米拿达（Aminadab）的女儿拿顺（Naasson）的妹妹以利沙巴（Elizabeth）为妻"（《出埃及记》六章22节）。以撒和摩西也确乎娶了妻子，但他们不只是为自己娶的，据经上记载，以撒是在进入他母亲的帐棚时娶了妻子（《创世记》二十四章67节）。至于摩西，与他同住的那人把他的女儿西坡拉（Zipporah）给摩西为妻（《出埃及记》二章21节）。

23．立法者在书卷里记载这些事例各有特点，不是毫无目的的。对于那些欣然接受训练，取得进步，得到提高的人，有见证证明他们诚心选择了良善，好叫他们所付出的一切努力都有相应的回报。还有些人被认为配得这样一种智慧，除了他们自己的意志力之外，不需要任何别的教导，也不需要别的学习，这样的人适合从神之手接受理性作为他们的合法妻子，并领受知识，那也是智慧者生活的伴侣。但是卑微、奴性十足的拉麦，被剥夺了属人的事，所以娶了第一个妻子亚大（Ada），意思就是"见证"。他为自己安排了婚事，因为他以为，就人而言，最大的善就是心灵沿着目标明确的路线顺利移动和通过，没有任何东西妨碍它前行，使它轻松达到目的。他说："只要人的想法、目标、推测和目的，总而言之，人的计划能如俗语所说的，一帆风顺、毫无曲折地抵达终点，所提到的每个细节（或所说的每句话）都清楚明白，一目了然，那还有什么能比这更好呢？"我得说，如果一个人只是为了达到良善的目标使用正确无误的判断力，那么就我而言，这人就可算是快乐的。我这样说是有律法书指教的，律法书里就说约瑟是个万事顺利的人。它没有说"在一切事上"，只是说在那些神交给他办的事上顺利（《创世记》三十九章 2 节）；而神交给的一切都是良善的。如果一个人使用天生的敏捷和灵巧不只是为了良善而高贵的目的，还用于它们的对立面，对完全不同和大相径庭的事一视同仁，那么这样的人当视为不快乐的。可以肯定，巴比伦（Babel）那段经文里的话本质上是一种咒诅，我们所读到的是这样的："以后他们所要做的事就没有不成就的了"（《创世记》十一章 6 节）；事实上，随心所欲，想做什么就能成就，不论这些事如何卑鄙下流，对灵魂来说这不啻为巨大的灾难。就我自己来说，我得祷告，如果我曾决意行恶，但愿这恶事在我身上没有成就；如果我曾想过一种与人不相称的生活，但愿这种毫无自制的生活没有发生在我身上；如果我曾追求放荡和流氓行径，但愿我没有做成这样的行为。因为显然，对那些有意偷盗、奸淫、杀人的人来说，让他看见这些目标一个个落空、失败，这样岂不更好？

24. 因而，心灵对亚大毫无益处，她只是为顺利成就卑鄙的事作见证，并协助它们一一兑现。你若是想好了，要娶她做伴，她必给你带来巨大的灾祸，甚至是雅八（Jobel）（《创世记》四章20节），就是"一种改变"。你若对见证一切呈现之事（的良善）感到喜乐，就必渴望扭曲一切，改变事物原本具有的界限，把它们变得面目全非。摩西对这种人极为愤怒，宣称他们该受咒诅，他说："挪移邻舍地界的，必受咒诅。"（《申命记》二十七章17节）他所描述的像邻人一样"靠近"、"在近旁"的东西就是良善。他说，既没有必要上天，也无须到海外寻找良善的事，因为它就在旁边，就在每个人附近。他通过完全哲学化的方式把它分成三部分，说"它就在你口中，在你心里，在你手上（或你可以遵行）"（《申命记》三十章11至14节），也就是说，在话语中，在筹划里，在行为上。这些都是良善之事的组成部分，它们彼此密切相关，缺一不可。缺少任何一个，不仅使它不完全，而且会使它彻底毁灭。口里说着最好的事，筹划和施行的却是最可耻的事，这能说是良善的吗？这是诡辩文士的做法，他们滔滔不绝、无休无止地谈论良知和忍耐，使那些最渴望聆听的人也觉得刺耳，但从他们的选择和生活中的行为举止，我们发现他们却完全错误。仅有好的动机，没有正当的行为和话语，怎能说是良善呢？不当的话语会使那些聆听者遭受损失，不当的行为则使受害者遭受损失。再者，只行良善的事，但对所行的事没有领悟，不能清晰解说，那也是可指责的。若没有自发行为统率这两者的结合，无论成就什么事，都不值得称颂。就如同一个人弹琴，他若是把良善之事的所有音符都调成一个曲调，使话语与动机一致，动机与行为不二，这样的人才能算是完全的，具有真正和谐的品质。所以，挪动美善之地界的人是可咒诅的，这样说符合公正原理。

25. 这些界限不是我们所属的世界定下的，乃是根据神圣的，比我们以及一切属地之事都要更早的原理定下的。律法书说得很清楚，它庄严地责令我们每个人不可把假币掺入德性之中。它是这么说的："不可挪移你邻舍的地界，那是先人所定的"（《申命记》十九章14节），又有另外的话说，"你当问你的父亲，他必指示你；问你的长者，他必告诉你。至高者将地业赐给列邦，将亚当的子孙分开，就照神的使者的数目，立定万民的疆界。耶和华的分，本是他的百姓；他的产业，本是以色列。"①（《申命记》三十二章7至9节）这样说来，我若问那生我养我的父亲，或者问那些与父亲同龄的我的长者，神是怎样赐地业、分世人、立疆界的，他们是否能确定无疑地回答我，就好像他们是一步步跟着这分立过程那样？当然不可能。他们必会说："我们年轻的时候也曾孜孜不倦地询问我们的父亲并比他们更老的长者，但没有得到任何确定的答案。他们不能指示我们任何事，因为他们在自己的有生之年也曾恳求别人，就是他们认为有学问的人来启蒙他们。"

26. 这样说来，立法者所说的我们灵魂的父亲可能是指健全的理性②，长者就是健全理性的同伴和朋友。正是这些确定了德性的疆界。我们应当到这些学校去，向它们学习基本问题的教导。基本问题就是这些。当神把灵魂分立为列邦，把那些说同一种语言的人与那些说不同语言的人分开，使他们散居各地；当他将地上的子孙，就是立法者所说的"亚当的子孙"与自己分开，将他们彼此也分开，他就根据天使的数目定下德性子孙的疆界，神的话语有多少，德性的形式或"国家"就有多少。那么他的

---

①　对照和合本经文："……至高者将地业赐给列邦，将世人分开，就照以色列人的数目，立定万民的疆界。耶和华的分，本是他的百姓；他的产业，本是雅各。"——中译者注

②　希腊文为 orthon logon.——中译者注

使者的分是什么，万能主宰所给的产业是什么呢？具体的德性属于仆人，属于主所拣选的以色列。他看见了神，被他超绝的美吸引，得了他所看见的神的分作为产业。而雅八，翻成希腊文就是"改变"事物的本性，或者使它们成为别的东西，这样的人怎能逃避责备呢？他改变了智慧、忍耐、公正以及一切德性的形式，一切圣善的形式，代之以相反的愚拙、放任、不公正，以及一切邪恶，把先前留下的各种印记擦得一干二净。

27. 情形往往是这样的，用了第二个印章，就把第一次打上的印记给破坏了。律法绝不允许让恶的来替代善的，它甚至不允许美的来取代令人麻烦的。这里的"麻烦的"不是指无用的，不然，不为好事而放弃坏事，岂不愚蠢；它指的是一切需要付出辛苦和承担困难的事，这是阿提卡（Attic）的作家们提供的一个名字，以改变"邪恶"这个词的重音符号①。

这法条是这样说的："一切从杖下经过的，每第十个要归给耶和华为圣。不可拿好的与坏的更换，若定要更换，所更换的与本来的都要成为圣。"（《利未记》二十七章 32 节以下）只是坏的怎可能成圣？不，如我刚刚说过的，这里指的是麻烦的，而不是无用的。它的大致意思是这样的，美的东西是完全的善，而劳苦则是不完全的恩惠。你若能获得那完全的，就不要去追求那有缺陷的。你若出于过分热情，决定去从事劳苦之事，就要知道你似乎是在拿一物换另一物。但事实上，你必获得两个；这两个本身虽然价值都很高，却不是完全的圣物。

28. 要证明一物是圣洁的可以通过三种证据：通常的数字、惩罚性教导和完全的数字。因而经上说："一切从杖下经过的，

---

① 这里的"麻烦的"和"邪恶的"在英译中分别为 troublesome 和 wicked，但是它们的希腊文都是 ponera。只是"邪恶的"希腊文重音在前，即 pónera，而"麻烦的"重音在后即 ponerà。故斐洛有此说。——中译者注

每第十个为圣。"凡被认为不配数算的，就是渎神的，不是圣洁的；而那可数的，包括在算数里面的，根据事实本身就是得到认可的。比如，律法书说，约瑟在埃及积蓄五谷甚多，无法计算，又说"因为谷不可胜数"（《创世记》四十一章49节），因为维持身体和埃及情欲的粮食完全不值得计算。杖就是惩罚性教导的象征，若不为某些过犯杖责某人，使他产生羞愧感，就没有别的办法使他的心得到警示和改正。十就是渐渐进步获得完全的标志和保证。在那完全的过程中，应当把初熟的果子献给神，因为他引领、培养、教导我们，最终又使我们的盼望得以圆满实现。

29. 关于改变并在原币中掺假的人的话题，我们就谈到这里。立法者还称他为住帐棚、牧养牲畜之人的祖师（《创世记》四章20节）。牲畜是非理性的存在物，牧养牲畜的人就是爱享乐、爱情欲、为它们提供食物即外在感觉对象的人。这些人与牧羊人完全不同，后者是仿效管理者的方式，责罚行为错谬的受造物，而前者是遵循款待者的方式，为它们提供无穷的食物，让它们感到行恶是安全的；厚颜无耻作为饱足和贪婪的女儿，从来都是紧跟着形成。这样，我们完全可以预料，改变一切良善之事的结构和特点的人就是那些兴趣集中于没有灵魂、只是感觉对象的事物上的人的祖师。他若是把那些属于心灵认识范围的无形事物作为追求对象，就会坚守先人所定下的界限。这些界限是他们为捍卫德性而立下的，在每一种形式上都刻有专属德性的记号。

30. 立法者告诉我们，犹八（Jubel）原是雅八的兄弟（《创世记》四章21节）。"犹八"的意思类似于"雅八"，因为它是"墙头草，风吹两面倒"的意思；这个名字是比喻说出来的话语，而话语本质上是心灵的兄弟。用这样一个名字来形容对改变事物结构的思想的表达，是十分恰当的，因为它停在两段路中间，如同在天平上上下摇晃，或者船舶在海上受到巨浪冲击，左右颠簸。愚拙者从来不知道怎样表达确定或根据充分的事。摩西认为，任何人都不可偏左或偏右，或偏向地上的以东的哪个部分，而应沿着中央的道路前进，这路他用最恰当不过的头衔称之为王的大路或高贵的路；既然神就是宇宙首要而且是惟一的王，通向他的路当然就是王的道路，自然也可以称为高贵的路。这条路你必须看成是哲学，但不是时下好诡辩的文士们所追求的哲学，他们要嘴皮子来反对真理，为他们的流氓行径冠以智慧之名，赋予拙劣的工作以神圣的头衔。不，这哲学乃是一群有志之士为避开享乐的种种温柔陷阱而进行艰苦卓绝的斗争中追求的哲学，是以极其严谨的态度学习良善而公正之事的哲学。

所以，这条高贵的道路，我们刚刚说过就是真正的哲学，在律法书里被称为神的话语和道。① 经上这样说，"你要谨守遵行我今日吩咐你的神的话，不偏左右"（《申命记》二十八章 14 节）。这清楚地表明，神的话就是高贵的道路。他将两者视为同一，命令我们两者都不可偏离，必须以正直的心行在这笔直的中央大道上。

31. 他说："这犹八是一切弹琴吹箫之人的祖师。"（《创世记》四章 21 节）把有声话语（sounding speech）称为音乐和一切乐器的祖师极为恰当。自然先为生命受造物构造发声器官或乐器，作为首要且最完美的器具，接着马上就赋予它协调音程和各种旋律，目的是使它预先成为将来人工制造的一切器具的模型。耳朵也是这样。自然用它的车床转动它，使它成为环形的，圈圈里面套圈圈，大圈里面套小圈。这样，接近它的声音就不会逃逸，不会在它外围散开。相反，被它捕捉到的声音完全可以聚集起来，被圈圈包围在里面，并通过这些圈圈传递到心灵这接受器中。这里，我们同时也看到繁华城邑里可见的剧院的模型，剧院

---

① 在希腊文为 ho nomos kalei theou hrema kai logon.——中译者注

完全是模仿耳朵的形状建造出来的。所以，构造生命受造物的大自然伸展出气管，如同音阶，把等音、半音和自然音阶都结合在自身里面，满足音程长短不一的各种旋律的不同需要，并由此为各种乐器建造一个模型。

32. 为表明这种说法的真实性，我可以提到这样的情形：管乐和弦乐发出的任何悦耳的声音都远远不及夜莺和天鹅发出的乐音动听，因为效仿和复制的总没有原版的美妙，或者说可朽坏的种达不到不朽坏的属的水平。我们不能把人的声音发出的音乐与其他方式发出的音乐相提并论，因为人的声音具有一种非凡的说话天赋，它也因此受到珍视。尽管其他物种也能使用声音的调子和音符的连续变化，但它们只能发出令耳朵愉悦的声音，惟有人，因为天生具有清晰的表达能力，既能说话，又能歌唱，所以发出的声音既能悦耳，又能悦心，悦耳的是它和谐的曲调，悦心的是表达的思想。正如乐器放到一个不懂音乐的人手里就发不出和谐的曲调，但放到一个音乐家手里，符合他所拥有的技能，就奏出美妙的乐曲；说话也完全与此相同，一个卑鄙小人说出的话是混乱无章的，而一个高尚的人说出的话显得完美动听。再说，琴或别的乐器，若没有人弹拨，就是死的。同样，若没有支配性官能激发，说话器官也只能保持沉默。再说，正如乐器要根据它们所要演奏的不同旋律来定不同的调子，同样，说话也显然要对所处理的各种不同问题作相应的解说，允许有无穷无尽的变化。谁能对父母和子女用同一种语调说话呢？从本性上说，子女是父母的仆从，父母是子女的主人，这是不同的本性。对兄弟、堂兄弟以及所有的亲近者说话，与对那些关系甚远的人说话，方式岂能一样？对那些与他有关的人，与对那些与他无关的人，怎能用同样的方式说话；对同胞与对外人岂能一样说话；对在本性或年龄上大相径庭的人与基本一样的人，怎能一视同仁？我们对老年人必须以这样的方式说话，对年轻人则要以另外的方式说话，对大人物的说话方式与对小人物的方式不可相同，对富人与穷人、长官与百姓、仆人与主人、男人与女人、有知识之人与无知识之人，都不可以用同样方式说话。我们没有必要一一列出诸如此类的人，那没有穷尽。我们所要表明的就是，对不同的人要以不同的方式说话，在不同的时间要采取不同的说话方式。对于思想的对象也完全一样。它们的一些独特性决定了我们的语言必须符合它们的不同特点，不可能无论大、小，多、少，私人、公众，神圣、渎神，古老、现代，一律用同样风格表达，而要根据它们各自的数量、大小、重要性的不同与之相对应；有时候要让调子升得很高，有时候则要加以控制，保持低调。不仅不同的人、不同的问题要求我们以不同方式说话，而且事件发生的原因以及它们是怎样发生的，也对我们的说话有影响；此外，一切事件都包含的时间、地点也是要考虑的因素。这样说来，我们已经清楚地表明，把犹八这个改变说话的调子和方式的人认作是弹琴和吹箫之人的祖师非常恰当。这里的弹琴和吹箫也就是借喻音乐。

　　33. 至此，我们已经描述了亚大的后裔以及她本人是谁。接下来我们要思考拉麦的另一个妻子洗拉（Sella）以及她的后裔。要知道，"洗拉"的意思是"一个影子"，这是比喻身体的和外在的事物，这些事物实在与影子没有多少区别。形体的美不是一个影子吗？美艳一时就凋谢没有了。身体上的大力不是影子是什么？任何时候只要疾病袭来，它就烟消云散。感觉器官就算其获得的感觉非常准确，也仍然只是影子。一次讨厌的感冒就能损伤它们的准确性，或者随着年龄的增长——这是我们每个人都必须接受的不幸——也使它们归于无效。再进一步看，高薪、美名、行政职位、种种荣誉，一切被视为好的外在事物，个个不都是影子吗？我们应当引导我们的理智回到整个问题所起源的原理。从前，凡被算到所谓的名人之列的人，就到德尔斐（Delphi）去，把他们成功富足的生活一一记载下来。然而，这些东西就像渐渐褪色的画，不仅随着时间的流逝变淡，甚至在巨大的厄运中烟消云散，其中有些突然之间就被冲刷得干干净净，如同被猛涨的湍流冲走，再也看不见了。

　　从这影子并它转瞬即逝的梦幻生出一个儿子，他的名字叫土八（Thobel）（《创世记》四章22节），意思是"一起"。事实上，那些已经得着健康和财富——众所周知，这是最好的结合——的人认为他们已经完全获得了一切。若是有赋予独立权威的管理职权落到他们身上，他们就自高自大和趾高气扬起来，忘了自己是谁，忘了他们只是从必死的材料中造出来的。他们幻想自己已经得到了某个其结构超越人的本性，傲慢地夸口自己的种种荣耀，完全把自己神化了。某些人在此前就胆敢说不认识真神是谁（《出埃及记》五章2节），这就是一个例子，他们纵情享受受造的、外在的事物，全然忘了自己不是别的，原本只是人而已。

　　34. 为准确地刻画这些人，他接着说："这人是打造各种铜铁利器的。"（《创世记》四章22节）灵魂若是切切关注受造的享乐或外在的物质，就永远在铁砧上被敲打，在他欲望的猛烈攻击下筋疲力尽。无论何时，无论何地，你总可以看到那些关心自己的身体甚于关心其他任何事情的人设计线路和陷阱去捕捉他们所渴求的对象。你可以看见，爱钱财和名誉的人不惜远征到地极和海外，疯狂地寻求这些东西。他们榨取世上每个地区的出产，归到自己名下，把贪得无厌的欲望当作捕获目标的罗网，直到最后过分的费心劳神使他们垮掉，相反的推力把那些埋头苦干的人掀个四脚朝天。所有这些人都是战争的制造者，正因为如此，所以经上说他们是打造各种铜铁利器的人，铜铁利器就是发动战争的工具。凡思考这个问题的人都会发现，无论是过去发生的、现在正在发生的、还是将来要发生的人与人之间和国与国之间的大规模战争，无一不是为了女人的美貌，为了钱财，或者为了荣耀、尊贵、统治，或者为了得到某种东西，总之，都是为了获得与身体和外在事物有关的好处。然而，从来没有人为了教养和德性这些属于心灵的财富以及我们人最高贵的部分发生过争战，无论是外部的，还是内部的战争，都不曾有过。因为这些东西本质上是和平的；一旦它们盛行，社会的安定状态，律法的治理，一切最美好的东西就出现在眼前。这不是受造的昏暗之眼，而是灵魂的敏锐之眼。因为肉眼只能看见外物的表面，心眼则能渗透到内部，深入到心灵里面去清晰地洞察隐藏在那里的一切奥秘。

这是一条亘古不变的法则，引发人世间一切争吵和派系斗争的不是别的什么，恰恰是为了事实上只是一个影子的那些东西。立法者把制造武器和铜铁利器的人，洗拉的儿子称为影子土八，可见，他的哲学不是基于巧妙的辞藻，而是基于绝美的思想。因为他知道，为了获得受造的享乐，或者为了获得大量外在的好处，任何海军或陆军都甘愿冒最大的危险，然而，这些东西没有一个确定可靠和能经受得住时间的考验，因为它们就像图画一样，只是对实体的粗略描画，终究要渐渐褪色和淡去。

35. 我们得知土八的妹妹是拿玛（Noeman）（《创世记》四章 22 节），意思就是"肥胖"。当那些把身体的舒适和我所说的物质财富当作追求对象的人终于获得了他们所追逐的东西，其必然结果就是他们渐渐肥胖起来。这样的肥胖在我看来绝不是力量，只能说是软弱，因为它教导我们不要去尊敬神，而神乃是灵魂最重要、最美好的权能。律法书在大颂歌里（the greater Song）所说的话证明了这一点，"他渐渐肥胖、粗壮、光润，便离弃造他的神，轻看救他的神"（《申命记》三十二章 15 节）。一点没错，那些在阳光照耀的时刻生命之花绽放盛开的人，再也不记得永生者，只把幸运的时刻看作是神。因此摩西还通过劝诫要与相反的教义争战见证这一点，他说："幸运的时刻已经离开他们，而主耶和华却与我们同在。"①（《民数记》十四章9节）由此我们知道，神圣的道住在并行在那些把灵魂之生作为荣耀对象的人里面，而那些看重生活享乐的人所经历的美好时光短暂而虚幻。这些人由于脂肪堆积，享乐不断扩大，变得肥胖和肿胀，直到破裂；而那些饱食哺养爱德性之灵魂的智慧者，获得的是坚固而持久的力量，每次燔祭时要完全献上的脂油就是这种力量的记号。摩西说："所有脂油都永远归于主耶和华"②（《利未记》三章16节），由此表明心灵的丰富是神的恩赐，是他所特有的，因而必通向不朽；而身体的肥壮和外在事物的丰厚则归于顺境，由于它篡夺了神的位置，所以不久就衰竭了。

36. 我想，关于拉麦、他的两个妻子以及后裔的话题，我们已经谈论得够多了。现在我们要思考的是，被杀害的亚伯的新生可以称作什么。经上说："亚当又与妻子夏娃同房，她就怀孕生了一个儿子，起名叫塞特，意思是说：神另给我立了一个儿子代替亚伯，因为该隐杀了他。"（《创世记》四章25节）"塞特"的意思是"滋润"。地上的种子和植物得到水的滋润就发芽、开花，结出丰硕的果子；如果没有水浇灌、滋润它们，就会渐渐枯萎。显然，灵魂也是如此。只要有甜美的智慧之流滋润它，它就生长和成熟。滋润可以是浇灌的行为，也可以是得到滋润的体验。谁都会说，每个感官都是从心灵这个泉源得到滋润的，心灵拓宽伸展它们的能力范围，就如同水蓄满渠道一样。比如，凡心智健全的人，没有一个会说眼睛看见，而说心灵借眼睛看见；不说耳朵听见，而说心灵借它们的作用看见；不说鼻子嗅，而说心灵利用它们嗅。

---

① 和合本经文："荫庇他们的已经离开他们。有耶和华与我们同在，不要怕他们！"——中译者注
② 和合本译为："脂油都是耶和华的。"——中译者注

37. 所以《创世记》有话说："有泉源从地里涌上来，滋润遍地。"① （《创世记》二章 6 节）既然大自然把脸面赐给五官作为整个身体的最精华部分，从主导性官能里生出的泉源就把自己分散成多道水流，通过水渠把水一直送到脸上，把各个感觉器官所需要的能力传给它们。神的道②正是这样滋润德性的，因为神的道就是高贵行为的源和泉。立法者用以下的话暗示了这一点，"有河从伊甸流出来滋润那园子，从那里分为四道"③ （《创世记》二章 10 节）。为何要分为四道？因为有四种主要德性：智慧、勇敢、自制和公正，每一种都是具有支配力量的权威。人若是得到了这四种德性，即使毫无物质财富，就凭他得了德性，就是居高临下的君王。"分为四道"这话并不是意指四处散开，而是指德性所特有的权势和力量。这些德性都从神圣的道里面迸发出来，就如同从同一个根部生出来；把神的道比作一条河，这是因为他的话语和教义就像源源不断的河水，常甜常新，为爱神的灵魂提供滋养，促使其生长成熟。

38. 关于这些灵魂的性质，他的教导得很充分。他利用通常的学科作为教导手段，一步步引导我们前进。你看，他向我们显明，夏甲将皮袋盛满水，给童子喝。夏甲是撒拉的使女，撒拉代表完全的德性，她就代表不完全的训练。这里所显明的画面是完全符合原理的。也就是说，不完全的教导来到深奥的知识——就是被称为井的——面前，从它深入灵魂就像探入器皿一样汲取它所寻求的原理和理论，并且认为这些原理既养育了自己，也必可

---

① 和合本译为："有雾气从地上腾，滋润遍地。"——中译者注

② ho theou logos. ——中译者注

③ tessaras archas. 和合本《圣经》把 archas 译为 "道"。此 "道" 非 logos，我们知道 archas 在希腊哲学中原是 "本原"、"太初" 的意思。斐洛这里只是说有四种德性乃是最基本的德性。我们遵循和合本《圣经》还是把 archas 译为 "道"，但这里特作说明，以免误解。——中译者注

以喂养童子。"童子"这名字他用来称呼刚刚开始寻求教诲、且已经有些入门的灵魂。与之一致的是，这童子长大成人之后就成为一名文士，[①] 摩西称之为"弓箭手"，因为无论他设置什么样的观点作为目标，他所举出的证据都能像箭一样，准确地射向靶子。

39. 我们看到利百加（Rebecca）也在滋润她的弟子，但不是像夏甲那样用循序渐进，而是以完全来滋润。至于怎样滋润，律法书自会表明。经上记载说："那女子容貌极其俊美，还是处女，也未曾有男人亲近她。她下到泉旁，装满了瓶，又上来。仆人跑上前去迎着她，说：求你将瓶里的水给我一点儿喝。女子说：我主请喝。就急忙拿下瓶来，托在手上给他喝，直到他喝够了，就说：我再为你的骆驼打水，叫骆驼也喝足。她就急忙把瓶里的水倒在槽里，又跑到井旁打水，就为所有的骆驼打上水来。"（《创世记》二十四章16至20节）对于立法者如此细致入微的描绘，谁能不敬佩呢？他告诉我们，利百加是个处女，并且是一个极其美丽的处女，因为德性本质上是毫无杂质、假象和污秽的，一切受造事物中惟有她既是美的又是善的。斯多亚（Stoic）也正是从德性中生出它的原理：惟有道德的美才是善的。

40. 在各种德性中间，有的始终是处女，有的经过女人特性之后达到贞洁，撒拉就是这样的，因为在她第一次怀以撒——以撒象征快乐——的时候，"她的月经已经断了"（《创世记》十八章11节）。至于终身的处女，如他所说，是人所完全不认识的。事实上，没有凡人可以污损不朽者，甚至它的本性也不能清楚地了解；倘若人真的得到认识它的权能，就会不停地恨恶它，并且

---

① 所谓文士，就是 sophist，在希腊哲学语境中译为"智者"，然而《圣经》通译为"文士"。我们这里依据《圣经》的语境而作"文士"的翻译。——中译者注

极力抵抗它。出于这样的原因，摩西就像一位真正的哲学家，把利亚（Leah）说成是人所恨的（《创世记》二十九章31节）。因为利亚超越一切情欲，不能容忍那些被拉结——她就是感知觉——所象征的享乐吸引诱惑的人，这些人发现自己被她看轻，就恨恶她。但利亚既远离人事，就与神生出友谊，并从他获得智慧的种子，在分娩的阵痛中生出美好的思想，这些思想与生育它们的父是相配的。所以，灵魂啊，你若也跟从利亚的榜样，抛弃可朽坏的事物，就必转向不朽坏的神，他必使蕴藏道德之美的一切泉源喷水流滋润你。

41. 经文说，利百加下到井旁，打满了瓶，又上来。渴望良知的心灵能从哪里打水满足自己？惟有从神的智慧这永不枯竭的井里打水，所以下到这样的井旁其实是一种上升，是与真正学习者的某种内在特性相符合的上升。德性的教义等候着那些虚己的人下来，然后携着他们，把他们带到清白名声的高处。在我看来，正是鉴于此，神对摩西说："你要下去，然后再上来"（《出埃及记》十九章24节），这话暗示了这样的意思：每个人只要能正确估计自己的卑微，就必能在那些能论断事实的人面前变得更加高贵。夏甲带着皮袋来到井旁打水，而利百加带的是水瓶，这是有道理的。凡致力于学校学习的人，可以说，需要某种感知器官，比如眼睛和耳朵，用来接受学习的结果，因为热爱学习的人所获得的知识的益处，更多是靠看和听得来的。但满有纯净智慧的人则完全不需要任何笨重的皮具，她既是沉迷于属灵的对象，就从理性[①]知道如何完全除去身体的羁绊，也就是这装水的皮袋。她所需的不过是一个水瓶——比喻包含支配能力的器官，它就像井一样喷射出丰富的水流。至于这种官能是心还是脑，就留给专门研究这些问题的专家去研究吧。这位热切的学生一看到

---

① logismoi.——中译者注

她从智慧那神圣泉源里打上了各种形式的知识，就跑过去迎接她，见到她后就恳请她满足他对知识的渴望。她已学得一切课程里最重要的一课，即尽心慷慨，所以就立即把智慧之水递给他，并称这仆人为"主"或"主人"，让他痛饮。这里，我们看到了最高的真理：惟有智慧者才是自由的，才是统治者，尽管他可能有成千上万个受造的主人。

42. 这人说："求你将瓶里的水给我一点喝。"她没有以相应的形式回答他的要求，说"我必给你水喝"，她乃是说："请喝。"她这样说完全正确，说"请喝"就表明她只是在显明神的丰富性，是神喷射出大量的水给一切有资格并有能力享有的人享用。如果她说："我必给你水喝"，那就表明她会教导他。德性总是避免任何意味的表白。

接着他以高超的笔触描绘愿意为学生服务的教师遵循怎样的教导方法。他说："她急忙拿下水瓶，托在手上给他喝。"说她"急忙"，突现出她行善的热切，这热切来自于完全剔除了嫉妒的品质。从她"拿下"托在手上，我们看到教师如何下到学生面前，尽心为他着想，把他当作最关心的人。教师若在准备讲课时光想着自己高人一等，不考虑学生的接受能力，那就是蠢材，这样的教师不知道讲课与炫耀之间所存在的巨大区别。炫耀的人总是把自己所掌握的知识不遗余力地抖搂出来，把自己在家里潜心研究的结果毫无阻挡地公之于众。这是艺术家和雕刻家所做的事。他这样做完全是为了想要赢得公众的赞美。相反，真心准备教导人的人，就像一位良医，他的眼睛不是盯在自己所从事的广袤学科上，而是盯在病人的能力上，不是把他知识宝库里备用的知识全都拿出来用——因为那样的知识无穷无尽——只把病人所需要的知识拿出来，力求恰到好处，既不太少，也不太多。

43. 所以摩西在另一处说："你要照他所缺乏的借给他，补他的不足"（《申命记》十五章8节），教导我们不可毫无区别地把一切东西都给任何人，而要看他们缺乏什么，需要什么，再给予相应的东西。如果把锚、桨、舵给农夫，而把犁、锄给船员，或者把琴给医生，而把手术刀给音乐家，那岂不荒唐可笑。同样可笑的是，把精美的食品给干渴的人，把满罐的酒给饥饿难耐的人，通过嘲笑别人的不幸，来表明我们的富有和对同胞的仇恨。

在帮助的同时还要考虑应给予多大的帮助，这样说是为了保持适当的比例，这是一件具有极大益处的事。正确的原理认为："不是能给多少，就给多少，而是需要多少，能接受多少，就给多少。"你岂没看到，就连神给予信息也不是按着他自己完全的大能给的，而是按着那些接受他的恩惠的人始终在变化着的能力给的。谁天生有领会神谕的能力？神谕太大，任何听力都无法承受。那些对摩西说："求你和我们说话，不要神和我们说话，恐怕我们死"（《出埃及记》二十章19节）的人显然最真实地表达了这一点，因为他们感到，当神为他的会众立法的时候，他们身上找不到器官用于聆听。他若是想要炫耀自己的丰富，那么就算全地上的海变成干地，都不可能容纳它们。我们完全可以设想，降雨和大自然的其他恩惠总是在各个季节每隔一定时间不时出现，不会因为某些人缺乏、需要它们就连续不断地降下，并且预先考虑到那些需要它们的人，不会让他们不停地享受同样的恩赐，不然不仅对他们无益，而且有害。

因而，神就趁着接受恩赐的人还没有饱腻和逐渐变得傲慢前就停止给予最初的恩赐，把它们贮存起来，将来赐给别人，并用第三种恩赐代替第二种，甚至用新的恩赐代替原有的恩赐，有时候赐给不同类型的，有时候赐给同一类型的。要知道，世界从来没有缺少过神的恩赐——否则它必定已经灭亡了——只是它没有力量承受它们丰裕的流量。神希望我们能从他所给予的恩赐里得到益处，所以他根据领受它们的人的不同能力把他所赐的恩福分成一定比例。

44. 因而，利百加遵行万物之父的条例，把盛着智慧的被称为水瓶的器皿从高处拿下，托在手上，并且把学生能够接受的教义教给他，这是值得称颂的。面对她的种种性格特点，最令我惊异的是她的慷慨大方。向她要一点儿水喝，她就给予许多的水，直到学生畅饮理论之甘露，整个灵魂饱足为止。经文是这么说的："她就给他水喝，直到他喝饱起身"，这是教导善待同胞的一则教训，完全值得我们尊敬。如果有人碰巧缺乏很多东西，来到我们面前，由于羞愧只求给一点点，那我们就不能只给他所求的，还要把他没有提出来、但实际上需要的也一并给他。

就学生来说，要真正享有知识，光是接受教师所教的东西是不够的，他还必须有记忆的恩惠。所以，利百加让仆人畅饮的同时，也应许要给骆驼喝足，由此显示了她的慷慨仁慈。我们把这些骆驼看作是记忆的形象，因为骆驼是一种反刍动物，把吃下去的食物反刍上来不断咀嚼使其变烂。而且，它跪下来让沉重的负荷担在背上之后，又以令人吃惊的敏捷轻松地站立起来。同样，热心的学生的灵魂也是如此，当它装满了大量理论之后，并没有因此弯下来，反倒欢喜地发展起来，并且通过对原先储存的灵性食物的不断反复，可以说反刍，就能够记住所沉思的东西了。当她看见这仆人的本性如此乐于接受德性，就把瓶里的全部内容倒入水槽。也就是说，她把教师的所有知识都灌输到学生的心灵里面。文士却不这样，他们惟利是图，又嫉妒成性。很多应该告诉学生的知识都不告诉，小心翼翼地留给自己以备来日赚钱之用，从而阻碍了学生本性的发展。德性是毫不嫉妒、慷慨大方、乐善好施的，就如俗语所说的，总是手脚并用、竭尽全力地行善。我们刚才说到，她把所知道的一切都灌输给学生，就像倒入容器里，然后又下到井边，就是永远流动的神的智慧之井边打水，好叫她的学生通过记忆把已经学过的知识巩固下来，然后再畅饮其他新学科的知识。神丰富的知识无边无际，老的枝头又长出新的嫩芽，不断地焕发青春，枝繁叶茂。因此凡自以为已经达到了某个学科的顶点和获得了完全的人都是傻瓜；那看起来似乎已经接近终点的，其实离终点还远着呢。迄今为止，与真正的完全相比，还没有一个人在哪个研究领域得着完全，就如同刚刚开始学习的幼童比之已经年高望重和精通专业的老导师。

45. 另外，我们必须思考为什么她给仆人喝的水是从泉里打，给骆驼喝的水却从井里打。我们当然可以这样认为：这两种水是一样的，都是提供知识之流的神圣之道。但是井特别与记忆有关，因为原本一直藏在深处无法企及的东西，借助于某种外在的提醒被提上来，就像从井里提上来一样。这样的人（获得这种记忆的人），我们必须由衷地赞赏，因为他们天生就有优秀的本性。另外还有一些勤劳努力的人，刚开始时认为通向德性的路崎岖不平、难以行走，但后来，仁慈的神为他们提供了一条平坦的大路，变辛苦为甘甜。我们要指出他是怎样实现这种转变的。当他引领我们出埃及，也就是离开我们受造的情欲时，我们就沿着没有享乐的道路行走，到了玛拉（Marah）扎营，这个地方没有可喝的水，惟有喝不得的苦水（《出埃及记》十五章23节）。换言之，源于眼睛、耳朵、食欲和性欲的快乐一直萦绕在我们耳边，迷惑我们。每当我们真心想要与它们一刀两断的时候，它们就拉扯我们，紧紧咬住我们，还不停地向我们抛来各种诱惑。于是，在他们顽固地征服、驯服我们的努力下，我们屈服了，开始憎恨劳作，认为它是十足的苦事，令人厌恶，并打算退缩回去，回到埃及，去过放荡不羁的生活。若不是救主预先知道我们的心思，垂怜我们，把一棵树放进我们心里，使水变得糖浆一样甘甜，产生对劳作的爱来取代对它的恨（《出埃及记》十五章25节），我们可能已经这样做了。他既是造主，当然知道若没有在我们心里种植一种强烈的爱，我们不可能胜过任何事。若没有感情吸引，人所从事的任何活动都不可能达到其适当的目的。要获得完全的成功，必须加上喜爱之感，心灵必须沉醉于对所追求的对象的渴望之中。

46. 这就是一个热切追求者的灵魂之粮：相信劳作是甜蜜的，而不是苦涩的。并不是每个人都可以分有这样的食粮，惟有那些把埃及人的偶像金牛犊，也就是身体，焚烧、研磨之后撒在水面上的人才能分有。因为圣经说："摩西将他们所铸的牛犊用火焚烧，磨得粉碎，撒在水面上，叫以色列人喝。"（《出埃及记》三十二章 20 节）爱德性的人就要把美貌放在火上，把身体的享乐焚烧，然后根据分类法把它们切成块状，磨得粉碎，由此教导人，健康、美丽、精确的感觉、强健的体魄，包括体力和发达的肌肉，都是受造的"好事"，是所有人包括可恶的和受咒诅的人共同分有的。倘若它们真的是好东西，那恶人就不可能分有。只是这些人，就算是十分卑鄙的小人，也毕竟是人，具有人的本性，所以与好人一样，都分有这些东西。而且，事实上，如果说这些东西真的能算是好事，那么最野蛮的禽兽也享有这些"好事"的益处，甚至比那些拥有理性的人享有更多。比如，哪个运动员能比得上公牛的强壮和大象的体力？哪个奔跑者能比得上猎狗或兔子的迅速和灵敏？视力最好的人，若与鹰或雕所拥有的视力相比，就只能算是近视了。在听觉和嗅觉上，非理性受造物也同样大大胜过我们，就算一头驴子，虽被认为是动物界最愚笨的受造物，但若与我们一起测试，就会使我们的听力相形见绌，变成了聋子一般；狗具有极其敏锐的嗅觉，远在视力范围之外的味道都能嗅得一清二楚，相形之下，我们人的鼻子就显得似乎多余了。

47. 我们没有必要继续扩大和举更多例子，因为这是前代最为推崇的有识之士在久远之前就公认的。他们曾说，自然是动物

446811).

的母亲，是人类的继母。他们这样说是因为注意到人的身体有许多弱点，兽的体力却总是超人一等。所以，这位深有造诣的导师要把牛犊磨碎，这是合理的。也就是说，要把它分成各个部分，以此表明与身体有关的一切益处都与真正的善相去甚远，而与那撒在水面上的毫无区别。正因为如此，经上记载说，牛犊被磨碎之后就撒在水面上。作为一个标记，说明真正的善是不可能在可朽坏的物质里生长发育的。种子被扔进河流里，或海水里，就永远不可能表现出它应有的力量；它若不能利用自己的根系作为固定桩，坚实地扎在某块固定的土地里，就不可能发芽，甚至很难冒出地面，更不要说长成参天大树，或者随着时令变化结出时鲜果子了。因为汹涌而来的水流把它冲走了，还没等它扎根就预先把种子所有的一切潜能扼杀了。同样，有关灵魂之器皿的各种益处，尽管有演说家慷慨陈词，有诗人放声吟唱，然而，还没等其中任何一种益处成为现实，就由于属肉体基质①的不断流淌，全都被毁灭干净。若不是我们里面的理性沉思不断排除水流，疾病、老年和死亡怎会降落到人身上？因而，神圣的导师必会让我们的悟性恢复元气，即焚烧我们的享乐，把各种受造的财产磨成细小和无用的尘土，使我们记住，真正的美不可能从这些东西中发芽和开花，就如同水面的种子不可能发芽开花。

48.　埃及人所尊崇的公牛、公羊、山羊，以及其他一切可朽坏的崇拜对象，都只是根据道听途说而被奉为神，并不真的是神，称之为神完全是错误的。那些相信生活就是为年老昏聩的愚蠢者上演的一出戏的人，在年轻人尚还稚嫩的心灵里制造假象，

---

① 希腊文为 somatikes ousias. somatikes 是 in bodily form 的意思。这里最难译的是 ousias。英译本把它译为 substance，然而我们恐怕不能望文生义把它译为"实体"或"实质"。我们前面注中已经指出的 ousia 在斐洛的用法中主要是指"质料"，这里合适的译法应该是与"质料"相关的"基质"。——中译者注

利用他们的耳朵，灌输毫无根据的神话，并把这些神话注入他们的心灵，迫使那些始终带着女人气、永远不会成为灵魂高尚者的人自己去构造自己的神祇。

你要注意，这牛犊不是由女人所用的全部装饰品制作的，只是用她们的耳环制作的（《出埃及记》三十二章 2 节），因为立法者要教导我们，任何造出来的神，无论是表面上，还是实质上，都不是真正的神，只是说给耳朵听的，是所谓的时尚和习俗，并且这耳朵也是女人的耳朵，不是男人的耳朵，因为惟有带着女人气的、软弱无力的灵魂才喜欢这样的垃圾。而真正的存在①，可以从遍布宇宙的各种权能，从他永不磨灭的作品的亘古不变的运动中领会，不只是通过耳朵，更可以借悟性之眼感知和认识。因此，在大颂歌②里就有这样的话从神的口说出："看，看我是。"（see that I AM）③（《申命记》三十二章 39 节）由此指出，那真正所是（actually IS）④ 的他是靠清洁的直觉领会的，而不是靠文字的论证。当我们说，存在⑤是可见的，我们不是指他真的可见。这只是对这个词的不规范使用，其实是指他的各种权能。在刚刚引用的那句经文里，他没有说"看我"，因为神是"是"，受造的存在物根本不可能看见他。他说的是："看我是"，也就是说"看我的实存（subsistence）"⑥。就人的理性能力而言，若能进展到知道宇宙之因是"是"并存在，就已完全足够了。他若急于进一步推进，去求问神的本质或性质，那就是世界早期

---

　　① aletheian on. ——中译者注

　　② 《申命记》三十二章被称为"大颂歌"，以区别《出埃及记》十五章。——中译者注

　　③ Idete idete, oti ego eimi, 和合本经文为："我，惟有我是神。"——中译者注

　　④ tou ontos ontos. ——中译者注

　　⑤ to on（the Existent One）. ——中译者注

　　⑥ hyporksin. ——中译者注

的愚蠢的冲动。即便是摩西这位全智的人，神也没有满足他的这种要求，尽管他曾无数次地恳求，惟有一条神圣言传给他说："你就得见我的背，却不得见我的面。"（《出埃及记》三十三章23节）这意味着，紧跟在神后面的一切都是善人所能领会的，惟有他本身是不能领会的。也就是说，是不能沿着直线直接到达的。否则，他的性质也就可以通过某种方式加以领会了。人所能领会的只是跟随他和看护他的各种权能，而从他所成就的事看，这些显然不是他的本质（essence）①，只是他的实存。

49. 心灵一旦生出最初的良善品质，德性的初始模型，那就是塞特，意为"滋润"，就变得胆大无畏。因为经文说："神另给我立了一个儿子代替亚伯，因为该隐杀了他。"（《创世记》四章25节）有话说，神的种子没有一颗落在地上，都脱离地面，把世俗环境抛在后面，升到高处去了。这是显然易见的，也是千真万确的。人为生育生命或生产植物所储存的种子并不都能达到完全，只要那些不结果子的种子在数量上没有超过能结果的种子，我们就心满意足了。但神种在灵魂里的种子，没有一颗不结果子，无论如何全都是饱满而完全的，每一颗都能迅速长出各自丰硕的果实。

50. 当他说塞特生为另一个儿子时，他没有指明他是相对于谁而言的另一个。是相对于被杀的亚伯呢，还是相对于杀害亚伯的该隐？也许这新生儿与他们两个都有区别（区别的方式不同）。与该隐相区别在于他是与他敌对的（因为渴望德性与扮演抛弃者角色的邪恶是完全对立的）；与亚伯相区别在于他是他的朋友和亲人。这里不说"与他对立"，乃说"与他不同"，因为刚刚开始的事与完全长成的事显然不同；与创造物交谈的，和与非受造者交谈的，当然也是不同。出于这样的原因，亚伯弃绝了

---

① ousian.——中译者注

一切可朽的，转移到更好的住所，获得更好的存在，而塞特既然是从人的德性生的，就永远不会离开人类，相反要发扬光大。第一次发扬伸展到完全的数字十，到义人挪亚出现；第二次也是更好的一次扩展从挪亚的儿子闪（Shem）开始一直到第二个"十"，就是忠心耿耿的亚伯拉罕；第三次扩展的代数是"七"，比"十"更完全，就是从亚伯拉罕到摩西，这全然智慧的人。摩西是从亚伯拉罕以来的第七代，但他不像先辈那样，作为寻求引指的人去搜索外在的圣地，相反，他乃是作为一个神圣的引导者，就住在圣所里面。

51. 请注意灵魂所取得的进步和提高，它对美好的事，对神的无尽财富如饥似渴，永不满足，它把先辈已经达到的目标作为后代的起点。塞特所获得的最高知识成为义人挪亚的起点，而亚伯拉罕是从挪亚所达到的顶点开始接受教训的；亚伯拉罕所达到的最高智慧则是摩西训练的入门课程。罗得（Lot）这个人虽然在受到激励之后向上行进了，但由于心灵软弱，一路上摇摇晃晃，甚至倒退回去；他的两个女儿"提议"（Counsel）和"同意"（Consent）想要从她们的父亲心灵得后裔（《创世记》十九章32节），但她们与那说"神为我立了"的人完全不同。她们认为，存在①为他所成就的，心灵也能带给她们，所以她们就提倡关于迷醉而疯狂的灵魂理论。因为理性若是清醒正常和井然有序，就必承认神是宇宙的造主和万物之父；人若断言自己就是与人的生命有关的一切事物的主，那这人必是被酒灌醉，完全丧失神智了。恶意原不可能与她们的父亲同寝，但她们用愚拙之烈酒把他灌得烂醉，使他完全失去原有的心智，她们的阴谋就得逞了。因为经上写着说："她们叫父亲喝酒。"（《创世记》十九章33节）由此可以推知，她们若没有给他酒喝，他必是清醒的，她们也必

----

① to on（the Existent One）. ——中译者注

不可能从他得合法的后裔；但他一旦喝醉了，就被淫逸之火吞没，她们就怀了孕，但她们的分娩必是罪恶的，必有诅咒降到她们的子孙头上。

52. 所以，摩西禁止不敬不洁的子孙进入任何神圣的会堂。他说："亚扪人（Ammonites）和摩押人（Moabites）不可入耶和华的会"（《申命记》二十三章 2 节），这些人就是罗得女儿的后裔。这些人认为，感知觉和心灵，一阳一阴，如同父亲母亲，孕育了万物，并认为世界造物的形成也完全是这样一个过程。我们若曾产生过这样的错谬，就当像那些奋力游动，脱离波涛翻腾之海的人一样，抓住悔改这块完全的巨大磐石，紧紧抓住，不可放松，直到完全脱离翻滚的大海，也就是脱离我们所犯错谬的急流。拉结（Rachel）原先向心灵提出要求，似乎生孩子的事是由它发动的，但得到的回答是："我岂能代替神作主?"（《创世记》三十章 2 节）于是拉结把这话存在心里，吸收它的教导，放弃原先的主张，获得真正的圣洁。从神所爱的祷告中可以看到拉结的认错："愿神再增添我一个儿子"（《创世记》三十章 24 节），这样的祷告，绝不是那些只会愚蠢追逐自己的享乐，把其他一切东西都视为可以大声讥笑和尽情嘲弄的对象的人所能发出的。

53. 这理论的主要代表就是俄南（Onan），皮革商珥（Er）的亲属。据经文记载，"这人知道生子不归自己，所以在与他哥哥的妻子同房的时候，便遗在地"（《创世记》三十八章 9 节），极端地自爱，也极端地爱享乐。因而我得这样对他说："世上那些最美好的事并不只是为你提供益处，但你若不能从中得到某种好处，就能把它们废除吗？看看这些美好的事：尊重父母，关爱妻子，抚养孩子，与家仆保持愉快而纯洁的关系，管理家庭，领导城邦，维护律法，看守习俗，尊敬长辈，怀念死去的人，与活着的人相亲相爱，在言语和行为上虔敬神。你滋养和培育自己的享乐，一个贪得无厌和放荡不羁者的享乐，就会推翻和废除这一切，因为一切邪恶都从你这里滋生。"

54. 正是出于对享乐的憎恨，惟一俊美的神的祭司和执事非尼哈（Phinehas）就站出来；他是控制身体收支的人，时刻提防，免得有人行恶、傲慢无礼，他本人的名字就是"笼住嘴和控制它的言论"的意思。他拿着长枪，也就是探索和寻求万物之本性，发现没有什么比德性更令人敬畏的，于是就出于理性，刺穿和毁灭憎恨德性、热衷享乐的受造物，还刺穿那生出假冒伪劣品的柔软而性感的部位。因为律法书说他将那女人由腹中刺透（《民数记》二十五章 7 节以下）。这样，他既已终止心里的骚乱，清除了自己的享乐，表现出对神这首要和惟一之存在的热情，得到尊敬，获得两项最大的赏赐：和平和祭司之职。赐给和平是因为他终止了灵魂里各种欲望的内战；赐给祭司之职是因为无论从名义上①，还是从事实上，它都与和平相似。圣洁的智性作为神的执事和侍从，必须做她主人所喜乐的事；而他喜乐的就是根据良法维持城邦的井然有序，废除各种战争和冲突，不仅包括城与城之间发生的，更指灵魂里产生的。灵魂的战争比前者更大，更严重，因为它们所伤害的是理性，这是我们里面最神圣的能力。动刀动枪的战争可能导致身体伤残，财产损失，但永远不可能伤害健康的灵魂。由此可知，城邦的正当做法应当是，在人们还没有为了掳掠和摧毁敌人而彼此拿起武器，发动战争之前，就一个个地说服城里的公民除去他们心里的混乱之疾病，这种病在人心里大量存在，非常强大，绵绵不绝。老实说，这种失调就是一切战争的源头。如果把它去掉了，那么那些至今为效法它而爆发的纷争都不会再次发生，从此往后，人类必体验和享受深刻的和平，这就是自然法所教导的和平即德性，并且敬拜和侍奉神，因为这是长寿和快乐的源泉。

_____

① 希腊语里，"和平"和"祭司之职"在发音上多少有点相同。

论 美 德

论 美 德

[论摩西所描述的诸德性中的几种德性，或者论勇敢、虔诚、仁爱和悔改]

论 勇 敢

1. 我们已经讨论了公正以及这个题目所需要的一切相关问题，现在我要接着讨论勇敢。我说的勇敢，不是大多数人所理解的勇敢，即把愤怒作为谋士的狂热战争狂；我说的勇敢是指知识。有些人生性鲁莽，喜欢冒险，仗着一身蛮力就全副武装，集结起来开赴战场；在战争中杀人如麻，血流成河，博得赫赫战功的千古美名。这名声听起来美妙，实际上并不代表什么高贵的成就；尽管他们的胜利在那些评判和鉴定的人看来极其荣耀，但他们的本性和行为都表明，他们嗜杀成性，野蛮血腥，与野兽没有区别。

然而，还有一些人，他们或者由于长期病痛，或者由于年事已高，身体虚弱，神形消瘦，几乎足不出户。但是在灵魂的高级部分里①，他们依然健康年轻，充满高尚的情操和坚定的勇气。

————————————

① 或者译为："高级部分即灵魂。"斐洛通常认为，心智（mind）或悟性（understanding）是灵魂（psyche）的高级部分。这里指的就是这个意思，所谓的勇敢属于 psyche。——中译者注，参考英译者注

他们从未想过要用武力捍卫国家，但他们见解卓越，坚定不移地思想着真正有益的事情，力图恢复每个人在日常生活和国家公共生活中已然丧失的东西，为政体作出了最大的贡献。所以，这些训练自己智慧的人所培养的才是真正的勇敢。而那些其他人所谓的勇敢，其实是这名称的误用，因为他们的精神紊乱失调，由于无知拒绝任何形式的治疗，所以应该称为鲁莽和冒险才恰如其分。这就如同我们所说的真币和假币的区别，假币看上去虽与真币相似，但它毕竟是假的。

2. 再者，无可否认，人类还有许多别的令人难以忍受的境况，比如贫穷、耻辱、残疾以及各种疾病。面对它们，那些没有头脑的人会变得怯懦，甚至没有勇气站起来。而那些充满智慧和高尚情操的人，时刻准备用自己的全部力量来对付敌人，视自己所面临的危险和威胁为无物。他们拿财富与贫穷争斗，这财富不是盲目的财富，而是眼光敏锐的财富①。这种财富的珍珠和宝贝都藏在灵魂这自然宝库里。许多人因贫穷的压迫倒下了，就如同精疲力竭的运动员，由于缺乏男子汉气概，虚弱地倒在了地上。然而，在真理的论断看来，没有哪个人是匮乏的。因为每个人都拥有自然财富②，没有人能将之剥夺。首先，最重要的自然财富就是空气，这是永恒的给养，为我们昼夜不停地呼吸；其次是丰富的泉源，春天的河流，冬天的小溪，都涌流不息，成为我们的饮用水；再次，各种庄稼的收成，各类树木每年秋天所结的果子，都是我们的食物。全世界每一个人都充分拥有这样的财富，没有谁有所缺乏。

---

① 柏拉图 Laws《法律篇》631C。

② 这里的"自然财富"区别于智慧的属灵财富。在 De Praem.《论赏罚》99节中，斐洛又论及过这种自然财富，把它等同于雅各所祈求的"饼和余粮"。这里，他似乎把它包括在"属视觉的财富"中（见7），但在别的地方又把它作为属灵财富的一个别名。它保卫身体对抗贫困，但对于10—15节所列举的这些疾病无能为力。

只是有些人毫不珍惜这种自然界所赐予的财富，熟视无睹，反而去追逐虚妄的财富。他们不是选择依靠眼光敏锐的人，反而依靠没有眼光的人。在错误的引导下，他们的脚步必然跌倒。

3. 这就是作为身体的卫士的财富，自然界所赐的快乐礼物，但我们还必须注意那种更加高级和更加高贵的财富，它不属于所有人，只属于真正高贵和富有神性的人。这种财富是智慧借着伦理学、逻辑学和物理学的原理和原理赋予的，而这些原理和原理又生出各种德性。有了德性，灵魂就不会再去追逐浮夸虚华，只会热爱自满自足和勤俭简朴，逐渐成为神的样式①。因为神就是毫无匮乏，毫无所需，他完全自满自足。而愚拙人有许多匮乏，甚至渴望根本不存在的东西。他贪婪成性，欲壑难填。他点燃贪婪的欲望，像火一样熊熊燃烧，无论大的、小的，都收入囊中。高贵的人欲望极少，正走在从朽坏通向不朽的道路上。他还不是全然没有欲望，因为他的身体可朽坏。但鉴于他的灵魂，他的欲望不多，因为他的灵魂渴望不朽。

智慧者就是这样以财富对付贫穷。对付耻辱，他们用的是美好的名声②，因为赞美源于高贵的行为，就如同源于永不枯竭的泉源。这样的赞美在没有头脑的人中间是行不通的，他们的习惯是在随意的漫谈中暴露他们反复无常的灵魂；他们厚颜无耻地贬损这些精选出来的最优秀人士，这样做往往只是为了谋取某种可耻的奖赏。可惜优秀的人数量很小，因为德性并没有在必死的凡人中间广为传播。

另外还有身体的伤残。成千上万的人由于身体残疾，又找不到药物医治，未到成年就夭折了。它的对手就是智慧，这是我们

---

① 也就是说，在圣者努力靠近神的过程中，德性是不可或缺的一部分。
② 或许更强烈的词应是"荣耀"，不是暗示名望的那种荣耀，而是在智慧人眼里的荣耀。然而，对于这样的人，多数人更可能持侮辱的态度。

所能有的最好品质，是心灵里的眼睛，所以，敏锐的心灵胜过肉体的眼睛，正如有人所说的，与心眼相比，肉眼根本"算不得什么"。肉眼所看的是可见事物的表面，并且还需要外部光线的帮助，而心灵不仅能渗透到有形事物的深处，准确地看见它们的全部内容，把握各个部分，还能全面考察感官所无法看见的无形事物的本质。我们可以说，它达到了眼睛所能达到的最大视域，并且不需要借助于任何外来的光线，它本身就是一颗星星，可以说，就是天上群星的复本和样式。

只要灵魂是健康的，身体上的疾病所能造成的伤害就微乎其微。健康的灵魂必然使自己的各种功能：理性①、高级的灵②、欲望愉快地接受制约，由理性支配和辖制其他两者，就像控制不听话的烈马一样③。这种特殊的健康就叫做自制，即 sophrosune 或"思想保护"④，因为它为我们的一种能力即明智思考提供保护。每当这种能力濒临危险，要被情欲之波涛淹没的时候，这灵性健康就把它提拉出来，使它不至于迷失在阴沟里，并且把它提升到高处，赋予它生命，使它恢复生机，拥有某种不朽。

以上就是律法的许多地方所记载的教导和指示，鼓励温顺的人以较温和的措辞，倔强的人以较严厉的措辞拒斥有形的和外部的财物，坚守德性生活，把它看作惟一目标，追寻一切通向这一目标的事物。倘若我没有在早期的作品中详尽讨论过获得单纯性的各条法则，我很愿意在这里细加叙述，并一一罗列分散在各处的律例。但既然我已经讨论了一切应该讨论的，最好就不在这里

---

① ton logon. ——中译者注

② Epikratouses tes logikes. ——中译者注

③ 灵魂的三分法参见 *Spec. Leg.*《寓意解经》*Iv.* 92。"烈马"暗示柏拉图的一个比喻，见 *Phaedrus*《斐德若篇》253D，柏拉图把理性比喻为驾驭马车者，所驾驭的两匹马就是高级的灵和欲望。

④ 参柏拉图 *Cratylus*《克拉底鲁篇》411E。

重复。那些没有中途退缩、仍在努力研读前几部著作的人，应该知道，事实上，那些关于单纯所论说的话中已经包含了勇敢的思想，因为勇敢标志着灵魂精力充沛，豪气冲天，正气凛然，鄙视虚妄常常炫耀的东西，把它们看作是对真正意义上的生命的败坏。

4. 律法热切而谨慎地想要训练灵魂，使它拥有大无畏的勇气，所以制定了各种各样的法则，甚至对应该穿什么衣服也作了明文规定。律法严格规定，男人不可穿女人的衣服，免得沾染女子的阴柔气息，哪怕一丝一毫，毁坏他男子汉的气概①。律法始终坚持要顺从自然本性，它的本意就是要制定出适合男女双方，能使他们彼此协调的法则，甚至细到非常琐碎、由于太平常不起眼似乎隐在背后不为人注意的事。其实，在它看来，事实非常清楚，就如同突现在平面上一样，男人和女人的形体完全不同，他们的生活方式也各不相同。一个是家庭生活，一个是公民生活。在其他事情上，它也有完美的论断，所制定的法则虽非直接来自于自然本性，却是经过明智思考得出来的，与本性完全吻合。这样的法则有针对生活习惯的，有关于着装的，以及诸如此类的事。它认为，在这些事上，真正的男子汉应该保持男人本色，尤其着装上，因为衣服是昼夜都要穿的，不可有丝毫显示非男子汉的征兆。同样，他（摩西）要求女人装饰要端庄得体，禁止穿着男人的衣服，既要警惕男人女性化，也要防止女人男性化。他知道，这就如同建筑高楼，如果抽掉其中一块基石，那么可以说其他基石也就不复存在。

5. 进一步说，既然人类历史可以分为战争时期与和平时期，那么我们应该分别从这两个时期来考察德性的实施。我们已经讨论过其他德性，如果需要还可以再次提出来，但在这里必须深入

---

① 《申命记》二十二章5节。——中译者注

考察勇敢。在律法书的许多地方他（摩西）赞赏这一德性在和平时期所发挥的作用，并且一有机会随时准备这样做。我们已经在各个地方注意到了这些溢美之词，现在，我们要着手描述它在战争中的功绩。不过，要先作个开场白。他认为，在制定士兵名单时，不可把凡适龄参军的人都包括进去，而应有所筛选，并在剔除的名字后面加上为什么不能参军的合理理由。这些被排除的人首先就是胆小和懦弱的人，因为他们必成为自己根深蒂固的软弱的牺牲品，并且他们的怯懦还会感染其他战友。[①] 一个人的邪恶常常会传给别人，尤其是在战争中；惊慌会使人丧失理性判断能力，无法对事实作出恰如其分的评判。人们却习惯把胆小叫做谨慎，把怯懦称为远见，把优柔寡断视作稳扎稳打，为最卑鄙的行为冠上庄重和好听的头衔。然而，他不愿自己的事业被那些即将上阵作战的人的怯懦破坏，叫敌人在他们败坏的身体上轻易得胜和夸口，也知道一群游手好闲的人不但于胜利无益，反倒会阻碍得胜，所以他就把胆小和软弱的人排除在外。我们知道，统帅不会把身体有病的人征召入伍。我想，基于同样的原理，他也把胆小的人剔除出去。胆小是一种病，并且比任何一种身体的疾病更严重，因为身体的疾病只能肆虐一时，胆怯却是一种内心的恶，它根深蒂固，甚至比身体的任何器官更长久地根植在里面，从小到大，一直到老。惟有神才能治愈它，因为在神，什么事都是可能的。

其次，就算胆子非常大的人，就算他们的身体和灵魂都很健全，并且愿意挺身而出，奔赴前线作战，他也全都招募入伍。尽管他赞赏他们表现出来的坚强决心并非公益精神、满腔热心以

[①] 《申命记》二十章8节："谁惧怕胆怯，他可以回家去，恐怕他弟兄的心消化，和他一样。"事实上，这是"官长"在战场讲的话。这话可能使斐洛联想到要在编排名单的时候有所排除。

及无畏气概，但他要慎重地考察他们的出发点是否令人信服，是否具有勇往直前的动力。他说，如果一个人刚刚造好房子，还没有时间居住，或者刚刚种了葡萄园，亲手在地上插的秧苗，但来不及享受它的果实，或者与一位少女订了婚，还没有婚娶过来，那么这样的人也不可去服兵役，参加战事。律法的这种符合人性的规定为它赢得了更大的安全性①。这样规定出于两个原因。其一，因为战争的结局是不确定的（士兵的生死不能保证）那些人为置家购业付出了辛勤的汗水，别人不应不费吹灰之力就得到。人不能享有自己的劳动所得，这显然不人道；一个人建了房子，却要让给另一个人住，一个人种了葡萄，却要让另一个没有出过力的人收成，一个人聘定了未婚妻，却要让没有下过聘的人娶她，这些事看来岂不极其残忍？因而，对于那些向往在舒适环境里快乐生活的人，不可使他们的希望落空。

其二，当人的身体在争战时，灵魂不可拖他的后腿。但在以上这些情况下，他们的心灵必会感到压抑，因为渴望喜乐却得不到，他们原可以享有这些喜乐，如今却被夺去了。正如饥饿和干渴的人，一旦看到前面有吃有喝的，就会不顾一切地奔跑过去，迫不及待地抢取；照样，那些为娶妻、建房或收成付出了劳动，盼望享用它们的时间即刻到来的人，一旦被剥夺了这种享受的指望，就会深感不安。虽然身在战场，然而更优秀的部分，即胜负的决定性因素心灵却不在那里。

6. 因此，他认为，入伍士兵的名单上不可包括这些人，或者其他情况类似的人，只能包括那些身如钢，心如铁，情欲无孔能入的人。这样的人无牵无挂，欣然准备面对危险，毫不畏缩。正如身体若是有病或者有伤，就不可能全副武装，没有力气承受

① 《申命记》二十章 5 至 7 节。

盔甲的负荷，必会弃之而去；同样，灵魂若是沾染了某种情欲，不能胜任面前的任务，那么身体再强壮也必毁灭。他预先对这些都作了考虑，不仅在此前提下筛选统帅、长官和其他职事，还同样根据这些考虑筛选每个士兵，考察他身体的健康状况以及他的思维是否清晰。对于身体，他要看它是否毫无缺陷，是否从头到脚都完好无损，各个器官是否正常运转，四肢是否伸缩自如；对于灵魂，他要考察的是，它是否充满勇气和进取精神，是否遇事不慌，充满高洁的智慧，是否具有荣誉感，宁愿光荣牺牲，不愿苟且偷生。的确，这些品质每一样都是一种力量，如果把它们联合起来，那么拥有它们的人必表现出非同寻常的力量，这是一股浩然之气，足以镇住一切战斗人员和对手，打败敌人，兵不血刃地取得胜利。

　　7. 关于这些话，圣经有许多极为清楚的证明①。阿拉伯人（Arabians），古代被称为米甸人（Midianites），是一个非常兴盛的民族。他们有仇恨希伯来人（Hebrews）的倾向，主要原因就是希伯来人致力于事奉万物的造主和父，把尊敬和荣耀都归于至高的首因。于是，他们就想方设法、图谋策划颠覆希伯来人，不让他们荣耀太一这真正的存在，要使他们的虔诚变为亵渎。他们心想，若是在这点上成功，他们就很容易征服对手了。但他们绞尽脑汁，费尽心机，终于黔驴技穷，就如同濒临死亡的人，毫无得救的希望。于是，他们想出以下这种计谋，作最后一搏。他们来到最娇艳和美丽的女人中间，对她们说："你们知道，希伯来人兴旺发达，数不胜数，但与他们的团结一致、彼此联合相比，数量的优势还算不上是最有危险和威胁力的武器。他们之所以能这样团结一致是出于最大最丰富的源泉，就是他们对一位神的信仰。这信仰就像泉源，使他们彼此相爱，把他们联系在永不松开

---

　　① 以下的叙述参见《民数记》二十五章 1 至 18 节，以及三十一章 1 至 18 节。

的结合之中。但是男人很容易被享乐俘虏，尤其是与女人共享的
床笫之欢。你们容貌妖艳，而美丽本来就有诱惑力，年轻人很容
易陷入放纵享欢之中。不要害怕妓女或淫妇的名声，这种行为可
能令人不齿，但与你们行为所产生的益处相比，这又何足挂齿。
这种益处必使你们从短暂的不名誉转变为赫赫有名，不会年老色
衰，也不会消失不见。尽管从表面看，你们屈辱了自己的身体，
但你们在智慧和战略战术上胜过了我们的仇敌，所以你们的灵魂
必始终是贞洁的，必戴上圣洁的冠冕，直到永远。另外，这样的
战争必带来史无前例的荣耀，因为它最终是以女人的胜利，而不
是男人的胜利而告终。我们承认，失败的是我们男人，因为我们
的对手在英勇作战方面比我们杰出，但你们的胜利是完全的最终
的胜利，并且胜利之外还有高贵的德性，因为你们的英勇行为中
必不包含任何危险。你们只是让人看，就在那春光乍泄之时，没
有刀光剑影，或者毋宁说连手指头也无须动一下，世界就成了你
们的了。"

　　这些妇女做梦都不曾想过这种行为竟是纯洁的，也不曾接受
良好的教育，所以听了这些话，就欣然同意。她们迄今为止所表
现出来的"端庄"不过就是矫饰和伪善。她们身穿昂贵的衣服，
佩戴精美的首饰，凡是女人可以装饰的，她们都一一戴上，把自
己打扮得华丽而俗气，虽然天生丽质，却还费尽心机装扮得更加
靓丽。因为她们所追求的奖赏绝不是微不足道的，而是要把那些
迄今为止不曾被人俘虏的青年掳掠过来，拜倒在她们的石榴裙
下。于是她们公然搔首弄姿，一旦靠近猎物，就像娼妓一样抛媚
眼，花言巧语，摆出淫荡的姿势，作出猥亵的动作，设下诱饵，
诱捕意志薄弱的年轻人，因为年轻人的性格尚定力不足，缺乏稳
定性。当她们用可耻的方式利用自己的身体引诱这些男人上钩
后，就召集他们一起去祭献出于人手的作品，这是毫无虔诚的祭

献，没有和平的奠酒①。由此，她们就成功地使这些人疏离了对
太一②，那真正存在的神的事奉。完成了这一任务后，她们就回
去向男人报告好消息。倘若没有仁慈而怜悯的神，她们还会去诱
捕别的定力不足的人，然而，我们的神垂怜他们可悲的境地，不
失时机地惩罚疯狂而愚昧的冒犯者，数量达两万四千人③；同时
控制那些看起来就像马上要被浪涛淹没的人，使他借着敬畏恢
复心智。他们的首领先是把维护虔诚的真理灌输在他们耳中，以
此劝勉他们的灵魂，然后从各个支派挑选出一千人，编成队伍，
以便狠狠打击敌人所施的美人计。敌人原本希望用这种计谋使他
们整个民族从圣洁的顶峰一下跌入毁灭的深渊，然而敌人只能在
以上所述的那些人身上得逞。

8. 小小的军队装备好了，要去对付庞大的敌人。这些精兵
既有技术，又有勇气，可以说，每个人都是一个连，他们面对危
险，毫无畏惧，组成紧密的队列奔赴前线，所向披靡，一路上剿
灭了大量敌兵，以及所有前来填补队列空缺的后备队。这样，他
们一出发，就击杀了成千上万的人，使敌人的有生力量不复存
在。他们也击杀妇女，因为她们是男人所设计阴谋的同盟者，但
对少女，出于对她们的清白青春的怜悯，就宽恕为怀④。战争就
这样取得了最大的胜利，他们没有损失一兵一卒，出发时有多少
兵力，回来时仍是多少人员，没有负伤，没有受损⑤，或者完全

---

① 尽管这里的奠酒是一种仪式上的奠酒，但这个词与休战思想实在密切相关，
所以很自然就形成了比照的效果。

② ontos ontos.——中译者注

③ 《民数记》二十五章9节。

④ 在 Mos.《摩西传》i. 311 里，童子也得宽恕，与《民数记》三十一章 17 节
所说的"把一切男孩都杀了"不同。斐洛这里没有违背他先前的书里说过的话，他
甚至认为，非战斗人员也不应当处死。

⑤ 参看 Mos.《摩西传》i. 309。这话基于《民数记》三十一章 49 节："我们的
人并不短少一个。"但这话并不暗示没有一个人受伤。

可以说，他们回来时勇气倍增。因为胜利的喜悦所产生的力量绝不比他们原有的力量小。

这一切的惟一源泉就是一腔热血，这热血使他们勇敢地面对危险，引领他们为捍卫虔诚的事业而战。在这样的战争中，神是最前线的战友和战无不胜的助手。神使他们的心灵产生智慧的思想，使他们的身体具有所向披靡的勇猛。可见，神就是他们的盟友和助手，这么多人大败在这么少的人手里，敌人无一逃遁，朋友无一遭害，无论人数还是体力，均未减少，这就是明证。因而，他在《劝勉篇》（Exhortations）① 里说："你们若是追求公正和圣洁，以及其他德性，就必生活在没有战争的稳固的和平中。即使战火燃起，你们在不可见的神的指挥下，也必轻而易举地击败敌人，神的大能要拯救良善之人，这是他关心的事。所以，就算是成千上万的装备精良的步兵和骑兵向你们扑来，就算他们预先占领了有利的位置，成为形势的主人，使你们处在易受攻击的位置，或者他们粮草充足，装备全面，而你们全然没有这一些，没有充足的粮草，强大的盟军，精良的武器，有利的位置，全副的装备，就算这样，你们也不惊惶失措，不可惧怕颤抖。"所有那些人，只不过是全副武装的机器人，常常会突然间土崩瓦解，一阵大风就把他们刮得支离破碎。而他们虽然身处贫瘠之地，神却派出他救人的大能，像雨雪一样洒在因为干渴缺水而枯萎的玉米穗上，赐给他们力量恢复生机，结出丰硕的果实。由此可见，我们必须信靠公正而圣洁的神，因为我们若以神为友，就享有极乐，若与神为敌，就要陷于大悲。

关于勇敢这个题目我们已经讲得够多了，必须就此打住。

---

① 这可能是指《申命记》。以下两节是对《申命记》二十八章 1、2、7 节的意译，不过，关于和平的应许更像是出于《利未记》二十六章 5 节。

论仁爱　（Humanity）①

9. 接下来要讨论的题目是仁爱，这是与虔诚最为接近的德性，是它的姐妹和孪生子。立法的先知可能比任何人都更爱她，因为他知道她就是通向圣洁的大道；他还常常把记载自己生平的作品作为原型，放在他的臣民们面前，为他们树立美好的典范，激励和教导他们应该如何彼此友爱。关于摩西的生活，我写过两本著作，把他从幼年到老年为关爱、保护个人和全民所作的种种事迹都作了记载，这里不再复述。但在他弥留之际，有一两件成就值得在此一提，以证明他的一生自始至终都是高贵的，最后他又在神所刻的心灵中打上一个清晰而鲜明的封印，作为完美的结局。当他那注定有限的尘世生命即将终结时，他从永不会弄错的警告中知道自己必然离开此世。这时，他并没有效仿其他国王或普通百姓的做法，他们惟一的心愿和祈求就是身后有子，能够承继产业。他虽然是两个孩子的父亲，但没有把王位留给任何一个儿子。他也没有被人伦常情左右，没有偏袒自己的亲属。其实，就算他自己的儿子不足以成为继承人，他还有侄子，无论从哪方面来说，这些侄子都极其优秀。他们担当着大祭司的职位，这就是对他们的德性的奖赏。不过，也许他认为叫他们放弃侍奉神的事业是不恰当的，或者完全合乎理性地认为，一个人不可能同时做好两个工作，即不能既作祭司又作君王，因为一个是侍奉神的，一个是保卫人的。也有可能他认为由自己对一件大事作出论断是不恰当的，而大事之大，没有能比考验和挑选一个从本性看

---

①　这似乎是描述一般德性的最恰当的词，当然有许多行为可能应该用善意（benevolence）、好心（kindness）或仁慈（charity）来形容，而不是我们所称的仁爱（Humanity）。

最适合作指挥的人这事更大了。这样一件事几乎可以说需要神圣
权能才能定夺，惟有神才能轻易洞悉人的本质。

10. 关于这话，我可以举出最清楚的例子来证明。他有个朋
友，几乎可以说他从小就非常了解的，名字叫做约书亚
（Joshua）。这种友谊不同于任何别的通常意义上的友谊，是一种
如痴如狂的爱，属于上天的爱，是全然纯洁和真正出乎神的，事
实上，一切德性无不出于神。这位约书亚与他同住一室，同吃一
桌，惟有指定他必须独处时才例外，也就是当他受圣灵感动领受
神谕时才分开。他交给约书亚的所有工作都是基于一个与众不同
的立足点，他几乎就是他的代理人，与他一同治理政府。然而，
尽管摩西对他的品质有如此长期的仔细考察，考察他的言语和行
为，最为重要的是考察他对国家的忠贞之心，他仍然认为不能把
继承权传给他。他担心自己被蒙骗，以为他是个好人，其实却并
非如此，因为人的判断标准实在太模糊和不能确定。因而，他迟
迟不能相信自己，就转而求告神，向他祈求，惟有他才能省察无
形的灵魂，洞悉心灵里面的秘密，根据其功绩选出最恰当的指挥
官，也就是能像父亲一样关爱臣民的人。于是他把纯洁的手——
可以形象地说，他那如同贞女一样的手——伸向天空，说："愿
耶和华万人之灵的神，找到一个人治理会众，一个能看护、保卫
它的牧羊人，尽职尽责地引导它，免得神的子民如同无人看护的
羊群一般，四处分散，以至毁灭。"① 听到这样的祈求，有谁不
感到吃惊呢？任谁都会这样问："主啊，您这话是什么意思？您
不是有亲生的儿子，有自己的侄子吗？把王位传给您的儿子，这
是首选，因为他们天生就有作继承人的优先权。如果您排斥他
们，那至少应该传给您的侄子；您若认为他们也不适合，更喜欢
与您最接近和最亲密的人，那么您也有一位纯洁无瑕的朋友，您

---

① 参看《民数记》二十七章 16、17 节。

一贯正确的智慧也已经证明他的完全德性。既然您的选择不是基于血缘，而是基于生活中的大德，那么您为何不认为他就是合适人选呢?"他就必回答说:"这样做完全没错，我们要在一切事上求神作我们的判决者，尤其是在重大事件上。论断得好，就带来快乐，相反，论断不好，就可能给民众带来无尽的忧愁。没有事比治理权更大的了，它涉及到各大城市、乡村在战争时期与和平年代的一切事务。正如成功的航行需要舵手具有准确的判断力和丰富的知识，同样，国家必须有一个具有全面智慧的政治家，以保证他的臣民处处享有幸福有序的生活。然而，智慧源于远古时代，不仅在我之前，也在整个宇宙还没有诞生之前①，所以，除了神以及那些以纯洁和真诚的心毫无诡计地爱她的人，其他人论断她都是不正当的，或者是不可能的。我已经从我自己的阅历得知，不可在那些看起来合适的人中间选择人选，把治国的权力交给他。我选择他作王，掌管公共事务，也不是出于我自己的自由意志，我得到这一职位也不是某个人所任命的，而是神借着明白的神谕和显明的话语向我显明他的旨意，命令我担当指挥，我考虑到这一重任之非同寻常，就退回来祷告和恳求，直到他一次又一次地重复这一任命，我才颤抖着顺从和接受。有了这一前例，我相信，这一次理性也必要求我按着同样的步骤行;既然在我即将担当指挥的时候，有神出面准许，那么我当然应把选定我的继承人的事也交给他，惟有他才能定夺，而不应掺杂任何人的论断，因为人的论断貌似真实，其实却不然。这样做还有一个特殊的理由，因为所任命的人要主管的不是某个普通的国家，乃是世界上人口最多的国家。这个国家作了最大的表白，承认自己就是那真正存有的神、万物的造主和父的恳求者。最优秀的哲学教

---

① 暗指《箴言》八章22至30节智慧所说的话:"耶和华……从亘古，从太初，未有世界以前，就立了我。"

导它的门徒要认识那最高的最古老的万物之因，犹太人也从他们的习俗和律法中知道，要拒斥人造的虚幻的诸神。事实上，凡人造的，都不可能是真神，最多只能是人的幻想而已，完全缺乏永恒的本质属性。"

11. 这是第一个例子，表明了他对全体同胞的爱心和责任心。另外还有一个例子，也不比这一个逊色。经神圣判断的核准，最终他的门徒约书亚——他心怀大爱，仿效老师的品质——被选定为担当指挥的最合适人选。若换一个人，很可能会对此感到失望和沮丧，因为神没有选中他的儿子或侄子。但是摩西没有丝毫沮丧，反而衷心喜乐，认为把国家交在这样一个各方面都卓越的人手里是可以放心的，因为他知道，连神都悦纳的人必是一个具有高贵品质的人。于是，他右手拉着约书亚，将他领到会众所聚集的地方①。想到自己要去世了，他毫无惧色，反而增添新的喜乐，因为他不仅有早年的快乐记忆，这些快乐都是各种德性带给他的，使他满心欢喜，而且当他从败坏的生命走向不朽的生命之后，还可指望拥有永恒。因此，他脸上带着从心灵深处发出的喜悦，欢快明朗地说："时候到了，我就要离开这身体，但这位是神所拣选的继承人，由他来对你们负责。"接着他立即宣读神所核准的消息，对此，全体会众都表示相信；然后，他把眼睛转向约书亚，吩咐他②要制定明智的政策，要刚强壮胆，行动之前要先定出好的计划，一旦主意已定，就要坚定地贯彻到底，以期获得令人满意的结果。虽然听他讲这些话的人可能并不需要劝勉，但摩西不愿意把自己的友爱之情、爱国之心隐藏起来，这些情感就像是刺马针，催促他把自认为与人有益的话都说出来。另

① 《民数记》二十七章 22、23 节。
② 《申命记》三十一章 7、23 节。

外，他还得到神的命令①，要他劝勉他的继承人，鼓励他以大无畏的勇气担当起治理国家的重任，不可因责任重大而担心害怕。这样，将来的每一位统治者都会把摩西看作他们的原型和典范，都能找到适当的律法来引导他们正确行事；同时，谁也不会不愿意向继承人提出好的建议，每个人都会提出告诫和劝勉，以训练和控制他们的灵魂。因为良善之人的劝告总是能使丧失信心的人恢复勇气，鼓起干劲，使他们超越环境和条件的限制，激发他们英勇无畏的精神。

　　他恰如其分地与他的臣民和王位继承人讨论了这些之后，就开始诵唱圣歌赞美神②，对他在世俗生活中所得到的珍贵而不同寻常的恩赐表示最后的感谢。这些恩赐从他出生到如今，一直伴随着他。他把构成一切存在的元素和宇宙最主要的部分：天和地——一个是不朽者的家，一个是可朽者的家——召集起来，来一次神圣的聚会。他呼来各种元素，唤来天地之后，就唱起各种旋律和曲调优美的圣歌，无论在人，还是在圣工天使③听来，这些歌曲都美妙动听④：就人来说，作为门徒，他们应当学习他的感恩之心；而众天使，既是监督者，同时又是这些旋律的创作者，所以他们特别留意歌唱中是否有不和谐的音符。他们听到这样的歌唱，几乎不能相信被囚在败坏的肉身里的人，还能像太阳、月亮和最神圣的星辰合唱团那样，心灵与神的乐器，与天空和整个宇宙完全协调一致。因而，这位伟大的启示者其实就是天

----

① 《民数记》二十七章 19 节。

② 关于摩西的歌见《申命记》三十二 1 至 43 节。

③ 英译为 ministering angels。minister 在《圣经》中有事奉、事工的意思，新约中或译为"执事"。"圣工天使"是基督教后来的提法，然而与斐洛这里的意思是相符的，因为这里的天使是指让神的命令行在地上的执行者。——中译者注

④ 43 节（只有七十子译本有）："你们诸天要与他同喜乐，神的众天使要敬拜他。"

使合唱团中的一员，他的歌唱中既有对神的感恩，又混合着自己对国家的真实情感；既有对百姓过去罪恶的指责，更有对他们目前处境的警告，呼吁他们要有更理智的心灵。他虽然是在告诫将来的事，但他的话给人必要的安慰和盼望，这些告诫必能获得令人喜乐的结果①。

12. 他唱完圣歌——我们可以说它们是虔诚和仁爱的综合——之后，就开始从必死的存在走向不朽的生命，渐渐意识到构成他躯体的各个元素在瓦解分离。像壳一样包裹着他的身体正在脱离，灵魂裸露出来，渴望离开身体飘然而去。在完成了离世的准备工作之后，他并没有立即向着新家出发，而是进行赐福祈祷，在祷告的和声中提到他国中各支派创始人的名，赐给它们荣耀②。这些赐福祈祷必得应验，我们必须相信这一点，因为赐福祷告的人原是爱人之神的至爱，而接受他的赐福祷告的人，也是具有高贵的出身、在万物之造主和父所引领的队伍里位居最高的人。[祷告要求真正的良善，不仅要求他们在这必死的生命中行善，当他们的灵魂脱离肉身的束缚之后，更应如此。] 很显然，惟有摩西领会了这样的思想，即全体会众一开始就与神圣事物同属一族，这是一种最为重要的亲属关系，比血缘关系更加真实。因而，他说，人性所能容纳的一切良善之事都集中体现在这种关系之中。他自身所拥有的，他赐给他们，为他们备用；他自身所没有的，他恳求神赐给他们，知道神恩典的泉源虽是永不断流的，但并非白白地赐给任何人，而是只赐给那些恳求的人。凡热爱有德性的生活的人，都是恳求的人，对这样的人，有水从真正

---

① 根据《申命记》三十一章 28 节，这歌原是要见证以色列人的不是，所以，它最突出的特点自然就是"指责"了。但另一方面，它又以怜悯和盼望的基调给人留下深刻印象。

② 关于摩西的祝福见《申命记》三十三章。斐洛先前在 *Mos.*《摩西传》ii. 288 里说过，尽管这些祝福现在还只是部分应验，但他相信，它们最终必会全部应验。

的圣洁之泉出来，滋润他们干渴的心，满足他们对智慧的渴望。

13. 我们叙述了这些例子，证明立法者的仁爱和友情，这是他借天生的良善恩赐所拥有的品质，也是从圣言里学习得来的结果。另外，我们还必须谈论他为后代所制定的规条，就算全部讨论有困难，至少应当论到那些与他的思维方式最为接近的规条。他不只是把体贴与温和立为人与人之间关系的基础，还对非理性的动物和各种种植的树木伸出慷慨之手，大大倾注这种情怀。我们必须从为人所立的律法开始，一一谈到他为这些事物所立的律法。

14. 他禁止任何人以盈利为目的把钱借给弟兄，这里的弟兄不只是指同父同母的同胞，还包括同族同国的同胞①。因为他认为，以钱生钱，就如同从大羊得小羊，是不公正的。他又吩咐他们不可因此拒绝捐献，或者显得不情不愿，而要慷慨大方地伸手，真心实意地把礼物白白送给需要的人，要知道，一次白白地给予在某种意义上就是一次借贷，一旦时世好转，接受捐助的人必会心甘情愿地（而不是迫不得已）偿还。这是最好的做法，当然，如果他们不愿意白白捐给，至少应该欣然出借，并且只指望收回本金。因为只有这样，穷乏人才不会因为不得不偿付更多的债务而更加无助，而捐助者虽然只收回本金，也不会有什么损失。事实上，他们收回的并不"只是"本金。他们一旦决定只收本金，不收利息，那么最终得到的是人所能给予的最美好和最宝贵的奖品：怜悯、友善、仁爱、宽宏、好的传言和好的名声。有什么财富能与这些东西相媲美？与任何一种德性相比，就算是伟大的国王，也只是最贫穷的人。因为他的财富没有灵魂，深藏在仓库或地窖里，而德性的财富存在于灵魂的主宰部分中，存在

---

① 《出埃及记》二十二章 25 节；《利未记》二十五章 36、37 节；《申命记》二十三章 19 节。

于宇宙最纯洁的地方，也就是天上，并且万物之父的神？这样说来，惟利是图的高利贷者是拥着财富的穷乏人。拥有这样的财富有什么意义呢？他们看起来是像国王一样，金满箱，银满箱，却从来没有，连梦中也没有看一眼那有形的财富。

还有一些人堕落到这样的程度，即使没有钱，也要拿食物来借贷，条件是加倍偿还①。这些人既然会在他们物资充足的时候制造饥荒，从饥肠辘辘的可怜人那里获取收益，在天平上仔细称量食物和水，惟恐多给一点，那么，指望这样的人能为乞讨者提供一顿免费食物，不知要等到猴年马月。所以，他断然规定，凡是要成为他神圣政体里的成员的，一律不准采取这种获利方法，因为这样做只能表明灵魂处于奴役状态，毫无自由，也表明它残暴野蛮，就像野兽一样。

15. 以下也是为发扬仁爱所立的一条诫命②。穷人的工价要当天支付，这不仅因为按着公正来说，人若为自己所从事的工作付出了汗水，就当为此得到完全而及时的报偿，也因为手工操作的工人或搬运工人就像负荷的牛马一样，完全是靠体力辛苦劳作的，就如俗话所说的"过一日算一日"，他们的全部希望就寄托在工钱上。如果他能及时得到工钱，心情就愉快，就会打起精神，甘愿为明天的活加倍努力。如果他得不到工钱，那么除了他的生活会因此陷入极大的困境之外，他的心情也会沮丧，神经也因此紧张不安，使他很难再面对日复一日的繁重工作。

16. 他还说，债权人不可走进债务人的家里，为他所出借的强取当头或抵押，而要站在门廊外面，静静地等着他们把当头拿出来③。就算他们拿到了当头，也不可留住，因为正当的做法是

---

①　这条指责基于《利未记》二十五章37节："你借粮给他，不可向他多要。"
②　《利未记》十九章13节；《申命记》二十四章14、15节。
③　《申命记》二十四章10、11节。

这样的，一方面，债权人不可滥用自己的权力，一点不体谅债务
人，对他们傲慢无礼；另一方面，债务人应当交出适当的当头作
抵押，以便提醒他要归还别人的东西。

　　17. 再者，关于收割庄稼或采摘葡萄的律例，谁能不敬佩
呢？[①] 他规定，在收获的时候，不可拾取遗落的谷穗，也不可割
尽田角，而要留下一部分庄稼不收割。他这样规定，一方面可以
使富人们变得情操高尚，慷慨大方，把自己财产的一部分捐献出
来，而不是贪婪地盯着整块庄稼，一粒不拉地割尽，堆成小山，
搬运回家，像财宝一样收藏起来。同时，他也使穷乏人有了新的
勇气，既然他们自己没有田地可收获，他就允许他们进入同胞的
地产里，收割遗留下来的庄稼，就像收割自己的庄稼一样。同
样，到了秋天采摘果子的时候，他禁止园主们拾取葡萄园所掉的
果子，也不可摘尽葡萄园的果子[②]。他也对采摘橄榄的人定了同
样的律例[③]。他就像一位极为仁爱又非常公正的父亲对待贫富不
一的孩子，有的孩子生活富裕，有的孩子却极端贫穷，他出于怜
悯和同情，让这些贫乏的孩子共享兄弟们的财产，拿取别人的东
西，就像他们自己的一样，心里没有丝毫的羞愧，以此补偿他们
的贫困，使他们不仅在果实上，显然也在地产上有份。不过，还
是有一些人，心灵极为败坏，一心一意只顾赚钱，绞尽脑汁牟取
暴利，似乎这是生死攸关的事[④]，从不想一想它的根源究竟是什
么，所以他们拾取橄榄园和葡萄园里所落的果子，割尽麦地里的
大麦小麦，证明了他们何等的可鄙和吝啬，此外这样做也犯了不
虔不敬之罪。要知道，他们自己在稼穑之事上并没有贡献，即使

---

　　① 《利未记》十九章 9 节，二十三章 22 节。
　　② 《利未记》十九章 10 节（参见《申命记》二十四章 21 节）"不可摘尽葡萄
园的果子，也不可拾取葡萄园所掉的果子。"——中译者注
　　③ 《申命记》二十四章 20 节。
　　④ 这意思可能是说："他们为此累得要死，疲于奔命。"

有，也非常有限。对结出丰硕的果实，肥沃的土地贡献最多、最
必不可少的，乃是自然——当令的雨水，温和宜人的空气，湿润
的露珠，那些不断养育着植物生长的因素，真正赋予生命的微风
拂面，有利的四季更替，夏季不会过热，霜冻不会太冷，春秋的
转换也不伤害生长。他们明明知道这些事，明白正是自然造就了
一切收获，赐给他们如此丰富的赏赐，但他们仍然肆意地私占她
的恩惠，似乎是他们自己创造了一切，拒绝与任何人分享任何东
西。他们的所作所为表现出不近人情、不虔不敬的品质；既然他
们不愿努力获取德性，他就以神圣律法来强制他们，告诫他们，
召令他们接受智慧。良善的人总是自愿服从律法，而邪恶的人往
往不愿顺从。

18. 律法规定，我们要把收成的十分之一作为初熟的果实交
给行使职务的祭司，谷物、酒、油、家畜、羊毛，秋天田地里的
收成，果树上的果子，装满篮子，唱着为纪念神所创作的圣歌，
按他们应得的分献给他们。这样的圣歌在圣经里都有记载①。此
外，还有公牛、绵羊和山羊的头生，都不可算在个人的财产里
面，而要把它们看作是初熟的果子，这样，一方面叫他们渐渐习
惯崇敬神，另一方面使他们不再把一切都看作是应得的，由此就
可能获得德性中的王后：虔诚和仁爱。

他又说，如果你看见你的某个亲戚或者朋友，或者广而言
之，某个你所认识的人的牲口在野外迷了路，要把它牵回来，保
管好②；若是主人离得远，就要牵到你自己家里，仔细看管，等
到他来找，就还给他，好像这牲口是他存在你这里，并不曾丢失
一般；而你，发现遗失物的人，本着天生的友善替他保管。

①《申命记》二十六章1至11节。
②《申命记》二十二章1节。七十子译本："你若看见弟兄的牛或羊迷了路，
不可佯为不见，要把它牵回来交给你的弟兄。"

19. 接着是关于第七年的律例，规定在这一年所有的田地都要闲置，不可耕种，穷人可以安全地在富人的地产上收拾自然的恩赐，即未经耕种的野生果子①。这岂不正是表明了仁爱和仁慈？律法说，主人既然是主人，又在田地上耕作，就可以享受六年收成，但在这一年，即第七年，地要歇息；这地既然不耕种，不劳作，就该让那些没有任何田地收成，也没有钱财收入的人享有。如果这人劳作，那人收获，就有不公正之嫌。这里的意思是说，既然地产无人看管，从某种意义上说，就是没有主人；地上的庄稼不是人手所栽种，而是自然长出来的，那么白白的恩赐——这种恩赐惟有出自神——就是针对穷乏人的需要生成的。

另外，在为第五十年所定的条例里，我们岂不可以看到最大的仁爱？我们若不只是对律法的内容浅尝辄止，而是尽情畅饮、陶醉在它那甜美而可爱的原理里面，谁会不同意这一点呢？他先是复述了关于第七年要守的法令，然后又加上另外一些更重要的规定，根据这规定，在艰难情况下转让给别人的财物必须归还原主②。他不允许收购者永远占有别人的东西，这样才能阻断通往贪婪的道路，扼住狡诈的敌人，遏制万恶之源：欲望。同样，他也认为，原主不可以被永远剥夺物权，让他们为自己的贫困付出一定的代价是可以的，但对贫困不能只是惩罚，更要想方设法给予同情。还有其他一系列指导本国人要遵守的具体规定，鉴于我在以前的著作里有过详尽的论述，这里就不再复述。以上论到的这些，作为我所引用的例子，已经足以证明我的观点。

20. 他为本国人制定了律法之后，又认为外来人也应得到其应得的各种优惠和关怀，因为他们抛弃了自己的骨肉亲人，离开了自己的祖国，舍弃了本国的风俗、殿堂、崇拜的神祇，以及原

---

① 《出埃及记》二十三章 10、11 节；《利未记》二十五章 3 节以下。
② 《利未记》二十五章 8 节以下。

本享有的进贡和名誉，来到一个更加美好的家园，从虚妄的谎言转向清晰的真理，敬拜那惟一真实存在的神。所以，他命令本国中所有的人都要爱这些外来人，不只是爱他们如同朋友和亲人，还要在身体和灵魂上爱他们如同自己①：在身体上，要在有限的范围内追求共同的利益；在心灵上，要同悲同喜，把他们看作是同一个活物的各部分，各部分之间相互影响、彼此友好地结成一体。我不再论说食物、饮水、服饰，以及关乎日常生活和日常需要的各种权利，律法已经给予外来者与本地人同等的权利，所有本地人都遵守这样的法令，要爱外地人如同自己，这体现了多大的友爱②。

21. 他又论到关于定居者的条例，把仁爱所能发挥出来的影响扩展到更远的地方③。他要求那些迫于环境迁居他乡的人对接纳他们的人民要表示尊敬，如果接纳是友好而热情的款待，那就要报以尽可能大的尊敬；如果只是接纳而已，就报以适当的尊敬。因为接纳外人居留，就算只是同意在异地立足，对那些不能在自己国土居住的人来说，这本身已是极大的恩惠。要待人如己，光这一条要求已经需要很大的勇气，但他远不止于此。因为

---

① 《利未记》十九章33、34节。七十子译本："若有外人在你们国中和你同居，就不可欺负他。和你们同居的外人，你们要看他如本地人一样，并要爱他如己，因为你们在埃及地也作过寄居的。"斐洛没有看到极为明显的一点，即从末句看，经文并不意指他所说的改宗皈依者（proselytes）。参见《申命记》十章19节。

② 斐洛可能是在暗示关乎寄居的客旅的律例：（1）享有安息日（第四条诫命），（2）受过割礼的可以守逾越节吃羊羔（《出埃及记》十二章48节），（3）分有逃城（《民数记》三十五章15节），（4）可以献祭（《民数记》十五章14至16节）。他们可以进入约（《申命记》二十九章11节），研读律法（《申命记》三十一章12节），收拾遗留给穷人的（《利未记》十九章10节），以及安息年所出的"食物"（《利未记》二十五章6节）。

③ 斐洛这里明确区分了"外来者"或"皈依改宗者"与metoikoi，后者无论如何都不能算是同宗者。显然这是基于《申命记》二十三章里的不同语调。

他认为，对那些原本友好接待寄居的，后来却恶待之的人——这些人名义上还是人，其行为却毫无人性——不可心生歹念，所以他毫无保留地说："不可憎恶埃及人，因为你在他的地上做过寄居的。"① 你知道，埃及人曾怎样恶待这民啊，他们甚至把过去和现在的暴行结合起来，巧妙设计出各种器具，发泄他们的残忍。然而，毕竟他们当初是接纳了他们的，既没有关闭城门，不让他们进去，也没有关闭国门，拒不接受外来者，所以，他说，鉴于这种接纳，出于和睦友好的考虑，也应该接纳他们。他们中若有人想要进犹太人的会，不可把他们视为仇敌的子孙断然拒绝，而要施以恩惠，让第三代入会，分有神圣的启示，就是本地出生的人，血缘无可指责的人所正当享有的启示。

22. 这些就是他制定的在接纳定居者时所要遵守的条例，另外还有一些涉及如何对待战时敌人的法令，显然也是满有仁爱和怜悯的②。他说，不可一开始就把他们看作敌人，即使他们荷枪实弹地站在门口，或者在墙边布置武器；一直到派出使者求和，他们若是顺从，就可以得到最高的奖赏：友谊；若是拒不听从，继续作对，那你就可以凭借公正之大能，怀着必胜的信心，自卫反击。接着③，他又说，如果你在被俘的人中看见一个美貌女子，恋慕她，那就不要把她当作俘虏，在她身上发泄情欲，而要怀着仁爱的心对她命运的改变表示同情，想方设法改善她的处境，以缓解她的不幸。你只要按以下这样去做，就必能减轻她的不幸：剃掉她的头发，修剪她的指甲，脱去被俘时所穿的衣服，让她单独待足三十天，不受打扰地哀哭父母和家中的其他亲人，他们或者已经死了，或者遭受奴役之苦，这比死更糟糕，总之，

---

① 《申命记》二十三章7节。
② 《申命记》二十章10节以下。
③ 《申命记》二十一章10至13节。

都是离她远去的亲人。这一切之后，娶她作合法妻子，与她同房，因为按着圣洁的要求，凡要上丈夫的床，不是作为用钱买来的妓女，贩卖自己的青春美貌，而是出于对伴侣的爱，或者出于生儿育女的需要，这样的女子应当享有婚姻生活中妻子所应有的全部权利。这些条例每一款都极其可敬。首先，他不允许按捺不住的欲望肆意恣行，而是勒住它的蠢蠢欲动，直到三十天之后才任它自由。其次，他试探这男人的爱，看这是狂野、轻浮、完全受情欲驱使，还是包含一定的理性成分，可算作比较纯洁的那类。因为理性必能扼住欲望，不让它行强暴之事，迫使它等候所指定的一个月时间。再次，他对俘虏表示怜悯，这俘虏若是少女，那么同情她是因为没有父母为她定婚约、牵红线促成两人的结合（他们必非常渴望能这样做）；如果她是寡妇，同情她是因为她刚刚失去了丈夫，马上就要尝试着接受另一个男人，心里怀着对主人的恐惧，就算他能平等待她，就算他修养好，温文尔雅，但被征服者总是对征服者的大能充满恐惧。

如果有人在欲望得到完全满足之后，感到腻烦了，不想再与俘虏保持关系，那么，律法对待这样的事，与其说是把它看作一种财产的损失，还不如说把它看作一种启示他改善自己生活方式的警告①。因为它规定绝不可为钱卖她，也不可当婢女待她，而要给她自由，让她安全地离开你的家。不然，等到新的妻子进来取代了她，接踵而至的就是无休无止的争吵（情形往往就是这样），主人也沉迷于新人的魅力，冷落旧人。在这种情况下，嫉妒就会给她带来致命的灾难。

23. 在另一组劝人为善的法令中——这些法令他是灌输给那些听话愿学的耳朵的——他指出，如果有负重的牲口被压卧在重驮之下，我们不可走开，就算它是我们仇敌的牲口，也要帮助他

---

① 《申命记》二十一章14节："你不可当婢女待她。"

抬开重驮，使他站立起来①。由此他暗示了另一个教导，即人不可以幸灾乐祸，不可对恨你的人所遭受的困境取乐。他知道，这种恶意的快乐是一种恶毒的情欲，与嫉妒极为相似，同时也刚好相反。说它们相似，是因为两者都是情欲，其发生都是出于同样的情境②，并且几乎可以说，两者彼此跟随；说它们相反，是因为一个是为邻人的好事感到难过，另一个则是对别人的灾难感到高兴。另外，如果你看见仇敌的牲口迷了路，不可转动更具报复倾向的念头，而要把牲口牵回来，交还给他③。你这样做，必能比他得到更大的益处：他得到的只是一头非理性的、可能已没有什么利用价值的牲口，而你得到的是世界上最大和最宝贵的珍宝，即真正的良善。而这——就像影子跟随身体一样确定无疑——必导致宿怨的终结。他，得了意想不到的恩益的人，由于被良善捆绑，渐渐变得友好起来；你，帮助了他的人，好的心意加上好的行为，就预先表示了和好的意向。这就是我们最圣洁的先知之所以立出这些规条的根本目的，他尤其希望得到这些结果：和睦、友善、关爱、同情，由此，各家、各城、各族、各国，乃至整个人类都可能走向极乐。事实上，迄今为止，这些东西还只存在于我们的祷告之中。但我相信，只要神如他每年赐给我们果实一样，也让德性结出丰硕的果子，那么，毫无疑问，我们的祷告也必成为现实。但愿我们得赐几分这些德性，可以说，我们从小就怀着渴望，渴望拥有这样的德性。

24. 这些以及其他诸如此类的条例，就是他所制定的适用于自由人的规条。同样，他也为奴仆立法，也允许他们从充满良善

———————

① 《出埃及记》二十三章5节。参见《申命记》二十二章4节。

② 即邻人的运气。

③ 《出埃及记》二十三章4节。斐洛把这一条律例与《申命记》二十二章1节，即关于"弟兄的"牲口的条例区分开来是对的。

和仁爱的心灵所构想出来的法令中受益。他认为，由于缺乏生活
资料被迫卖身为奴和失去自由的人，不应当遭受和他们与生俱有
的自由完全不配的任何事；同时，他劝告那些得到他们服侍的
人，要想一想命运是何等的不可逆料，所以尽管他们的境况发生
了改变，仍然要尊重他们。至于债务人，由于手头拮据，处境窘
迫，不得不暂时借贷，由此便陷入了双重困境，既要担当名声，
又要承受痛苦①；还有一些人则出于更加迫切的需要，从自由人
变成了受人奴役的人。这些人他都不会让他们永远陷在可恶的困
境中，到了第七年，他要让他们全部赎回。关于债权人，他说，
没有收回债务的，或者以别的方式占有那些原本自由的人的，应
该对六年的服侍感到满足；那些并非生而为奴的人，不应让他们
完全失去盼望，没了安慰；他们只是因为艰难时世才暂时失去自
由。到了第七年，要让他们恢复原先的独立和自由。倘若另一个
人的奴仆——很可能他后面还有两代子孙——由于害怕主人的威
胁，或者意识到自己犯了过错，或者不是因为犯了过错，只是因
为发现主人极其残忍，毫无人性，所以向你求救，寻求保护，那
么你不可对他的恳求置之不顾②。因为放弃恳求者，这是一种渎
圣行为；奴隶就是一个恳求者，他逃到你家里，就如同到了圣
殿，就有权利获得庇护。要防止背信弃义，最好的方法就是达成
诚实、公开的协议；如若不能，最后一招就是转卖。尽管换主人
并不能保证天平倾斜，扭转局面，但不确定的恶总没有公认的恶
那样严重。

　　25. 这就是他的律法，关涉到本地人、外邦人，朋友、敌

---

① 这里，究竟要担当什么"名声"，遭受什么"痛苦"，没有交代清楚。
② 《申命记》二十三章15、16节："若有奴仆脱了主人的手，逃到你那里，你
不可将他交付他的主人。他必在你那里与你同住，在你的城邑中，要由他选择一个
所喜悦的地方居住，你不可欺负他。"斐洛认为，这条支持奴仆逃脱外邦主人之手的
法令与阿提卡法是一致的。

人、奴隶、自由人，广而言之，就是一切人。同时，他还把温
和仁爱的观念扩展到非理性动物身上，也让它们汲取良善，如同
从甜美和凉爽的泉源里得饮甘露。他规定，在对待各种牲畜上，
无论是绵羊、山羊和公牛，不可利用它们的幼崽，不可一生下来
就把它们当作食物，或者作为祭品杀死①。他认为，仅仅为了满
足口腹之乐，眼巴巴地等着幼崽生下来，一生下来就把母子分
开，这样的人显然残忍至极，而且这样与本性完全不合的饮食方
式也令人不悦，使人惧怕。于是他就对这样的人说，他的生活应
当与他最圣洁的政体相符合："尊敬的先生，你能享用的食物不
是已经非常丰富了吗？你可以任吃其中一种，没有人会指责。要
不是这样，你这种行为或许还有可原谅之处，因为贫困、寒冷往
往会迫使我们做出一些原本不会做的事来。但你的职责是要在自
制和其他德性上胜人一筹，要坚守在你最可敬的位置上，由天生
的正当理性统率，为此，你必须学会仁爱，不让任何残忍侵入你
的心灵。"最大的残忍莫过于活生生地把母子分开，在母亲分娩
之痛上又添加外来的其他苦痛。因为刚生的幼崽一旦被夺走，母
畜必然陷入极大的不安，任何母亲对孩子都有天生的母爱，尤其
是在哺乳阶段，由于没有幼崽的吮吸，乳房里的奶汁流通受阻，
结成块状，膨胀压迫，引起胀痛。所以他接着说："让子在母身
边吸奶，就算不能一直如此，至少最初的七天必须如此，不要让
自然倾注在乳房里的乳汁成为无用的泉源，破坏她的恩典所分配
的第二次恩益；恩益是她出于深刻的预见而预备的，因为她那永
恒而终极的智慧已经洞悉到久远之后所要发生的事。她的第一次
恩赐就是生育，借着生育，不存在的就转化为存在；第二次恩赐
就是乳汁的分泌，令人喜悦的营养物定时地、缓缓地流出来，滋

①　《利未记》二十二章 27 节："才生的公牛，或是绵羊，或是山羊，七天当跟
着母；从第八天以后，可以当供物蒙悦纳，作为耶和华的火祭。"

养各类幼崽的生长。它既是饭，又是水，稀薄的乳汁是水，稠浓的奶就是饭，使初生的幼崽免受饥渴之苦。要知道，饥渴从来不会远离，总是在不期然的时候袭来，但有了这同一种食物提供的两种营养，就可以同时免去这饥渴之苦。"

你们这些享有盛名的父母，请念念这样的法条，必蒙上脸羞愧无比，你们曾流露出其不经意杀子的念头，在他们离开母腹的时候就用邪恶的眼神盯着他们，等待着除掉他们，你们岂不是全人类最大的敌人？你们这样的人会对谁有仁爱之心呢？你们谋杀自己的孩子，尽其所能踩躏城邑，毁灭自己的血肉，颠覆自然的法令，拆毁她所建造的一切，你们野蛮而残暴的灵魂带着瓦解去破坏生产，带着死亡去争战生命。你岂能没有看到，我们卓越的立法者努力保证，就算是非理性的动物，只要幼崽还在吃奶，就不可把母子分开。尊敬的先生们，立出这样的规条更是为了你们的缘故，既然自然本性不能教你们知道爱亲人的职责，那就让法令来教导你们。你们当从羊羔和幼畜身上学习这种爱，它们尽情享受丰富的供给，满足自己的需要，毫不矫情，也不掩饰。自然已经把丰富的供给放在最适合目标的地方，凡需要的，可以轻易地找到享用它们的方法，但立法者从将来的视角考虑，极为小心，确保没有人干涉神的恩赐，神的恩赐带来的是幸福和安全。

26. 他如此急切地想要把仁爱与温和的种子以不同的形式播撒在他们心里，所以他又定出另一条与前一条本质相同的法令。他禁止他们在同一日祭献母与子[①]；若是必须宰杀它们，无论如何也要在不同的日子里宰杀。在同一天杀死生产者和被生产的活物，这是极端的野蛮。那么为什么有人要这样做呢？无非出于两个原因，要么为了祭献，要么满足肚腹之乐。如果是为了祭献，那只能证明是假祭献，因为这样的行为实在就是屠杀，而不是祭

① 《利未记》二十二章 28 节。

献。如此邪恶的祭献，哪个神坛会接受？如此非法的混合，火怎能不分散为二，以至于不能燃烧？事实上，我想，这样的火就算燃烧起来，也不可能持续，一刻也不可能，它必会马上熄灭，免得空气和神圣的呼吸元素被升起来的火焰玷污了。如果目的不是为了祭献，而是为了宴乐，那么对这种骇人听闻的暴食之欲求，谁会不视之为古怪而非自然的行为而予以摒弃呢？这些人所追求的乃是不正常的乐子，就算他们想吃肉，何必把母子放在一起烹饪，那样吃肉何乐之有？实在地说，人若是把两者的肢体放在一起，放到烤炉里烤，我想，这些肢体也不会再保持沉默，而要开口说话，对它们所遭受的这种史无前例的残忍待遇义愤填膺，忍不住痛骂那些贪婪的就餐者；他们应该去梦食，而不是来宴乐。这律法还禁止一切怀胎的动物进入神圣区域，胎儿还没有生出来之前也不可宰杀母畜作祭[①]。他这样规定，就是把还在母腹里沉睡的胎儿放在与已经出生的幼崽同样的水平线上考虑，倒不是因为两者有平等的地位，而是为了禁止那些总是把一切事物的自然秩序打乱的人的所作所为[②]。仍在生长着的生命，比如一棵植物，还只能算是承载它的母体的一部分，是与母体同一的，只是数月之后才会从母体分离出去，希望成为独立的活物，这样的生命尚且得到母体的严密保护，刀枪不入，防止以上所说到的玷污出现，更何况那些已经生而独立的生命、拥有自己的身体和灵魂的生物呢？要知道，在同一天同一场合杀死母与子，是极其不洁

①　律法里没有这样的禁令，斐洛的意思必是说，从禁止同日宰杀母与子的法条可以合乎逻辑地推出这一条。按 Heinemann, *Bildung*，第 37 页的记载，拉比也没有这样的规定。或许在斐洛的时代，这是广为接受或者至少是众所周知的一条原理？

②　这一节以及下一节所讨论的观点似乎是说，就潜在意义上说，未出生的胎儿也是独立的生命。这是一条科学原理，不过摩西禁止杀它，即禁止杀怀胎的动物，是在教导我们，出生之后的生命就更神圣。他这样说是要遏制无法无天的行为，主要是那些杀害婴儿的人，也包括一切无视他人的权利和利益的人的行为。

的。我想，正是基于这样的原理，有些立法者引入这样的法条，即犯了死罪的女子如果正好是孕妇，就不得即时处死，要羁押到孩子生下来之后，免得死刑的执行把母腹里无辜的生命也一同毁灭了。这些规定原是适用于人类的，但摩西进一步扩展到非理性的动物领域，要求人同样地对待它们。这样，对待与我们不同类的动物尚且要慈悲为怀，对待我们的同类就更要显出仁爱，绝不可你一拳我一掌地惹起彼此的怒火，不要把我们私人的好东西像宝贝一样掩藏起来，而要把它们放到公共仓库里去，叫各地的人共同享受，就像与血亲弟兄分享一样。我们规定了这样的条例之后，如果还有好诽谤的人指责我们的国家是反人类的，控告我们的律法包含不利于人际交往的不友好条例，那就让他们去胡说八道吧。然而，我们清楚地看到，这些律法把怜悯一直扩展至牛群和羊群，同时，我们的人民从小就从律法的指示中晓知要怎样改正任性的心灵，要行为端庄，温文尔雅。

　　因为我们的这位先祖是如此德高望重，又如此多才多艺，所说的教导都那么令人敬佩，所以，他不满足于自己已经表现出来的杰出才能，还要进一步提出更大的挑战。他已经禁止把还未断奶的羊羔或牛犊或其他家畜从其母亲怀里夺走，也禁止在同一天宰杀母与子。现在他又接着说："不可用羊羔母的奶煮羊羔。"①从而把他的仁爱推到极致。在他看来，奶原是用来喂养活物的东西，活物死了之后，却拿它来作烹饪其尸体的调料，这极端不当；自然造出奶汁，规定它通过母亲的乳房，就如同通过水渠一样，为幼崽的生存提供养料，而人竟放肆到把维持生命的养料用来毁灭还残存的身体，这是大逆不道。如果有人真的认为用奶来煮肉是好的，那就让他这样做吧，但不要被人看为残忍，招致

————————

　　① 《出埃及记》二十三章19节，三十四章26节；《申命记》十四章21节；七十子里写的都是"羊羔"。

不敬的骂名。世界各地都有数不胜数的畜群，每天都有牧牛人、牧羊人挤它们的奶，作为牧人，他们的主要收入来源就是奶，有时候是液体奶，有时候是凝结成块状的奶酪。既然奶如此充裕，有人还要用母羊或母畜的奶来煮羊羔或小山羊或别的动物幼崽的肉，这就充分表明他残忍无道的性格，毫无怜悯之心；而怜悯，那是人类最重要的情感，也是与理性灵魂最切近的东西。

27. 我也敬佩另一条法令，那是与上面所讲的法条和谐统一、融为一体的。这条法令规定，牛在场上踹谷的时候，不可笼住它的嘴①。在低地的深土里播种之前，正是牛埋头负犁，开出一条条垄沟，使田地预备接纳天空和农夫；接纳农夫，就是说他可以在适当的季节播种；接纳天空是说，它降下温和的雨水，浸入深沟，在地里储存起来，然后一点点地供给谷物作丰富的滋养，直到庄稼抽出第一个谷穗，然后结出一年一度的丰硕果实。秋收之后，牛又必须去干另外的活，清除禾捆里的杂草，筛掉无用的渣滓，留出沉甸甸的庄稼。

我既提到牛踹谷时要善待它的命令，也要引用以下关于耕地的牲畜所定的法条②。它们属于同一类法条。这法条规定，不可并用牛驴耕地。这不仅仅考虑到这两种动物放在一起是不相称的，牛是洁净的动物，而驴属于不洁净的动物，把格格不入的两种东西放在一起当然不恰当；还考虑到它们力量的悬殊。这法条是为照顾弱者，好叫它们不因强者的力量感到不安和压力，尽管这里的弱者，驴，不可进入神圣区域，而强者，牛是律法所认可的完全祭献所必不可少的祭品，但它并没有鄙视不洁净者的软弱，也不允许洁净者依仗力量，而不是依仗公正。那些灵魂有耳朵的人几乎可以听到它在大声而坦率地说话，从而坚持认为，在

---

① 《申命记》二十五章4节。
② 《申命记》二十二章10节。

对待其他国家的人上，如果除了他们是不同种族之外，找不出任
何可指责的地方，我们就绝不可中伤和侮辱他们，因为除了邪恶
以及从邪恶所衍生出来的东西外，没有什么可以随意指责。

28. 他的怜悯是如此宏大广袤，他的仁爱是如此丰富充沛，
先是从理性存在物伸展到非理性存在物，再从非理性存在物延伸
到树木和菜蔬。我已经论到前面两类存在物，即人类和赋有生命
的活物，最后必须着手讨论第三类，即树木和菜蔬。① 关于这一
类，他直接指明，凡种植的树木，不可任意砍伐，低田里刚抽
穗的庄稼未成熟之前不可任意收割。总而言之，任何果实都不可
破坏。这样，人类才可能有各种不同食物的丰富储量，这丰富的
储量不仅包括温饱所需的物资，还包括舒适生活所需的东西。田
地里的庄稼是作为生活必需品，为人提供生计所需，但品种繁多
的果树上结出的果子却是为舒适的生活提供的，并且往往还可以
作为饥荒时候的预备食物。

29. 他还进一步规定，连敌人的田地也不可毁坏，命令他们
绝不可砍伐树木，也不可做其他破坏之事，认为对人的愤怒发泄
到毫无过错的东西身上，这是完全违背理性原理的。另外，他
还要求他们不只是留意当前，还要以敏锐的内视觉展望将来，就
像从一个高远的角度看事物一样。因为谁也不会始终停滞不动，
一切事物都必然有涨有落，有变有化，所以可以设想，我们的敌
人完全可能在适当的时候派出使者进行谈判，并立即达成和解的
协议。对待朋友，我们总是不忍心剥夺他们的生活用品，所以与

---

① 这几节（149 至 154 节）论述极为复杂难懂。它们都是基于《申命记》二十
章 19 节，禁止砍坏敌国的果树。经文："树木岂是人，叫你糟蹋吗？"（即树木是没
有过错的东西）适用于一切情形下的果树，所以，对一切果树都不可肆意妄为，乱
砍滥伐（149）。这经文甚至适用于敌国的树木（150）。这里，除了一般性地讨论无
辜植物（150、154）之外，还有另外一个原因，即，一旦和平恢复，我们就会为大
肆破坏所留下的怨恨深感遗憾（151 至 153 节）。

朋友相处时往往不会储存任何物资，以备不确定的将来之需。然而，古人说得好，在享受友谊时，不可忽视成为仇敌的可能；同样，彼此争吵时，也要看到将来成为朋友的可能。每个人都应在自己的本性中留出一些东西，以保证自己的安全①，这样，一旦情况发生变化，就不会因为既没有行为也没有言语遮挡自己的赤身露体而悔恨当初，指责自己过分粗心。城邦也应遵守这样的格言，和平时为战争作准备，战争时则为和平做准备，不过分相信盟友，以为他们永远不会改变，不会成为对手；也不可全然不信敌人，似乎他们永不可能转化为朋友。但就算我们不必为指望和解去帮助某个敌人，至少树木不是我们的敌人，它们都是温和的，有用的；至于人所种植的果树，就更是必不可少，无论从什么意义上说，它们都是食物②，或者至少是与食物同样有用的财物。那么我们为何要对毫无敌意的树木发泄恨意，或砍倒，或焚烧，或把它们连根拔起？这些树木有自然降下雨水浇灌它们，吹来温和合宜的微风滋润它们，使它们茁壮成长，每年为人类奉献果实，就如同臣仆向国王进贡一样。

　　他就像一位优秀的卫士，还留意训练所能产生的力量和强壮，不只是对动物如此，对植物也一样，尤其是养植的树木，因为它们没有野生植物那样强大的适应力，所以更需要关心，需要人用科学的方法使它们获得更大的力量。他命令他们要连续三年看护刚种下的树木③，一方面修剪多余的旁枝，免得太多的旁树压得它们喘不过气来，营养的分流使它们饿得筋疲力尽；另一方

---

①　按我的理解，这话的意思是说，仁慈的行为会影响一个人的本性，并使他遇到情况有变时有路可退。

②　这意思很可能就是149节所说的，饥荒时候作果腹食物，其他时候作美味食品。

③　《利未记》十九章23节："三年之久，你们要以这些果子，如未受割礼的，是不可吃的。"

面，也要在它们身上加刻环割，在它们周围挖掘沟渠，免得有什么有害的东西出现在它们旁边，阻碍它们生长发育。他也不允许他们采摘果子享用，这不只是因为不成熟的树木只能生出不成熟的果子，就像没长大的动物没有完全的生育能力一样，也因为这样做会对小树造成伤害，因此可以说，它们还刚刚冒出地面，低低矮矮的，采摘会妨碍它们发芽生长。因而，许多农夫在春天的时候都留意观察小树，一看到长出果子就赶在长成规模之前将其扼杀在萌芽状态，担心它们会削弱母树的生长。如果事先不采取这样的措施，那么等到该结果子的时候，它们不是根本结不出果子，就是畸形的果子萎缩在花苞里；事实上，为对付这些过早结出来的果子，它们已经变得筋疲力尽，这些畸形果子沉甸甸地压在枝头，最终必吸干树干的滋养，使树根枯竭。但三年之后，树根已经深深扎入泥土，牢牢依附在泥土里。可以说，树干就立在不可动摇的根基上，长大成树，获得了精气，到了第四年——四是个完全的数字——就必能结出完全的果子①。他规定，在这第四年不可采果子为自己享用，而要把它作为初熟的果子献给神，一部分为过去作感谢祭，一部分盼望来年丰收，获得更多的财富。你看，他所表现出来的是多大的仁爱和宽容，又是如何慷慨地把这种仁爱扩展到每一种存在物，先是人，包括外来者和敌人，再是非理性的动物，包括不洁净的动物，最后到庄稼和树木。凡首先学会公正对待无机存在物的，必不会冒犯赋有生命的动物；凡不愿骚扰动物的，显然是受了训练的，必会关怀理性的存在者。

30. 他以这样的法令来教导他政体中的公民，使他们的心变得温和，克服傲慢自大，各种恶劣品德，极度的凶恶和败坏。尽

① 《利未记》十九章24节："第四年所结的果子全要成为圣，用以赞美耶和华。"

管在大多数人看来，他们是最优秀的人，如果财富、荣誉、高位赋予他们数不胜数的恩赐，那就更是如此。自大若是发生在微不足道的小人物身上，就如心灵的其他情欲、疾病和坏脾气一样，不会有任何发挥，因为没有基质的燃料①，就像火没有燃料也就渐渐熄灭了。但自大体现在大人物身上却非常明显，因为如我所说的，财富、荣誉和高位给他们带来了大大的恶果，他们就像喝了大量烈酒的醉汉一样，纸醉金迷，对奴仆和自由人，有时甚至对整个城邦大发酒疯。因为"饱足生出傲慢"②，如古人所说的③。因而，摩西作为启示者，在他的作品里令人敬佩地劝告他们，要他们杜绝一切罪恶，尤其是骄傲自大这种恶。然后，他又提醒他们点燃这种情欲的原因往往是无节制地满足肚腹之乐，数不清的房子、土地和牲畜。人一旦失去自制，就变得飘飘然，忘乎所以，自高自大起来，惟一能治愈他们的希望就是永远不忘记纪念神④。正如太阳一旦升起，黑暗就被驱散，万物都沐浴阳光。同样，一旦神这灵性的太阳升起来，照耀灵魂，情欲、邪恶这些阴影就四处逃散，德性以其全部纯洁和可爱显示出她无与伦比的明亮。

31. 为进一步遏制并破坏高傲，他解释了为什么要他们纪念神，如铭记在心的一个像，永不忘记。"因为得权力的力量是他给你的"⑤，他说。这话饱含教导，因为凡认真聆听、从而知道

---

① puros ousia. 这里的 ousia 在洛布丛书的斐洛英译本中译为 essence，在柯哈（Cohn）的德译本为译为"元素"或"要素"。我这里译为"基质"，它所表达的意思与前面各个注中所讲到的 ousia 用法同出一理。——中译者注

② 斐洛常用的一句谚语，形式略有变化。最早使用这个谚语的是梭伦（Solon）和塞奥尼根斯（Theognis）。

③ 从这一切到末尾是对《申命记》八章11节以下的一篇篇讲道。

④ 12至14节经文："恐怕你吃得饱足……你就心高气傲，忘记耶和华你的神。"

⑤ 18节经文。

自己的力量和强大是神所赐给的，必会考虑到自身本性的软弱，因为他在享有神的恩赐之前原本就是软弱的，得了恩赐才变得强大，所以他必会把高傲的心气放在一边，感谢神，是他带来了这样令人喜悦的改变。而感恩的灵魂就是骄傲的敌人，正如反过来，不感恩的心乃是傲慢的朋友一样。他想要说的意思就是："倘若你的时运是兴旺而欣欣向荣的，倘若你领受并拥有了力量，这力量也许你并不曾指望得到，那就有了权能。"对那些不能完全领会的人，这话所指的含义必须作出明确的解释。许多人自己得了好事，却想方设法使别人遭遇坏事。他们自己富裕了，却使别人变穷，自己获得了大量的荣耀和尊贵，却把不名誉和耻辱带给别人。相反，智慧者应当尽其所能把自己的聪慧分给别人，把自己的节制分给克制的人，把自己的勇气分给英勇的人，把自己的公正分给义人。总而言之，把自己的好事分给良善的人。因为很显然，这些品质都是权能，相配的人必视它们为自己最亲密的朋友，而把它们的反面，即无能和软弱视为正直者的敌人。他特别指出，对理性的人来说，最适合不过的教导是，人当尽其所能效仿神，凡有可能促进这种同化趋势的因素，尽可能一个也不放弃。

32. 他说："当你从最大能者那里得了力量，就要把你所得的力量分给别人。你怎样被对待，也当怎样对待别人，神怎样白白地给你恩惠，你也当怎样白白地给人恩惠，这就是效法神。因为伟大统治者的恩赐具有普遍的恩益，虽然只赐给某些人，但得赐的人不可把它们隐藏起来，也不可伤害别人，而要把它们放入公共的仓库里，好叫它们尽可能多地吸引人，如同在公宴上一样，同用同乐。"人若有许多财富，或广泛的名誉，或健康的体魄，或丰富的知识，那么我们就要对他说，他应当使他所遇见的人也变得富有、享有盛誉，身体健康，知识丰富，不可选择嫉妒和恨恶，而要选择德性，免得使自己与那些原本可以在这些事上兴旺发达的人为敌。至于浮夸骄傲的人，其根深蒂固的自大使他们无药可医。于是，律法论到这样的人时就令人敬佩地规定，不可把他们交给人审判，而要交给惟一的神来审判，如经上所说："凡擅敢行事的，都亵渎了神。"① 这是为什么呢？首先，因为傲慢是一种灵魂里面的恶，而灵魂是不可见的，惟有神才能看见。责罚不是给予眼瞎者的，而是给予能看见者的；一个该受责罚，因为他无知无觉，另一个值得称赞，因为他所作所为无不出于知识②。其次，高傲的人总是充满非理性，如品达（Pindar）所说，以为自己既不是人，也不是半神半人，而是完全的神，宣称要超越人性的局限。他的身体也像他的灵魂一样，各种姿势和举动都出了毛病。他带着傲慢的神态，昂首阔步，趾高气扬，似要突破天生的身高局限；他既自高自大，又目空一切，充耳不闻。在他看来，奴仆如同牲畜，自由人如同奴隶，亲人如同陌生人，朋友如同寄生虫，本城人如同外来客。他认为自己在财富、价值、美貌、力量、智慧、自制、公正、口才和知识上都胜过任何人，而别人在他看来都是穷贫、低贱、可耻、愚昧、不公正、无知和被抛弃的，总之，都是无用的废物。这样的人，如启示者所说的，必有神来指控和审判他。

论 悔 改

33. 我们最圣洁的摩西是如此挚爱德性和良善，尤其爱他的同胞，所以劝告各地的人都要追求虔诚和公正。对于悔改者，为庆祝他们的胜利，就大大奖赏他们，使他们成为所有政体中最好

① 《民数记》十五章30节。
② 有人认为这里关于傲慢之人的描绘是在暗指盖尤斯（Gaius）皇帝。但在我看来，即使可以从年代学上证实这一点，也没有必要作这样的联想。

政体的公民，享有这种公民所有的大大小小的恩福。在各种价值中，最高的价值就身体来说，就是健康不生病；就船只来说，就是航行顺利，不遇危险；就灵魂来说，就是记住该记的东西，不出现遗忘。其次则是各种形式的改正，生病之后的康复，航行中遇到危险就急切希望脱离危险，发生了遗忘之后，随即就回忆起来。这后者与悔改如同弟兄，关系极为密切。在各种价值中，悔改虽不算首要和最高的价值，但也仅次于最高，占据着第二的位置。因为要说绝对无罪，也惟有神才如此，或者某个圣人也可能如此；人若能从罪恶状态转变为无可指责的纯洁状态，就足以表明他是有智慧的，对与他有益的东西并不是完全无知的。因而，当摩西把这样的人召集在一起，使他们初步接受他的奥秘的时候，就用具有抚慰性的、友好的教训来鼓励他们，劝告他们要真诚，不要虚枉，要把真理和单纯看作是最重要的生命必需品和快乐之源，并且要起来反叛那些虚假的谎言。在他们年少的时候，父母、保姆、教师以及家里的其他众人就把这些虚枉的谎言印刻在他们尚稚嫩的心灵，使他们在寻求至善者的知识之路上偏离正道，迷失方向。至于万有之上的至善，除了神，还会有谁呢？他们不是神，神却把荣耀分给他们，使他们荣耀无比。他们却因自己的愚昧无知，把他给忘了。因而，所有这些人并不是一开始就自觉地敬拜万物之创造者和父的，只是后来才接受关于一神的信条，抛弃多神统治论。他们既悔改了，就必被看作是我们最亲爱的朋友和最亲密的家人。他们已经表现出心灵的虔诚，这是产生友谊和亲情的首要因素。所以，我们必须与他们同乐，好比说，他们原先是瞎子，但如今已经恢复视力，从深不可测的黑暗中出来，看到了最明亮的光辉。

34. 我们描述了第一种也是最根本的悔改形式。不过，人不仅要为自己长期的错觉——误以为造物主所造的某些东西是可敬的——悔改，也要在生活的其他基本事务上悔改。可以这样说，要抛弃暴民统治，因为这是不当政体中最邪恶的统治，转到民主政体，这种政体最崇尚良好秩序。这意味着从无知到有知，了解那些不知道就是可耻的事，从愚昧到敏锐，从放任到自制，从不公正到公正，从怯懦到勇敢。因为义无反顾地奔向各种德性，抛弃邪恶那个恶妇，这是值得赞赏且非常有益的事。只要把荣耀归于神，所有其他德性就必接踵而至，这就像阳光下影子必跟随身体一样确定无疑。于是，皈依者就变成一个温和、自制、谦恭、仁爱、友善、公正、富有人性、严肃认真、情操高尚和热爱真理的人，不为金钱和享乐的欲望所动，正如相反，违背神圣律法的人就显得放纵、无耻、不公正、残忍、心胸狭隘和好斗，是谎言和偏见的朋友，为珍馐、烈酒和享受别人的美色不惜出卖自由，追求的是肚腹以及肚腹以下的器官之乐，这种享乐最终对身体和灵魂都会造成最严重的伤害。实在的，关于悔改的告诫也令人敬佩，它教导我们要整修我们的生活，改变目前不适当的面貌，使它变得良善。他告诉我们，这件事既不是太大、太遥远，也不高高地在以太之上，或者在地极之处，也不在大海之外，或我们根本无法企及的地方。这事其实离我们很近，就在我们身上的三个地方，在嘴上、心上和手上，也就是在于言语、思想和行动，嘴就代表言语，心代表思想和动机，手则代表行动，快乐就存在于这三者之中。如果思想与言语一致，行为与动机一致，生活就是完全的，值得赞颂的①；如果它们彼此冲突，不能协调一致，那么生活就是不完全的，就是可指责的。人若时刻不忘保持这种和谐，就必成为神所悦纳的人，从而也就是爱神的和神所爱的人。以下这来自于上天的美言也与这些话完全一致："你今日认耶和

---

①　斐洛忘了说，这种协调必须是向着善的。在 De Mut.《论更名》237 f. 里，他也提出同样的解释，不过把这一点明确了起来。

华为你的神，耶和华今日也认你为他的子民。"① 这种互相选择
多么值得称道，人急急地去事奉那存在②，神也速速地来接纳恳
求者，预先考虑并满足那忠心、诚实地前来事奉的人的意愿。那
样的仆人和恳求者在实际数量上可能只有一位，但他是真正有价
值的，因为神既亲自拣选了他，就使他的价值等同于全体子民和
整个国家。这在自然中也同样如此。在船上，舵手的价值等同于
全体船员；在军队里，指挥的价值等同于全体士兵，因为指挥若
是倒下了，就如同全部兵力被歼灭了，结果必败无疑。所以，智
慧者有固若金汤的虔诚作防护墙，仅凭自己就能抵得上一
个国家。

论高贵的出身

35. 这也表明，那些赞颂高贵的出身，把它看作至大至美的
恩赐，是其他大恩赐之源的人，应该受到严厉的指责。因为首
先③，这些人认为，那些身后有许多富有而显赫的祖先的人就是
高贵的，然而，他们所夸耀的祖先没有一个是在自己的大量财产
中寻找快乐的。真正的善不可能存在于外在事物之中，也不可能
存在于受造的事物之中，甚至也不存在于灵魂的任何部分中，它
只存在于灵魂的最优秀部分。当神出于怜悯和仁慈立志要在我们
中间建立善的时候，他发现地上没有一个殿能比灵魂的理性官能
更有价值，于是就把它看作惟一高贵的处所，把良善放在里面。
当然有些人也许并不相信这一点，那是因为他们从来没有品尝过

---

① 《申命记》二十六章 17、18 节。
② to on. ——中译者注
③ 斐洛只讲了首先，没有再说其次。也许他认为就这一点已经足以说明问题
了。

智慧，或者至多也只是浅尝辄止。金银、荣誉、职位、身体的健康和俊美，与高贵的德性相比，这些东西只能使人在追求世俗的目标上有所优势①，从来没有看见过华彩飞扬的光。既然高贵是洁净了一切污点的纯洁心灵的特有属性，我们就只能把自制而公正的人称为高贵的，尽管他们的父母可能是奴隶，无论是家养的，是买来的；对于邪恶子孙，不论他们的父母有多良善，这一部分也必须是关闭的禁地。因为愚拙者没有家园，没有城市；他被逐出德性，而德性恰恰就是智慧者的本土和家园。愚拙者必然是卑贱的，尽管他的祖父或者祖先可能是纯洁无瑕的人，因为他习惯把高贵看作一个外来客，在言语和行为上筑起一道鸿沟，把他自己与高贵隔开。恶人不仅不可能是高贵的，事实上，我完全可以说，他们都是高贵的死敌，因为他们辱没祖先的威望，使照耀家族的荣光变得黯淡，最后熄灭殆尽。

36. 我想，正因为如此，只有当儿孙们的堕落行为压倒了根植在父母天性里的独特而深厚的爱，使那些情真意切的父亲忍无可忍，才会正式剥夺他们的继承权，把他们逐出家族切断亲属关系。我们可以再举些别的例子，以便更清楚地认识我所说的话的真实道理。如果一个人的眼睛瞎了，那么就算他的祖先眼光敏锐，对他又有什么帮助呢？如果他的舌头麻了，能因为他的父母或者祖父母声音响亮而改善他的表达能力吗？如果他因长期病痛变得消瘦和虚弱，就算他的祖先有运动员的体魄，在奥林匹克或者其他大型赛事上获得胜者的冠冕，能使他恢复力气吗？他们体弱就是体弱，不可能因为亲属的好运而变得强壮。同样，公正的

① 这个句子的第一部分到这里为止，从语法上看似乎是毫无瑕疵的，并且我相信，也完全表达了斐洛的思想。但是把受造的、外在的好事比作服务于实际需要的官员，与德性法庭里工作的官员相反，这种比喻在现实中并不存在，类似的观点在斐洛那里经常可以看到。

父母对不公正者毫无帮助，自制的父母对放荡者毫无帮助，广而言之，好父母对恶人没有帮助，更不要说律法对违法者有什么帮助，立法本来就是为了责罚违法者，而那些热切追求德性的人的生活，可以说，就是不成文的律法。

因而，我想，倘若神让高贵披上人的外形，她就会面对背信弃义的后代，这样对他们说："在真理所主持的法庭中，亲近程度不只是按着血缘关系来衡量的，更要看行为是否相似，追求的目标是否同一。而你们的作为刚好与我相反。我视为亲爱的，你们看作可恨，我的敌人却是你们的爱人。在我看来，谦恭、真理、自制、单纯、清白，是可敬的，但在你们眼里，却是可鄙的。无耻、谎言、情欲、放荡、虚妄、邪恶，是我的敌人，在你们，却是最亲密的朋友。你们既借自己的行为想方设法使自己成为陌生人，又何必要假托一个似是而非的名称，自称为亲人呢？引诱的伎俩，骗人的把戏，我无法把它拿开，但编造出好听的话语容易，要把坏人改造成好人却不容易。想到这些事，我就把那些点燃仇恨、烧成大火的人视为敌人，并且以后也必这样认为①，我所不悦的正是他们这些人，而不是那些可指责的不过只他们卑微的出身而已的人。他们可能会辩驳说，我们没有优秀的典范作为榜样；你们这样说就大错特错了，因为你们出身于大家族，你们的种族有让人羡慕的荣耀，只是你们虽然有好的榜样——实在的，你们那些同胞几乎都可以作为榜样——你们却从来不曾想过要学习和模仿他们的德性。"

他认为，高贵在于获得德性，而不在于出身；认为拥有德性的人，而不是出身于具有高尚品德的父母的人，才是高贵的，这种观点可以从许多例子得到证实。

----

① 这话读来不那么自然流畅，但显然它的意思不过是要说："我永远不会宽恕你们。"

37. 比如，谁会否认从尘土所造的人①所生的儿子具有高贵的出身，这些儿子们所生的后代也有高贵的出身呢？他们命里注定要出生在这样的环境中，使他们比后代更加显赫，因为他们是从第一对夫妻，也就是最初彼此结合、生儿育女的男女生的。然而，这些儿子当中，大的设计杀害了小的，犯了最可恶的杀兄弟之罪，成为第一个以人血污秽大地的人。高贵的出身与他有何益处？他灵魂里所展现出来的是卑鄙，监察人间一切事务的神看到了这一点，深恶痛绝，就把他置于刑罚的炼炉之中。刑罚是这样的：他没有立即处死他，不然他就感受不到种种苦难了，而是把大量死讯临到他头上——这些死讯使他们自己也时时感到忧愁和恐惧，由此对他极为恶劣的困境和悲惨充满忧虑。

在后来的那些优秀人士中，有一位特别圣洁，按立法者的看法值得载入圣书。大洪水时期，各大城市都被淹没、消失了，就连最高的山脉也被越涨越高的水势吞没了，惟有他并他的家人得救，因他卓越的品质获得无与伦比的德性的奖赏。然而他所生的三个儿子，虽然都分享了父亲的恩惠，其中一个却胆敢责备生他养他的主。由于父亲一时疏忽，出现某种小小的失礼行为，他就讥笑、嘲弄；原本应当掩藏的，他却泄露给那些原本不知道的人，致使他父亲蒙羞。所以，他并没有从荣耀的出身中得到任何益处，反而被诅咒，给他的子孙带来灾难，对于一个毫不顾念父母应有尊严的人，这是该受的命运②。

然而，我们为什么要提这些人，而不提那第一个从尘土里造出来的人呢？从高贵来说，他的出生最为高贵，无人能比，因为他是大雕塑家神亲自造出来的。他先是按自己的形象用绝技从泥土里造出人的形状，又认为他的灵不该从任何其他已经受造事物

---

① 指第一人亚当。——中译者注
② 《创世记》九章20至25节。

中来，于是把自己的气吹入他的嘴，把自己的权能分给他，这是人所能享有的最大恩惠了。这里，我们不是看到了超越一切的高贵的出生吗？这种出生是任何别的著名例子都无法比拟的。因为那些人的名声仰仗的是祖先的好运，他们只是凡人，是必然要毁灭和死亡的受造物，他们的快乐非常不确定，极为短暂。而他的父却是不死和永生的神。他的灵魂里有主宰的灵，所以从一定意义上讲，他就是神的形像。这样的一个人，原本应当保持这形像不受玷污，尽其所能继承他父的德性，然而，一旦把两种相反的东西摆在他面前，要他取舍：良善与邪恶、高贵与卑贱，真理与虚假，他却毫不犹豫地选择了虚假、卑贱、邪恶，而把良善、高贵和真理弃之一旁，由此必然导致的结果是，他失去了不朽，换来的是朽坏；丢弃了自己的神圣和快乐，迅速滑向劳碌而悲惨的命运。

38. 这些例子可以作为人类共同的纪念碑，时时提醒他们，人自身若不具有真正优秀的品质，就不得因为种族的伟大炫耀自夸。除这些共同的例子之外，犹太人还有他们自己独特的例子。在他们的先祖中间，有一些人并没有从自己父辈的德性学到什么，反而做出大可指责的行为，就算没有别的法官审判他们的罪行，无论如何还有他们的良心，良心是惟一从来不会被巧妙和华丽的辞藻蒙骗的法庭。第一位祖先①娶过三位妻子，生育了众多儿女，但他不是为了纵欲，乃是为了人类的繁衍生息。只是他的众多子孙当中，惟有一位被指定继承遗产，其他的都没有表现出良好的判断力；他们既没有从父亲的品德中学到什么，就被逐出家门，不再分有高贵出身的任何荣耀②。

---

① 指亚伯拉罕。——中译者注

② 基于《创世记》二十五章5、6节："亚伯拉罕将一切所有的都给了以撒。又把财物分给他庶出的众子，打发他们离开他的儿子以撒。"

　　后来，指定作为嗣子的继承人①自己生了一对双生子，双子无论在相貌上还是在性格上都毫无相似之处（除了双手，那也是出于某种特定的策略考虑②）。弟弟既顺服父母，也得父母宠爱，甚至连神也称颂他；哥哥却大逆不道，纵欲无度，毫不节制。他为了肚腹之乐，把自己的长子名分让给了弟弟，但随即又后悔了，发誓要取他弟弟的性命。由此可见，他所关心的是如何使父母忧愁、伤心。所以，他们为小的祷告，给他祝福，胜过任何人，所有这些祷告都得到神的确证，没有一样不被应验。而对大的，出于怜悯，他们也给他次一级的位置，叫他服侍弟弟，因为他们明智地认为，让愚拙者作自己的主人，对他没有益处③。诚然，他若心甘情愿地接受这种服侍，应该也会在德性的竞技场上得到第二的奖牌——勇猛，但事实上，由于他的任性，他为自己并他的后裔招来了种种严厉的谴责，使他的生命轻如鸿毛，不值一提，记载下来只是为了最清楚地证明，对那些与高贵不相配的人，高贵予他毫无价值。

　　39. 这些人都属于有罪一族，良善父母所生的邪恶子孙，他们没有从父辈的德性中学到什么，却因自己的邪灵遭受无尽的伤害。另外，我也可以举一些相反的良善一族的例子，他们的祖先是有罪的人，但他们自己的生活却充满美好事迹，值得效仿。犹太民族中最古老的一位就是一个迦勒底人（Chaldaean），占星学家的儿子。所谓占星学家就是那些研究那门学科④之学问的人，

----

　　① 即亚伯拉罕与妻子撒拉的儿子以撒。——中译者注

　　② 这补充的句子显得极为可笑，很可能是别人穿插进去的。事实上，斐洛写这篇文章时思想还没有处于巅峰时期（这话自然是指雅各用山羊皮伪装自己的双手，见《创世记》二十七章16、23节）。

　　③ 《创世记》二十七章27至29、39、40节。当然，把这些祷告归到利百加和以撒头上是对故事的完全曲解。）

　　④ 在斐洛那里，这词常意指"数学"，但在这里毫无疑问是指占星学。这一段话也表明斐洛通常认为，亚伯拉罕在蒙召之前是相信迦勒底的占星术的。

认为日月星辰、整个天空和宇宙都是神，是临到每个人头上的一切好事或坏事的动因；又认为，在我们的感觉器官所感受到的一切事物之外，再没有任何别的起因。还有比这样的人更可悲的吗？还有比这样的观点更能表明其灵魂全然缺乏高贵品质的吗？诚然，他们有许多知识，但都是关于次等和受造事物的，这种知识越多，他们的灵魂就越无知，因为它不认识太一①，那原生的、非受造的、创造万物的主，这些形容词以及其他数不胜数的、人的理性所无法想象的宏伟字眼，都只能描述他的至高德性于万一。这位迦勒底人意识到这些真理，也得到了神的启示，于是离开本国、本族和父家。他知道如果待在那里，多神论的迷幻必会侵入他的心里，使他无法找到太一，那惟一永恒的万物（包括理性可认识的和感性可认识的）之父；一旦他离开了，迷幻也会从他心里远去，它虚假的信条也必被真理取代。同时，神赐给他的种种告诫激起了他心中的渴望，使他执著地想要认识那存在②。有了这些神谕指导他的脚步，他就满怀热情地寻求太一③，勇往直前，毫不畏缩，也不停留，直到看见清晰的异象，不是看见神的本质④——这是不可能的——而是看见他的存在⑤和旨意。因而，他是所记载的第一个相信神的人，因为他是第一个领会真理，坚定且毫不动摇地把握真理，即万有之上有一个始因的人，这始因装备了整个世界以及世界里面的一切存有。他既得着这样的信心——这是最确定、最无疑惑的德性——其他德性

---

① tou henos. ——中译者注
② to on. ——中译者注
③ tou henos. ——中译者注
④ tes ousias. ——中译者注
⑤ huparkseos. 需要说明的是这里的"存在"是一个描述性的词语，类似于某物存在的意思，而不是 to on。——中译者注

也就一并得着了。所以，那些与他一同居住的人把他看作是王①，不是因为他的外貌有什么王者风范，他的外貌其实最普通不过了，乃是因为他那卓尔不群的心灵，他的灵就是王者的灵。事实上，他们一直对他尊敬有加，那是臣子对君王的尊敬，因为他们对他那伟大的本性惊异不已，它无所不包，无所不容，完美无缺，是世间凡夫俗子无法比拟的。同样，他所追求的社会也不同于他们所追求的社会，他往往是在圣灵的启示下追求更加令人敬畏的社会。因而，任何时候，只要他沉着入定，他身上的一切，眼睛、皮肤、身材、姿势、举动和声音，都会变成某种更加美好的东西。因为从高处向他呼气的圣灵就住在他的心里，从而使他的身体变得美轮美奂，使他的声音难以抗拒，使他的话语一听就能明白。你岂能说这位孤独的流浪者，没有亲戚朋友的人不具有最高贵的品质？他渴求的是与神的亲密关系，尽一切所能力求与神相亲相属；他虽被列为先知，享有如此大的德性，但他不信靠任何受造事物，只信靠有那非受造的万物之父；他被周围的人视为王，如我所说的，不是靠兵器，也不是靠强大的军队赢得统治权，那只是某些人采取的方法，他所借的是神的拣选，神是德性的朋友，赐给热爱虔诚的人帝王般的大能，使他们周围的人也从中得益。他就是高贵的标准，是所有皈依者追寻的榜样。他们既抛弃了奇怪的律法、丑陋的习俗这些卑贱的东西——它们把神圣的荣耀归给木头、石头以及一切没有灵魂的东西——就来到一个美好的地方居住，进入一个充满真诚和生命力的政体，这个政体以真理为导师和统帅。

40. 对于高贵，不仅神所爱的男人渴望，女人也同样想往。尽管她们不知道自己的家系是罪恶的，这种无知使她们敬拜人手所造的偶像，但她们也渐渐了解了治理世界的君主政体。她玛

---

① 《创世记》二十三章6节："你在我们中间是一位尊大的王子。"

(Tamar) 是一位来自巴勒斯坦的（Palestinian）叙利亚（Syria）妇女，她出身的家族和城市都接受多神论，到处摆放着神像、木制的胸像以及各种偶像①。但她一旦从幽深的黑暗里走出来，就能够瞥见一丝真理之光，于是她冒着生命危险奔向虔诚的帐营，既然这生命不是良善的生命，对它的存亡也就不大在乎。她所追求的良善的生命不是别的，就是成为那惟一伟大原因的仆人和恳求者。尽管她连着嫁了两个兄弟，两人都是恶人，嫁给哥哥为妻是按通常的方式②，嫁给弟弟为妻是根据最近亲属的责任之律法③，因为哥哥死时没有留后，但她仍然保持自己的生活毫无污点，能够获得善人才有的好的报告，并且成为高贵的源头，叫众人效仿她。

不过，虽然她是个外邦人，无论如何总还是自由人，并且也许还不是默默无闻的自主妇人。而另外有些妇人，出生在幼发拉底河（Euphrates）之外④的巴比伦边缘地区，原本是婢女，作为陪嫁随女主人来到男主人家⑤。这些妇人开始虽为奴婢，但是一旦得到许可有资格上智慧者的床，与主人同睡，第一个结果便是，她们得到的是明媒正娶的妻子头衔和地位，而不只是小妾的

---

① 关于她玛的家系，《创世记》三十八章 6 节以下并没有论及，除非另外有独立的说法，不然我们只能说，斐洛这里是在作这样的推测，既然论到她玛时没有像论到利百加（Rebekah）、拉结（Rachel）和利亚（Leah）那样说明是出于我们的祖先（亚伯拉罕、以撒、雅各以及十二支派），那么她必是出于崇拜偶像的外族人。

② 即她年轻时的丈夫，她把自己的贞洁给了他。

③ 《创世记》三十八章 7 节以下。"在雅典，如果某个妇人成了继承人，没有男丁，也没有监护人，那么最近的亲属可以娶她为妻。"希伯来律法也规定，死者的弟兄应当娶无子的寡妇。尽管雅典法与希伯来法是极为不同的两种律法，但在这一点上却是相同的，即都规定了与妇人最亲近的亲属所拥有的权利。

④ 即美索不达米亚的拉班家（《创世记》二十四章 10 节）。

⑤ 《创世记》二十九章 24 节："拉班将婢女悉帕（Zilpah）给女儿利亚作使女。"同样，也将婢女辟拉（Bilhah）也给女儿拉结作使女（29 节）。

身份；从此也不再被看作是使女，而与女主人几乎完全平等；诚然，这听起来有点不可思议，但确实的，女主人尊重她们，把她们看作有同等尊严的人①。因为智慧者的心里没有嫉妒，或者远离嫉妒，凡美好的东西，他们都愿与人分享。其次，使女所生的儿子，虽然出身卑微，但被作为婚生子女同样对待，不仅他们的父亲是这样——对他来说，以同样的慈爱对待同父异母的孩子并不是难事，因为他的父爱对所有孩子都是一样的——他们的继母也是如此。继母不是仇恨继子，而是更加关心他们的利益。反过来，继子也对继母报以好意和尊敬，把她们看作如同自己的亲生母亲。弟兄之间，虽然从血缘来说，只是半个弟兄，但他们并不因此认为弟兄之情只要一半就够了。相反，他们彼此之间加倍温情，更加相爱。因为他们切望把两个家庭联结为和谐的一体，彼此间相亲相爱，所以看起来有缺陷的弟兄关系反倒变成了好事。

41. 这样看来，那些把别人的高贵称为自己的宝贵财产的人的话我们岂不是必须断然否弃吗？他们完全不同于以上刚刚提到的这些人，完全可以认为是犹太民族和世界各地所有人的敌人。说他们是我们民族的敌人，是因为他们任其同胞信靠其祖先的德性，鄙视自己过美好而坚定的生活的思想。说是众人的敌人，因为就算他们达到了道德修养的顶峰，倘若他们的父母、祖父母不是无可指责的，他们也不会因此受益。实在地，我很怀疑还能提出比这更有害的理论：只要父母是善的，就算儿女转向恶，正义之神也不会报复他们；如果父母是恶的，就算子孙良善，荣耀也不会成为他们的奖赏。这与律法完全矛盾，因为律法评判人，是按各人自己的所作所为，不会把他亲属的善恶作为赏赐的因素予以考虑。

---

① 《创世记》三十章 3、9 节。

论　赏　罚

（兼论诅咒）

论 赏 罚

（兼论诅咒）

1. 借着先知摩西所传下来的神谕有三个组成部分①。第一部分讨论世界的受造，第二部分讨论历史，第三部分讨论律法。在讲述创世的故事时，通篇用词高雅，与这神圣的题目极为相配，从造天始，到造人止。天是不朽坏事物中最完全的，人则是可朽坏事物中最完全的，一个不朽，一个可朽，两者都是造物主创造世界的最初元素，一个是发令的，在起初就受造了，另一个是顺服的，可以说，也是后来受造的。

历史部分记载的是善的生活和恶的生活以及每一世代对这两者的审判，一个得奖赏，另一个受责罚。律法部分又可以分为两个分支，一个讨论比较一般性的问题，另一个包括各条具体的法令和条例。一方面，我们知道，有十个标题或概述不是借着某个传言者传下来的，而是从高天发出的清晰话语；另一方面，神谕的具体条例是借某个先知之口制定下来的。前面的论著都已尽可能详细地讨论了所有这些以及他所指定的和平与战争时期的其他德性，现在，我要在适当的时候开始讨论善人所能指望的奖赏和

---

① 这里所阐述的题目与 Mos. ii. 46 ff. 里所说的基本一致，只是术语上略有变化。按那里的分析，《摩西五经》（Pentateuch）分为两个部分，一个是历史部分，一个是律法部分。但历史部分又分为创世故事和"族谱"，在语法界，这个词专指历史中涉及具体人物的部分，而不是有关地点、日期或事件的部分。

恶人必然得到的惩罚。

摩西先是用温和的指令和劝告教导他政体中的公民，再是用比较严厉的警示和告诫要求他们把所学的教训付诸实践。于是，可以说，他们就进入神圣的竞技场，预备在比赛中展示他们的风采，目的是让真诚的心得到明白无疑的考验①。由此我们可以看到，真正的德性运动员不会让训练他们的律法的希望落空，而没有男子汉气概的人，灵魂因天生的软弱而败坏的人，不等有任何强壮的对手征服他们，就已经倒下了，不但自己蒙羞，也成为观众的笑柄。因而，前者得享奖牌、溢美之词以及所有给予得胜者的种种奖赏，而后者一无所有，没有冠冕，惟有失败的耻辱，比那些坚持参加体操比赛的人更加可悲。那些运动员的身体弯曲后，很容易直立起来，并且可以比以前站得更直；而这些人整个生命都跌倒了，生命一旦覆灭，就不可能再站立起来了。

他关于特权、荣耀以及关于惩罚的教导都按一定的顺序设立标题一一论述，从个人、家庭、城邑、国家、民族到地上最广阔的区域。

2. 我们必须首先思考关于荣耀的教导，这是既有益于人，也悦耳动听的话题，我们先看具体的个人所得到的荣耀。希腊人说，远古时候的英雄特里普托勒摩斯（Triptolemus）②乘着长翅膀的龙高高地在空中向全地播撒玉米种子，好让人类得到一种有利于健康又非常好吃和可口的食物，代替原来的橡树果实。然

---

① 我认为这一节与下一节是指犹太教会和犹太民族后来的历史。五经记载了摩西留传下来的律法，后来的历史包含一系列在履行律法上成功或失败的例子。然而，斐洛对这一部分从没有提及，甚至对后来的历史根本连暗示也没有。

② 古希腊埃琉西斯（Eleusis）城信奉的半人半神英雄，奉家事女神得墨忒耳（Demeter）派遣，向人们传播农业技术。从这两节可以推导出的思想是"正如神（不是如异教神话所说）开始时为身体提供玉米的种子，照样，他也为灵魂提供盼望的种子"。

而，这故事与许多其他类似故事都只是神话传说而已，可以留给那些追猎涉奇的人玩味，但这些人培养的不是智慧，而是谬论；不是真理，而是欺骗。因为起初神创造万物，他就预先叫地出产，为一切有生命的活物，尤其是为人类预备了必不可少的给养，因为他赋予人类主权，叫他们统治地上的一切受造物。神所做的工，没有一件是后来才做的，一切看起来后来由人的技能和勤劳所成就的事情，其实早已根据自然的预见有所预备。它已是半成品，这证明所谓的"学习就是回忆"的说法有道理。但这不是现在要讨论的问题。我们要思考的是造物主栽种在理性灵魂这块富饶的土地上的最富生命力的种子。最先种下的是盼望，这是我们所追求的生活的源头。商人出于获利的盼望，努力掌握多种赚钱方式。船长怀着顺利航行的盼望，跨越广阔的公海。野心勃勃的人盼望得到荣耀，于是选择政治生涯，掌管公共事务。运动员盼望奖牌和冠冕，刻苦训练，参加竞技比赛。同样，对快乐的盼望促使追求德性的信徒努力学习智慧，相信只要这样做就能识别一切存在之物的本性，就能按着自然本性行事，使他们实现最美好的生活样式：沉思的生活和实践的生活，这种生活必使他们成为快乐的人。但有些人对待盼望的种子就如同战争的仇敌，把它们放在他们所点燃的灵魂的邪火中焚烧；或者像漫不经心的农夫，懒惰懈怠，毫不尽职，任凭种子灭亡。还有一些人看起来似乎把种子照看得很好，但他们信奉的是独行专断，而不是虔诚，认为他们自己是一切成就的源泉。所有这些人都应予以谴责。① 惟有把盼望寄托于神的人才值得称颂，神不仅是他存在的

---

① 以下几节基本上是对 *De Abr.*《论亚伯拉罕》7 ff. 的复述，基于《创世记》四章 26 节："给他起名叫以挪士，那时候，人才求告耶和华神的名。"以挪士是希伯来语对人的称呼，斐洛指出，他因盼望所得到的赏赐就是得到了人的名字，即真正的人。

源泉，也是他远离伤害和毁灭的惟一力量。那么，在这样的比赛中取得胜利，得着桂冠的人会得到怎样的奖赏呢？就是成为既有可朽本性、又有不朽本性的复合体，甚至称为人，但这人不是"一个"人（a man），因而既不是指他本人，也不是指别的什么人，而是"人"（man），包括真正人性的人。他的希伯来名字是以挪士，以挪士翻成希腊文就是人。他把整个类共同的名字拿来作为他个人的名字，这是一个特别荣耀的奖赏，也暗示人若不把盼望寄托于神，就不能看作是完全的人。

3. 盼望得胜后，在接下来的第二场比赛中，悔改成了冠军①。悔改不包含那种始终停滞不前、一成不变的本性，它陡然产生一种狂热的欲望，要改邪归正，渴望离开天生的贪婪和不义，转向清醒、公正和其他德性。悔改既取得了双重成就，也就给它两种赏赐：它抛弃卑劣的，选择美好的。于是，它也就相应地得到一个新的家和一种离群独居的生活。他论到那逃离背叛的身体、加入灵魂的力量的人时说："因为神使他变了形，他就不见了。"这里的"变形"显然是指新家，而"不见"必是指孤独的生活。这两者也相互关联。如果一个人真的开始鄙弃享乐和欲望，完全真诚地决心要超越一切激情，那么它必须准备改变住所，必须义无反顾地离开本家、本国和亲戚朋友，决不能回头。因为亲情的诱惑力非常强大。我们有理由担心，如果他住在原处，就可能被剪除，被他周围那么多可爱的美色俘虏，必会回忆起许多场面，使那些已经摒弃了的陋习故态复萌，那些原本应该彻底忘却的东西重又显现出生动的面容。事实上，有许多人离开

---

① 斐洛对以诺故事的讨论与 De Abr. 17 ff. 对应段落里的讨论极为类似。基于《创世记》五章 24 节："神将他取了去，他就不在世了"（字面意义就是以挪士）；七十子译本："因为神将他换了形，他就不见了。"主要的区别在于，经文的前半部分"以诺士是神所喜悦的"这里没有引用；在 De Abr. 里，"换形"解释为从邪恶向德性的变化，而这里解释为"离开熟悉的环境。"

自己的祖国后，都渐渐拥有更加智慧的心灵，只要不让他们再看见享乐的图像，切断激情的诱因，就能治愈他们狂野和炽热的欲望。而要隔离视线，就必须让它在空旷的地方游走，因为这样的空间里才不会出现享乐的刺激物。而且，如果他还改变住所，那就必须避开众多的人群，接受孤独。毫无疑问，就算是在异国他乡，也必会有许多陷阱，就像在祖国家乡一样，而那些目光短浅的人仍以与广大人群为伍为乐，这样的人必被这些罗网困住。要知道，人群就是一切混乱、不当、不和和该受责备之事的别名，对初来乍到的定居者的德性而言与人群为伍极为有害。正如人若大病初愈，身体仍非常羸弱，体力还未完全恢复，就很容易重新垮掉。照样，灵魂刚刚变得健全的人，心灵的肌腱非常虚弱和松弛，此时若与愚拙的人为伍，必会诱发激情，灵魂就有重新被激情控制的危险。

4. 悔改赢了比赛之后，第三组奖赏就发给公正①。那达到公正的人就获得两个奖牌，一个是在众生毁灭的时候得救，另一个是委托他管理和保护各个生命物种的样本，每个样本都一阳一阴，这样第一代灭绝之后，就能保证第二代繁衍生息。在造主看来，让此人来终结恶人和开始清白的世代是好的，从而用实际的行动而不只是口头话语来教训那些不承认世界是由神的旨意管理的人，好叫他们知道，根据他按宇宙本性所立的律法，人若是过着不公正的生活，那么就算他人数众多，种族繁多，其价值还不如一个不曾抛弃公正的人。这个人，在他的时代曾发洪水，他的名字在希腊语里叫丢卡利翁（Deucalion），希伯来语称为挪亚。

① 与 *De Abr.*《论亚伯拉罕》27—46 节相比，这里对挪亚的讨论太过简单。尤其是在那里坚持的把他列为低等的三一体（inferior Trinity）的观点，在这里丝毫没有提及。所谓低等的三一体，也就是说，他虽然是公正而完全的，但只是在"他的出身上"完全，即与他的同时代人相比是完全的。但这里提到的两个"奖赏"在那里则注明是给他的奖赏（同上书，46 节）。

在这三一体之后出现了另一个更加圣洁、与神更加亲密的三
一体。他们属于同一个家族,是父亲、儿子和孙子的关系,追求
同一个生活目标,即成为万物之造主和父所悦纳的人。对于众人
所仰慕的那些东西,荣誉、财富和享乐,他们一律鄙视和讥笑为
虚枉,认为那只是谎言编织成的罗网,是巧妙设计出来欺骗持有
它们的人的。虚枉是个江湖骗子,它把无生命的东西尊为神,是
巨大而可怕的侵略武器,以阴谋诡计蒙骗每座城邑,不失时机地
掳掠年轻的灵魂。因为从婴儿时期开始它就住在他们里面,直到
老年。它在里面扎根,惟恐神用真理之光照耀他们——真理是虚
枉的对手。在真理面前,虚枉就退缩,尽管是缓慢地、心不甘情
不愿地,但最终必然被高贵的权能击溃。这样的人①虽然为数极
少,但力量强大,甚至地上没有一个地方能够容纳它,所以就直
达天上,带着一种深切的渴望,渴望沉思,渴望永远与神圣之事
相伴。当它从头至尾全面考察了整个可见世界后,就立即进展到
不朽的理智世界,没有利用任何感觉器官,而是抛弃灵魂中的一
切非理性部分,只使用那被称为心智和推理的部分。这位先祖第
一个摒弃虚枉,走向真理,接受神圣信条,凭着从教导中得来的
德性使自己成为完全的人,并因相信神而得到奖赏②。他天生就
得赐快乐,所获的德性既然从别人那里听来,也不是从别人那里
学到。它不是任何人所教,乃是从他本性中得来。这样的人,赏
赐给他的奖牌就是喜乐。他不知疲倦、持之以恒地身体力行,使
自己成为有德性的卓越的人,为自己赢得冠冕,得见神的面。信
奉神,一生的喜乐,永远得见那存在③的面——谁能想象还有比
这更有益或者更令人敬畏的事吗?

---

①　即那些鄙弃虚枉的人。
②　关于亚伯拉罕的信心参看 De Abr.《论亚伯拉罕》262 ff。
③　to on.——中译者注

5. 当然，我们要深入仔细地考察，不要被名称本身所迷惑，要睁大眼睛细细探索它们全部的内在含义。凡忠心耿耿信奉神，就知道除了神，别的什么都不能信，因为凡受造的，只能走向灭亡。我们先看看在他身上显示强大威力的那些力量，即推理能力和感知能力。这两种力量都设有会堂和法庭，它们在里面行视察之职，一个检查理性对象，一个检查感性对象；一个追求真理，一个以意见为目标。意见显然是不稳定和反复无常的，因为它源于事物的表象，只是貌似有理，其实却不然；并且每一种表象都以其蒙蔽人的相似来歪曲原型。理性是感知觉的主人，它认为自己的职责是论断抽象的东西，就是始终保持同一种状态的事物，但看来它在许多问题上都面临极大的困境。因为当它开始艰难地处理大量具体问题时，就无能为力，筋疲力尽，就像一个运动员遇到强大的对手轰然倒下，被大力所征服。然而，信奉神的人不仅凝视并超越有形事物，还超越无形事物，只把神作为惟一的终点，并有果断和从不动摇的智性[1]，以及坚定、永不松懈的信心作为后盾。这样的人必是真正快乐的人，必得到三重祝福。

信心之后的奖赏是专门留给那没有经过争战、完全从自然本性中获得德性的胜利者的。这种奖赏就是喜乐。其实，他的名字翻成我们的语言是"喜笑"，在希伯来语里则称之为以撒。喜乐在心灵里面，是看不见的，而喜笑则表现为身体的特征。事实上，喜乐是高级情感中最优秀、最高贵的情感。灵魂因喜乐浸淫在轻松愉悦之中，以万物之父和造主为乐，也以他所行的一切事为乐，因为他所行的一切事中都没有一点儿邪恶，尽管这些事并不导致它自己的快乐，但它们对一切存在者有益，是为保护它们而行的，所以值得为之乐。医生在治疗严重而危险的疾病时，有时会切除身体的某些部位；航海员在风暴袭来时会把货物扔出船

---

① logismou（reasonableness）。——中译者注

外，以保证旅客的安全。无论是医生的截肢行为，还是航海员牺牲财产的行为，都不会有人指责。相反，两者都受到称赞，因为他们关心的是有益的东西，而不是享乐的东西，他们做得对。同样，我们必须常常敬仰无所不包的自然本性，欣然接受它在宇宙里的所作所为，它们原完全没有恶意。因为摆在我们面前的问题不是事情是否使我们个人高兴，而是宇宙这驾马车和船只是否正确引导、是否安全行使，就像一个秩序井然的政府。所以他得到的祝福，一点儿也不比第一人少。他从来不知道忧愁和沮丧，他的日子自由、快乐，全然没有恐惧和悲伤，生活的艰辛和恶劣对他不发生任何作用。他连梦中都是快乐的，因为他灵魂的每个角落都已经被喜乐占据。

6. 这人借着自然的恩赐，经过自学，变得非常富有，成为第三个获得完全的人，就是身体力行的人，他所得到的特殊奖赏就是看见神的面。他接触和谙熟人类生活的方方面面，真心实意地了解它们；他为发现真理需要历经艰辛和危险，却从来不曾有过逃避，只是一心一意寻求真理，这种寻求与这种爱完全相配。于是，他发现深植于黑暗中的可朽物种广泛分布于地上、水中、低空，还有以太之中。因为在他看来，以太和整个天空与黑夜类似，整个感觉世界都没有确定的界限，而不确定与黑暗密不可分，甚至可以说就是黑暗的兄弟①。在早年的时候，他的心眼还是关闭的，但随着不断努力，渐渐开启，最后终于拨开笼罩在眼前的迷雾。因为有一束比以太更纯粹的无形的光突然照耀在他身上，呈现出有驾驭者主宰着的理智世界。那位驾驭者，头上环绕

① 我认为，这个句子的意思是说，*prima facie* 以太和天空的性质要比土、气、水高级。另外，因为它们也属于 aisthete physis，所以分有不确定性和黑暗，而不确定性惟有 noeta，就是他所说的"理念"才能去除，Spec. Leg. i. 44："把秩序给予混乱的东西，把确定性给予不确定的东西，把界限给予没有界限的东西，把形状给予没有成形的东西。"

着纯净的光束，是他的视线无法看见的，他也不能推测，因为眼睛被炫目的光照着，就什么也看不见了。然而，尽管眼睛被火一样的光湮没了，但他的视力仍然保持难以言说的切慕，渴望看见异象。父和救主得知他真诚的切慕，出于怜悯，赐给他力量，使他的视力具有渗透能力，毫不吝啬地允许他看见自己的面，当然只能在可朽和受造的本性所能接受的范围之内看见。所以，神的异象显明的只是他的是（He is），而不是他的所是（what He is）①。因为他比善者更善，比单一体更高贵，比单元更纯洁，是任何人所不能辨认的；能领会神的，惟有神自己。

7. 关于他的是②，可以在他的实存③的名下得以领会，但并不是所有人都能领会，或者至少没有以最好的方式领会。有些人明确否认有所谓神性这样的东西存在。有些人则犹豫不决，支吾其词，说不出究竟是有还是没有。还有些人的神的实存④观念来自于习惯，而不是来自于那些原创者的思想，他们自以为已经顺利获得宗教，却任凭这种宗教带上迷信的烙印。另外还有人从知识中汲取力量，能够直面万物之造物主和统治者，他们从地上到天上都怀着共同的观念。他们进入世界，如同进入一个井然有序的城邑，看到大地坚实站立，高地和低地上都长满庄稼、树木和果子，散布着各类生命受造物；地上还流淌着海洋、湖泊和江河，春天的溪流，冬天的水道。他们还看见空气和微风如此宜人，赏心悦目，一年四季按着和谐的顺序更替。此外，日月星辰、行星恒星，整个天空和属天一族，一层环着一层，宇宙里面有一个真正的宇宙在自转。他们对所见所闻感到惊异和敬仰，于

---

① ouchi tes ho estin emphainouses, alla tes hoti estin. ——中译者注
② to d hoti estin. ——中译者注
③ huparkseos. ——中译者注
④ Ibid.

是根据所看见的一切得出一个想法，断定所有这一切美以及这超绝的秩序都不是自动形成，而是某个建筑师和创造世界的工程师所创造；又认为其中必有神意的安排，因为造主应当关心照顾受造的，这乃是自然法。

这些人毫无疑问就是真正可敬的人，比其他类型的人都优秀。如我所说的，他们已经借助一个属天的梯子，从地上升到了天上，并借着理性和反思从造主所造的作品中推断出造主本身。但是还有一些人——如果有这样的人——无须借助于任何推论过程，能够直接从神本身领会神，这样的人必是圣洁的和真正的敬拜者，是真正意义上的神的朋友。他就是这样的人，在希伯来语里，他被称为以色列，但在我们的话中，他就是神—先知（God-seer），他所看见的不是神的真实本性，因为如我所说的，这是不可能的，而是"神的是"①。他的这种知识不是来自哪个源泉，不是出自地上的或天上的事物，也不是出于各种元素，或者可朽与不朽的结合，而是出于神的召唤②，神愿意向恳求者显明他作为一位③的存在。如何得到这样的路径，可以从以下的例子看清楚。我们看太阳，不就是直接从太阳看的？看星辰不就是直接从星辰看的？推而广之，我们不是从光来看光的？神也是这样，他自己就是光，惟有通过他自己才能看见他，没有任何可借助的合作者，也没有什么能帮助你完全领会他的存在。于是，人们只能尽力从他所造的受造物中去辨认那非受造的和造万物的主，作出快乐的推测，就如同那些试图从二（dyad）追溯一（monad）的本性的人。然而，探求二又当从一开始，因为它是

①　arr oios estin ho theos. ——中译者注

②　显然是指《创世记》三十二章 28 节："你的名不要叫雅各，要叫以色列。"

③　huparchin，英译为 person. 如果将它译为"位格"，其实也并无不可，然而或许被认为将斐洛的术语过于基督教化。斐洛这里表达了希伯来的 to on 与希腊的 to on 存在位格上的区分。——中译者注

起点①。追求真理的人就是那些从神面对神，从光去看光的人。

8. 这就是他的最大奖赏。除此之外，这位践行者还得到另外一个奖牌，这个奖牌虽然难听，但深入思考它的含义，就会发现它的卓越不凡②。这个奖牌从象征意义上被称为"下流部分的麻木"。"下流部分"意指傲慢、自大，因为灵魂在错误的方向上过度漫延；"麻木"就是限制傲慢、自高自大和自我膨胀。最有益的事是使自由放纵和没有约束的情欲受到牵制，得到控制，麻痹它们的生命力，使之失去功能，这样，放荡不羁的激情就会渐渐平静，从而为灵魂中优秀部分的扩展提供广阔的空间。

还需要注意的问题是：分配给三人的奖赏一个个都显得那么贴切恰当。信心是给那借着教导得完全的人的，因为学生必须相信教师的教导，如若不然，教育一个不相信的人非常困难，甚至不可能。喜乐给那借着自然赋予的快乐达到德性的人。因为好的能力和自然天赋是一件可喜乐的事。心灵为自己的领会能力和这种能力的实施过程而欢欣鼓舞，这种能力使它不费吹灰之力就发现了所寻求的东西，就如同有一个内在的提词员在口授似的。能迅速找到解决难题的方法必能带来莫大的喜乐。异象显示给那借践行得智慧的人。因为年轻时候活跃，到了老年就应该过沉思的生活，这是最美好、最神圣的生活，是神派给船只的舵手。把船舵交在它的手里，就可以正确地引领世俗事物的行程。若没有沉思，没有沉思所带来的知识，任何活动都不可能取得杰出成就。

9. 我希望能避免长篇大论，所以我想再简洁地提到一个人，然后就接着讨论下一个问题。这个人在一场接一场的神圣比赛中崭露头角，拔得头筹，成为得胜者。这里我说的神圣比赛，不是

---

① 参见 De Som.《论梦》ii. 70，把一等同于创造者，把二比作受造的事物。

② 《创世记》三十二章25节。七十子译本："他大腿的下流部位就麻了。"字面意思就是，"他大腿的凹陷部位就扭了。"

指人们通常所说的比赛，那些比赛是不圣洁的，因为它们对暴力
行为、不法行为和不公正行为不是给予严厉的刑罚，反而报以荣
耀和冠冕。我说的神圣比赛就是灵魂必须参加的以智慧战胜愚昧
和狡诈，以自制战胜挥霍和吝啬，以英勇战胜鲁莽和胆怯的比
赛，还有其他德性——战胜所对应的邪恶，这些邪恶不仅与自己
不相符合，与别的邪恶也相互冲突。诚然，所有德性都是贞洁
的，但其中最美丽的、公认的舞魁则是虔诚，教导神圣学问的摩
西本人就在一种特定意义上拥有这种虔诚，并借着它获得大量别
的恩赐——在讨论他的生平的著作里我们已经描述了这些恩赐，
即四大特殊奖赏：君王，立法者，先知和大祭司①。他得称为君
王不是靠通常的方式，不是靠军队、武器、强大的战舰、步兵和
骑兵，而是神借着他的臣民的自由判断委任他的，神使他们心甘
情愿地选择他作他们的主宰②。我们从经上读到，没有演讲天
赋③，没有丰厚家产财富，却成了君王的，惟有他一人。他避开
盲目的财富，拥抱有眼睛才能看见的财富，并且我们可以说，他
毫无保留地认为，自己所拥有的一切都是神给他的财产。这人还
是立法者。因为作为一个君王，总要有所吩咐，有所禁止，而律
法不是别的，就是要求人去做该做的事，禁止人做不该做的事。
但由于我们的无知，我们常常责令人做不该做的事，禁止人做该
做的事。所以，他得到第三种恩赐，即作先知，是完全适当的，
这样，他就可以保持脚步坚定不跌倒。因为先知就是解释神谕的
人，神从里面提醒他该说什么话，而在神是永远不会有错的。同
时，他也需要第四种赏赐，即大祭司的职位，使他可以用充实的

———————————

　　① 参见 *Mos.*《摩西传》ii. 3，这里所概括的主题在那里有详细阐述，这个主题
是整卷书的基石。

　　② 这一思想似乎也出现在 *Spec. Leg.*《寓意解经》iv. 157，即神的拣选与人的
自由选择从某种角度上还是可以协调一致的。

　　③ 参见《出埃及记》四章 10 节。摩西说："我本是拙口笨舌的人。"

预言知识敬拜那存在①，当他的臣民们行事端正时，他就为他们献上感恩祭，当他们行事不端时，就为他们祷告、恳求，祈求赎罪。所有这些恩赐其实质是一样的，它们应当彼此和谐地联合起来，共同存在，体现在同一个人身上，因为他若是缺少其中一种恩赐，就不能完全担当治理之职，他所从事的管理公共事务的工作就会停滞不前，甚至半途而废②。

10. 关于为个人所立的奖赏问题，讲到这里应该差不多了。由许多成员组成的各家各户也有自己的奖赏。比如，同一个民分成的十二支派都有同样数量的首领，他们不仅出于同一个家族，还有更加亲密的关系，因为他们其实就是同一个父亲所生的兄弟，他们的祖父、曾祖父，还有他们的父亲，都是这个民族的奠基人和创立者。第一位创立者从虚枉转向真理，抛弃骗人的迦勒底星象学，以便让他所看到的异象更加清晰；他追寻神的异象，被它吸引，就像铁被磁石吸引一样，于是在神的教导下从文士转变为圣贤，这位圣贤生了许多孩子，但都有缺点，惟有一个是完全的，所以他就把种族的绳索紧紧系在他身上，终于找到一个安全的避风港。这个儿子也有一种特殊的本性，不需要任何老师，天生就饱含知识；他生了一对双生子。双生子中，一个狂野、放荡，性情残暴，欲望旺盛，总之就是拿灵魂的非理性部分来争战理性部分。另一个却相反，文质彬彬、温文尔雅、行为高贵、举止得体、热爱平等和单纯，追求美好的事业、拥护理性、反对愚拙。这是第三位创始人，也生育众多儿女，但其中惟有三个得了祝福，在任何方面都不曾遭遇不幸，他就像一位快乐的农夫，看着自己的庄稼安全和茁壮，在自己手下长势旺盛，硕

---

① to on（the Self-existent）. ——中译者注
② 以下四节的要旨是：给予家庭的奖赏只适用于雅各的子孙。无论是亚伯拉罕的子孙，还是以撒的子孙，都有败坏的成员，所以都没有资格得到家庭奖赏。

果累累。

11. 这三位创始人的历史故事各自都象征着一种隐蔽的含义，都需要深入考察①。每一个接受教导的人，一旦接受了知识，就必然抛弃无知。无知是多种多样的，所以论到三位创始人中的第一位时，说他虽生育众多儿子，却不认为都配作他的儿子，惟有一位才是真正的儿子。同样，我们也可以说，人学习就是要学会洞悉无知子孙的敌意和恶意，彻底否认它们，抛弃它们。再者，就我们所有的人来说，当理性还没有完全长大成熟之前，我们必然是处在邪恶和德性的分界线上，不偏不倚。但是，当理性②羽翼丰满，完全成熟了，当它看到了善者的面，就把所看见的善一点一滴渗透到它的生命机能里面。到那时，它就可以自由飞翔，飞向那异象，把良善的兄弟和孪生子邪恶远远抛在身后。邪恶也在飞行，但它是向完全相反的方向飞去③。正是出于这样的原因，他说，那拥有极高天资的人生了双子。每一个人刚刚生下来时，他的灵魂都在自己的肚腹里怀着双子，即良善和邪恶，如我已经说过的，都看到两种景象，但是当它渐渐获得应有的快乐和幸福之后，就无一例外地倾向神，绝不会偏向相反的方向，也不会在两者之间均衡地摇来摆去。而且，如果灵魂获得了

---

① 61—65 节的比喻只涉及"孩子"，即关于三种不同类型的灵魂所展示的不同行为方式，撇去细节，大致意思如下：

a. 对教训持怀疑态度的灵魂还包含许多无知的幻想，但它最终还是要抛弃这些幻想，去追求知识的。

b. 具有天赋的灵魂并不是一开始就展示出对良善的天性之爱，惟有当它长大成熟之后才能展示这种爱。到了那个阶段，它天生的对快乐的挚爱就显示出巨大的威力。直到此时，它的"以扫"和"雅各"才会得到公正的对待。斐洛并不指望年轻时候有多少积极的德性。

c. 把天生的资质与后来训练得来的教训结合起来的灵魂就能生出各样德性。

② logon.——中译者注

③ 这最后一句话含义模糊。良善既是固定不动的，为什么邪恶要飞走？

善的本性和教导，并因此按着德性的原理训练——这些原理没有一个是易变和肤浅的，全都是深深地、牢固地刻印在它里面，并且可以说，彼此团结凝聚成整体——那么它就赢得了健康和力量，除此之外，还有端庄、优雅的外表，强壮、俊美的形体①。这灵魂借着本性、学习和实践这三重优势获得了大量德性，里面再也没有空余地方可容纳别的东西。并且，它还生育了十二个儿子，十二是六的两倍，是个完全的数字，是黄道带的复本和样式，是地上之事增添恩福的源泉②。就是这个家庭，有安全保障，不受外界伤害，不论从字面历史看，还是从寓意解释上看，它都是完全和统一的，它所得到的奖赏，如我所说的，就是成为所有支派的首领。随着时间的推移，这个家繁衍成人数众多的家族，建立了繁荣有序的城邑，智慧、公正和虔诚的学校。在那里，其他德性以及如何得到它们就是他们所研究的最高主题。

12. 我们讨论了历史上给予善人——包括独善者和与人共善者——的各种奖赏的典型例子，从这些例子中谁都可以看出那些不曾注意到的东西。接下去我们要转而思考恶人所得的惩罚，不过是在一般意义上讨论，因为现在还不到描述具体事例的时候。

---

① 他的意思很可能是说，这种灵魂的健康必导致身体上的健康，或者说它灵性上的性质与这些身体上的恩赐可以相提并论。

② 即这里所描绘的灵魂给它周围的世界带来恩福，或者使它变得美好，如最伟大的天体黄道带那样。至于这些恩福是什么，这里没有说明。但是它们有完全的十二，这就足够了；六是完全的，六的倍数同样是完全的，见 *Spec. Leg.*《寓意解经》ii. 177。

到此，关于三种类型的灵魂的比喻真正结束，尽管下一个句子还不经意地有所提及；我们转而回到主要问题，即给予雅各家的"奖赏"，这奖赏使它成为所有支派的首领，发展成为最富智慧的民族。

就在起初，人类还没有开始繁殖的时候，就出现了杀弟的事①。这杀弟的人就是第一个遭受诅咒的人。他第一个把人血流在地上，使原本还洁净的大地染上最大的污秽；当各种动物、植物正处在生长和发育之际，正在展望丰收和果实之际，是他第一个阻断对果实的盼望，又是他第一个用毁灭来对抗生产，拿死来争战生，让忧愁对付喜乐，用邪恶反对良善。他虽然只做了一件事，但这件事已经把一切残暴和邪恶的东西都包括在内了。那么，对这样的人应该怎样处治才能使他罪有应得呢？也许你会说，杀死他。这是出于人的主意——对伟大的公正之法庭不感兴趣的人——在人看来，死就是刑罚的终结。但在神圣法庭里，它几乎还不能算开始。既然在那个时候，这样的事是史无前例的，那么所设计的惩罚也必须史无前例。那是什么样的惩罚呢？就是他必须永远活在一种垂死的状态中，也就是说，永远遭受死之痛苦，没有终点，不会停止。死有两种，一种是去世，它可能是好事，也可能无所谓好坏；另一种就是垂死，那绝对是最糟糕的，将死未死，没有尽头地忍受，是更加的痛苦。所以，死要永远停留在他身上。请注意这样的结果会是怎样。灵魂里有四种激情，其中两种是善的，可以是现时的，也可以是将来的，它们就是喜悦和渴望；另外两种是恶的，也可以是当下的，或将来的，它们就是忧愁和恐惧。好的那对情感，神已经从他身上连根拔掉了，叫他永远没有机会感受喜乐或者渴望任何喜乐的东西，根植在他里面的惟有恶的那对情感，产生毫无欢欣的忧愁和无法缓解的恐惧。

---

①　斐洛对该隐的故事的看法，即该隐他所受到的惩罚就是始终遭受垂死的痛苦，但永远不死（参见 De Virt.《论德性》，200），以前在 De Fug.《论逃避与发现》60，De Coaf.《论变乱口音》122 里，尤其在 Quod Det.《恶人攻击善人》177 f. 里已经作过陈述。如那里所表明的，他的《圣经》依据就是，经上从来没有记载该隐的死，而神在他身上刻下记号，叫凡看见这记号的都不杀他，这记号实在是清楚地表明他从不曾被人杀死。这种大胆的解释使斐洛发挥出了一种杰出的思想。

我OK

因为神说，他立了一个诅咒给杀弟的人，叫他永远"呻吟、颤抖"①。他还给他立了一个记号，免得人遇见他就杀他。这样，他就不会一劳永逸地死去，而是永远处于将死状态。如我所说的，带着悲痛、忧愁和无休无止的苦难，最痛苦的是他必须感受自己的不幸境地，体验当下的重重灾难，还预见那些他根本无力阻挡的祸害将要向他汹涌袭来。因为他的盼望已经被剥夺；盼望原本是神种在人类中间的，好叫那些所作所为还不至于无药可救的人得到安慰，让这安慰成为他们本性的一部分，减缓他们的忧愁。正如一个被湍流卷走的人对席卷着他的水流感到惊恐，但更让他恐惧的是从上面猛烈地、不停地向他倾泻而下的洪水，还高高升起巨浪淹没他，威胁着要吞噬他；同样，近在身边的灾难是可怕的，但那些因恐惧而来的灾难更加令人痛苦，恐惧所产生的痛苦源源不断，就像是从源头滚滚而来。

13. 这些就是制定下来给第一个犯了杀兄弟罪的人的刑罚，此外，还有另一些法令针对共同谋划和合伙犯罪的团伙②③。有一些殿宇的侍从，圣所里的仆人，受命担任看门的职责。但这些人满腔疯狂的野心，起来反对祭司，宣称祭司的特权应当归属于他们。他们接纳他们中间的长者④作暴动的领袖，这人连同其他

① 这是七十子译本《创世记》四章12节的经文。字面意思是"逃亡者和流浪者"。

② 直译为"家"或"家庭"。这个词在这里包括利未人，也许把他们看作是某种世袭种姓的成员。

③ 这个故事见《民数记》十六章1至35节；参见 Mos. 《摩西传》ii. 174 f. 275—282。

④ 大概就是指可拉（Korah），当然称他为长者并不包含任何权威性。这可能是由于与流便支派的联盟推导出来的，斐洛在 Mos. 《摩西传》ii. 175 里称流便支派为 presbutate phyre，它的首领很可能就称为 presbutatos。果真如此，那就是一种记忆上的疏漏了，因为可拉是个利未人，不是流便人。

一小撮①疯子，一起策划、煽动无法无天的叛乱行动，他们离开建筑物的正门，离开它的外在部分，进入圣所里面②，妄图取代那些神认为有资格担任祭司职务的人。可想而知，这种行为引起了所有会众的极大不安。他们感到原来的基本制度被动摇，律法遭侵犯，圣地的高尚秩序被破坏，变得可怕和混乱不堪。所有这一切都使这个国家的管理者和统治者深感义愤。刚开始他虽然极为气愤，但一点也没有发脾气，因为那实在与他的本性格格不入，所以他努力用告诫的话语奉劝他们，使他们恢复良善的心灵，阻止他们冲破神所命定的界限，或者违抗神圣和令人尊崇的制度，这是全族人的盼望所依赖的基础。然而，他发现这一切毫无效果。他们对他的话充耳不闻，坚持认为他任命自己的兄弟作大祭司，把祭司的职任交给他的侄子们，就是暴露了他任人惟亲的错误。尽管这实在是令人极为痛苦的指责，但他并不感到怎样伤心。最令他无法忍受的是，他们竟然想③蔑视神圣指令。要知道，祭司的人选就是根据这些指示定下来的……

14. ……圣经清楚地记载了证据。我们先引用恳求神的祷告，他习惯称之为祝福④。他说，你们若是谨守神的诫命，遵从他的条例，接受他的律例，不只是听从它们，还在你们的生活和行为中落实它们，那么你们所得到的第一个恩赐⑤必就是战胜你们的仇敌⑥。因为这些诫命并不非常大和非常重，是接受的人的力量所无法承受的；它们也不非常遥远，没有在海之涯和地之角，需

① 即二百五十人，《民数记》十六章 2 节。
② 19 节："可拉召集全会众到会幕门前。"
③ 或者"他被认为"，这也许是最直接的翻译，但与斐洛其他版本的故事不相吻合。摩西被指责炮制了神圣指示，参看 *Mos.*《摩西传》ii. 176, 278。
④ 比如《申命记》十一章 26 节，二十八章 2 节。
⑤ 《利未记》二十六章 7 节；《申命记》二十八章 1、7 节。
⑥ 下一节见《申命记》三十章 11—14 节；参见 *De Virt.*《论德性》，183。

要你们长期离乡背井，疲于奔命；它也不是突然离开此地，去定居天上，否则任人怎样振翅飞翔，也难以到达。不是的，诫命其实近在眼前，就在身边，牢牢地立在我们每个人身上的三大部位：口、心和手。这三个部位分别代表说话、思想和行动。如果我们所说的与所想的一致，所做的与所说的一致，三者彼此一致，由牢不可破的和谐之链捆绑在一起，那么就会洋溢快乐，而快乐就是纯洁无瑕的智慧，包括高级智慧和低级智慧①。高级智慧用于敬拜神，低级智慧用于规范人类生活。既然律法的诫命就在我们唇边，那么接受它们对我们来说简直算不得什么；此外，我们再加上与诫命一致的行为，表明我们整个生活方式的行为，那么可以说，诫命必会从黑暗的深渊里升起，进入光明，并被好名声和好报告的光所包围。事实上，就算是本性恶毒的人，有谁会否认这样的事实：惟有那个国是智慧的，满有知识的②，它的历史没有哪一段缺乏神圣劝告、没有与之对应的行为，而是充满神的话语和值得赞美的行为。这样的国与神不远，眼前总是能看见天上的仁爱，心中总是有向着天上的切望。这样的切望引领着它前进的脚步。所以，若有人问："什么样的国是大的？"其他人就可以恰当地回答："就是在它出于真心和虔诚祷告的时候，有神倾听；当他们以清洁的良心求告他的时候，又有神与他们相近的国。"③

15. 敌意也有两类。一类是人的敌意，出于自私的动机，并且是故意为之的；还有一类是野兽的敌意，那是出于本性的反

---

① 或者译为"智慧和谨慎"更可取。毫无疑问，斐洛想到的是《申命记》四章 6 节："所以你们要谨守遵行，这就是你们的智慧、聪明。"

② 《申命记》四章 6 节："他们必说：'这大国的人真是有智慧、有聪明。'"

③ 《申命记》四章 7 节："哪一大国的人有神与他们相近，像耶和华我们的神，在我们求告他的时候与我们相近呢？"但斐洛把它理解为这样一个问句："哪一国是大的？"再加上如此如此的回答。

感，不是故意设计出来的。对于这两种不同的敌意，我们必须分别对待。先来看我们的天敌野兽，它们的敌意不是指向某个城邑，或者某个国家，而是指向整个人类，并且不是持续有限的一个时期，而是长期的，没有地域界限，也没有时间界限。其中有些野兽害怕人，就像害怕主人一样，所以在他面前畏首畏尾，但本性里仍然保持根深蒂固的敌意；还有些野兽比较胆大，敢于冒险，所以先发制人。当它们处于弱势时，就埋伏起来伺机进攻；当它们比人强壮时，就公然攻击。这是一场没有宽恕或妥协的战争；就如同狼和羊的关系，所以所有野兽，无论是陆上的还是水中的，都与所有的人为敌。没有人能消除这样的战争，惟有那非受造的才能平息它；因为神论断说，有一些人①配得救，就是性情平和，爱兄弟、爱同胞的人。在他们里面，嫉妒或者根本找不到立足之地，或者进去了也只是为了全速退出，因为他们的愿望就是把自己的私人恩福放到公共仓库里，让同类人共同享受。要是这样的良善恩赐在我们的生命中闪光，那我们就完全可看到野兽驯服和温顺日子的到来。但是要等到这一天的必不可少的前提条件是，必须驯服灵魂的野兽。驯服灵魂的野兽，没有比这样的恩福更大的了。我们若是以为任我们里面的野兽逐步发展到十分野蛮的地步，却能躲避我们外面的野兽的伤害，这岂不是愚蠢至极吗？因此，我们不可放弃盼望，当我们里面的野兽完全驯服的时候，外面的野兽也必会温顺。一旦那样的日子到来，我相信，熊、狮子、豹子，印度的（Indian）动物：大象、老虎，以及所有其他力大无穷、不可战胜的野兽，都会改变它们原来彼此分开、离群独居的生活方式，转而群居。在仿效群居动物的过程

① 斐洛显然并不认为在动物世界发生这种变化之前，人类会有普遍的或彻底的革新。一些人心里的更新必然在和解之前发生，但即便到了那时，也只能意味着野兽与善人之间的和解。当然，这足以使人痛感羞愧而惧怕战争（91节以下）。

中，渐渐顺服；与人面对面的时候，也不再像过去一样，一看见人就露出残忍的本性，一味地攻击，而会表现出敬畏的态度，把人看作是它们天生的主和主人。另外一些动物则在模仿中变得温顺，向主人示爱，就像马尔他（Maltes）小狗，欢快地摇动尾巴，表示它们的喜爱。然后，蝎子、蛇虫以及其他爬行类动物都不再使用它们的毒汁。埃及河里还有吃人的动物——鳄鱼和河马，非常接近于国里的居民，海里也有大量可怕的兽类。但高贵的人在它们面前显得神圣不可侵犯，因为神尊敬德性，赐它特权。任何东西都不可妄图加害于它。

16. 这样，通过这种改变，使野兽成为驯服和温顺的，那种长期的、出于本能的因而也是更古老的战争①就宣告结束了。然后，它的后继者，就是人与人之间的出于私利的争战，及其精心策划的方法也就容易得到解决。因为我想，既然非理性的动物都已经驯服，人不会再有受它们伤害或损害的危险，那么，有理性的人若还显得比动物野蛮，想想也应羞愧难当。可以肯定，天性残忍的食人野兽是没有什么友谊或伙伴观念的，连它们都已经变得温顺，并被争取过来改造成平和的性情，何况人呢？人天生是温和和良善的受造物，有牢固的友好与和睦观念，如果还毫不宽容地索取同类的性命，那岂不是奇耻大辱？或者，如他所说的，刀剑根本不会经过虔信者的地②。一旦仇敌认识对手的本性，看到他们有公正作不可阻挡的同盟，就必自行瓦解，分崩离析。因为德性伟大而威严，能独力地悄无声息地化解邪恶的进攻，无论邪恶有多大。

或许有些狂热的战争狂徒藐视克制，无视告诫，迅速发动进

---

① 直译"在时间上、本性上更古老的"，参见 85 节。它是出于本性产生的，这一事实本身就表明了这一点，与之相比，人与人之间的战争则是不合乎本性的。

② 几乎一字不差地引用了《利未记》二十六章 6 节。

攻。在他们还未真正卷入战争之前，他们必飞扬跋扈、自吹自擂，但一旦遇到袭击，受到考验，就必发现他们的谈论原来是毫无意义的夸夸其谈。这样的人要得胜，完全不可能。在你们大力的追赶下，他们必仓促溃逃①。你们五人追赶他们数百人，数百人追赶一万人，他们来时一条路，逃跑时却四散奔逃②。就算无人追赶，无须惊惶失措，有些人也必会转过身来，成为对手的绝佳目标，由此看来，所有人倒在一人刀下也可以是轻而易举的③。因为神谕说："必有一人出来"④，引导他的一族去争战，他必征服人口众多的大国，因为神已派了有益于虔信者的增援给他，那就是灵魂的大无畏精神，身体的最强大力量，这两样中的任何一样都足以使敌人魂飞魄散，若是两者合在一起，那就更加所向披靡了。他说，有些敌人不值得人争战。对这些人，他应许要打发黄蜂⑤作为虔信者的先锋让他们蒙羞，坠入地狱。神的信徒不仅要在战场上赢得永久和不流血的胜利，还要赢得无人能比的主导权。凡顺服它的，都从中受益。这种益处必从他们所感受到的喜爱、敬畏、尊敬中得到增长。因为他们的统治者行为表现出三种高贵品质，使他们的政权安全，不致颠覆。这三种品质就是高贵、严厉和恩福，分别产生以上所提到的三种感情。尊敬产生于高贵，严厉使人敬畏，而恩福则是人所喜爱的。当这些情感在灵魂里和谐结合，就使臣民俯首帖耳，顺服于他们的统治者。

---

① 《利未记》二十六章 7 节："他们必倒在你们刀下。"斐洛可能想要避免使人想到真实的流血场面，所以用了这样的措辞。

② 《利未记》二十六章 8 节；《申命记》二十八章 7 节。

③ 没有具体的祝福经文与此对应。可能出于对应的咒诅，《利未记》二十六章 37 节。参见 148 节。

④ 七十子译本《民数记》二十四章 7 节："必有一个从他的子孙中出来，治理多国。"希伯来版本显然完全不同。字面意思为："水要从他的桶里流出，种子要撒在多水之处。"

⑤ 《出埃及记》二十三章 28 节；《申命记》七章 20 节。

17. 这些就是他告诉我们必临到那些跟从神的信徒的第一类恩福，因为他们随时随地都坚守神的诫命，把诫命紧紧联系到生活的方方面面，不让任何方面偏离正道，走向不健康的道路。第二种恩福就是必然产生和平与权威的财富。简单的自然财富就是食物和庇护①。食物包括面包和泉水，凡有人居住的地方，就会有泉水涌出。庇护包括两种，一是衣服，一是住房，有衣穿，有房住，我们就可以避免寒冷和酷暑所带来的危害。只要我们愿意不考虑昂贵和多余的奢华，每个人都很容易得到这两种庇护。然而，那些追求以上所提到的这种财富、接受自然恩赐的人，不是那些空有其表的人，他们生活节俭克制，所以也必大大拥有另一种财富，就是美味的食物，并且不费吹灰之力就可得到。它必涌出来满足这些人的需要，把他们看作是最适合得到它的人，是树立了严肃的目标、知道怎样正当使用它的人；它必高兴地脱离与挥金如土、残暴成性的人的关系，免得它的益处给那些处处伤害别人的人，反而错过了那些为公众谋福利的人。神有应许说②，对那些谨守神圣诫命的人，天必降下及时雨，地必产出各类丰富的土产，低地长出谷物，高地结出果子，每个季节都会有适量的恩福，没有哪个时节没有收获，而且神的恩赐连续不断，"打粮食要打到摘葡萄的时候，摘葡萄要摘到撒种的时候"。③ 他们就在这样永无休止、永不中断的循环中，一边收割着前一季的收成，一边盼望着下一季的丰收，一季连着一季，这季的结束就是下季的开端，如此循环，无有穷尽。凡美好的东西，没有一样在这个过程中被撤除。因为地上的大量产出不仅能满足眼前的使用和享受，还足以提供丰富的贮备为将来之用。旧的庄稼还没有用

---

① 参 *De Virt.* 《论德性》6。
② 《利未记》二十六章3、4节；《申命记》十一章13、14节。
③ 《利未记》二十六章5节。

完，新的庄稼又成熟，仓库又堆得满满的。有时收割的地产实在
太多，以至谁也不会在意已过时节的庄稼，既不去耕作，也无须
贮藏，凡想使用的，都可以毫无顾忌地坦然使用。那些拥有贮存
在天上财富的人，也拥有地上丰富的财富。在神的护佑和眷顾
下，他们的仓库永远满盈，因为①他们心里充满动力，手下辛勤
操劳，顺利实现他们始终热切追求的目标。而那些因为不公正和
不虔诚没有分有天上之分的人也就不可能成功获得地上的财物，
就算万幸得着了地上的财富，也会迅速消失，似乎它的到来完全
不是要使它的拥有者得益，而是要使他遭受更大的痛苦，因为拥
有的财富一旦失去，自然会引起痛苦②。

18. 他说，如今别人怎样待你，到那时，你的繁荣昌盛和兴
旺发达必使你以其人之道还之以其人之身。如今，因为你不尊重
律法或祖传的习俗，对它们嗤之以鼻，所以，你缺乏生活资料，
等在高利贷者的家里，以高利借贷。但是，到那时，如我所说
的，你必反其道而行之，你既拥有大量财富，必变得十分富有，
就要借钱给别人，不是借给极少数人，也不是出借一小笔钱，而
是把大笔大笔的钱借给许许多多的人，甚至给全国的人③。财富
必使你在一切事上蒙福，在城里蒙福，也在田间蒙福④；在城
里，因为公正执政，因为考虑周全的政策，因为为公众谋福利的
言行，就得了职位、荣耀和名誉；在田间，得了各类出产的丰
收，包括生存必需品，米、酒、油和生活享受事物，就是数不胜

---

① 斐洛是在扩展《申命记》二十八章 8 节："在你仓房里，并你手所办的一切
事上，耶和华所命的福必临到你。"粮仓满盈这是第二个句子里所提到的辛勤耕耘的
自然结果。

② 无论如何，贫穷总是痛苦的，但这贫穷若是在大富大贵之后，那就更加痛苦
了。

③ 《申命记》十五章 6 节。

④ 《申命记》二十八章 3 节。

数的果树上所结的果子，还有日益增多的牛群、羊群和其他
牲畜①。

　　也许有人会说，一个人若是膝下无子，没有继承人可传承遗
产，那这一切与他又有何益呢？有鉴于此，他就把所赐的恩福推
到极处，说没有男人不生育，没有女人不怀胎，神的所有仆人都
要按自然法生儿育女②。男人都要做父亲，女人都要做母亲，都由
衷欢喜他们所生所养的儿女。这样，每个家庭必人口众多，都有
一个长长的亲属名单，其中没有哪一部分是缺失的，也没有哪个
表示着亲属关系的称呼会缺失。上线有父母、叔伯和祖父母，同
样，下线有儿子、兄弟、侄子、孙子、外孙、堂表兄弟和堂表侄
子。事实上，所有人都由血缘联结在一起。只要遵守律法，没有
一个会不幸夭折，没有人会折寿，神所指定给人的各个生活阶段
不会有丝毫缺少，每一个人都会从婴儿时期开始步步上升，就像
跨过一级级台阶，按着顺序经过指定的各个年龄阶段，满了指定
的数目，直到最后一级，死的隔壁，或者毋宁说是不朽，并超越
那真正美好的老年，留下一个子孙满堂的大家庭，填补他的位置。

　　19. 这就是他所预言的"我要使你满了你日子的数目"的意
思，他所使用的措辞之准确和贴切实在令人敬佩③。无知的不法
之徒，如他们所说，是毫无价值的，因而也没有数目，而他是传
授教导和制定神圣律法的人，第一个恩惠就是被神高度重视，为
神所赞赏，因而在有序的名单中赢得了一个数目和一个位置。这
话极为贴切之处还表现在，满了的不是月数，不是年数，而是日
数，这表明有价值的人的每一天都不可能有虚无空洞的时候，导

---

　　① 《申命记》七章 13 节；二十八章 4 节。

　　② 《出埃及记》二十三章 26 节："你境内必没有男人不生产、女人堕胎的。我
要使你满了你年日的数目。"

　　③ 即，经文在字面意义上确实是说，长寿就是得到所应许的恩福的生命，但从
更高级意义上看，包含着属灵的教训，即长寿就是良善的生活。

致罪恶有机可乘。每一天的分分秒秒都被德性和良善的行为所占据，因为德性和良善不是按量论断，而是按质判断的。因此，他认为，智慧者所过的一天完全等值于整个一生。

他在另一处也阐述了这样的意思。他说，这样的人出也蒙福①，入也蒙福①，因为良善之人的方方面面，一举一动，是行是立，都既表明了他里面的美；也彰显了他外面的美，既是持家者，又是治国者。他的持家技能表现合理管理内部事务，他的治国之才表现在按国家的福利要求改革政策。所以，这样一个人，表现出如此才华的人，必比他所在的城邑杰出；这样的城必比周围的国优秀，这样的国必超越于所有的国；就如身上的头，在各方面都非常显赫，但不是为它自己得荣耀，而是为叫看者得益处。因为只要人的灵魂还没有完全刚硬和冷漠，一直凝视着这样高贵的榜样，必会留下榜样的样式。

因而，人若能效法这些典范，品德如此高尚、生活如此良善的人，就必不会失去改邪归正、改善自己的希望，被邪恶赶散的灵②也可以归回智慧和德性之地。当神是仁慈的时候，他就使一切事都变得轻松容易，而对那些心怀羞愧、从放纵转向自制的人，神确实变得非常仁慈，因为这样的人为过去所犯的罪行悔恨，憎恶以前印在灵魂里面的卑劣而虚幻的影像。他们先是努力遏制激荡的情欲，然后力求过上平静、安详的生活。所以，正如神一个召令，就可以轻而易举地把天涯地极的人召集回来，想让流亡者住在哪儿，就把他放在哪儿；同样，对于长期飘荡、四处流浪的心，——因为它不适当地崇敬享乐和淫欲这两个情人，受到它们的恶待——也完全可能被它怜悯的救主从没有路的野地带

---

① 《申命记》二十八章 6 节。
② 《申命记》三十章 4 节："你被赶散的人，就是在天涯的，耶和华你的神也必从那里将近你招集回来。"

出来，回到大道；一上正道，它就义无反顾地朝前奔跑。这不是被赶逐者的可耻的逃跑，而是人被逐出邪恶，向着救恩的奔跑，这样的驱逐实在可以说比召回更好。

20. 这些是所应许的外在的祝福：战胜敌人，在争战中得胜，建立和平，提供大量美好的事物，诸如和平、荣誉和职位，对成功者的颂歌——所有的人，无论朋友还是敌人，都同声称颂。朋友的称颂出于善意，敌人的称颂出于畏惧。但我们必须说一说一个更与人相关的问题①，即给予身体的祝福。他应许说，那些努力培养德性、制定神圣律法来引导他们的言行举止——不论以私人身份还是以公众身份——的人，必也领受完全免于疾病的恩赐②；就算某种疾病临到他身上，那也不是要伤害他，而是提醒人注意他毕竟只是凡人而已，由此使他过于自负的灵变得谦卑，提高他的道德水平。身体健康，各个感官就能有效运作，各个部位也就健全正常。这样它们就可以毫无障碍地各就其位，恪尽其职。神认为，赐给有价值的人一种特权是适当的，就是让他的身体，即灵魂先天的且是终身的房子，建造得精致完美，以磐石为根基，坚固耐用，为生命提供许多必不可少的或者有用的东西，尤其是为了我们所要说到的心灵，一种纯洁无瑕的心灵。这心灵对神圣奥秘初步了解，与绕轨道运转的天体一起旅行，已经从神荣获了宁静的恩赐；神希望它专心致志，不受身体的需要所产生的任何烦人的感觉所影响，免得它受制于被这些感觉不法篡夺的统治权之下。如果过分降温，或者过分加热，房子就会变形和干燥，或者相反，变得潮湿不堪。所有这些情况都会使理智无

---

① 也就是说，属肉体的东西比外在的东西更与人密切相关。

② 《申命记》七章 15 节。斐洛觉得身体有可能遭受疾病的侵袭，因为疾病可以作为一种考验或警告，使身体变得合格；又认为身体必须是平静的，这样正常的心灵才能工作。

法正确引导自己的生活道路。相反，它若是居住在一个健康的身体里，就能过舒适和安逸的生活，致力于智慧的研究和追求，获得有福的快乐生活。正是这样的心灵，畅饮着神赐福之大能的烈酒，饱餐神圣的思想和教义。所以，先知说，神行在这样的心灵里面，就如同行在殿里，因为事实上，智慧者的心灵就是神的殿和家。正是这心灵，被认为独自拥有神，就是万物的神；它又是神所拣选的民，不是属于某些统治者的民，而是属于那惟一的、真正的统治者的民，是圣洁的民，就如神的圣洁一样。这心灵如今压在许多享乐、淫欲和数不胜数的痛苦（这些都是它的邪恶和欲望所必然产生的）的轭下，但神已经将它赎回，折断它受奴役的灾难，使它恢复自由①。这心灵领受了一种恩惠，这恩惠不是屏息说出来②，而是纷纷传说，四处宣告出来，因为它的捍卫者实在大能，不是把它拖向尾部，而是使它升到了首部③。这最后一句话包含了一个比喻，是一种形象的表达。正如就一个动物来说，头是首要的也是最好的部位，尾则是最后的也是最卑微的部位，其实它不是帮助身体成全所有肢体的部位，而是掸掉寄居在身体上的蚊蝇的工具；同样，他说，有德性的人，不论是一个人，还是一个民族，都必成为人类的头，就像身体的四肢，从头部和顶端的力量汲取它们生命的动力④。

　　这些就是临到良善之人的恩福；良善之人就是在自己的行为

---

　　① 《利未记》二十六章13节："我曾将你们从埃及地领出来，使你们不做埃及人的奴仆；我也折断你们所负的轭。"

　　② 七十子译本接下来的经文是："叫你们大声说话。"（字面意思："叫你们挺身而出。"）

　　③ 《申命记》二十八章13节。

　　④ 这一比喻的含义似乎是说，spoudaios 是一切人的属灵生命的源泉，众人虽然不是出于他的德性，却是身体的真实部分，而背逆者不属于这生命体里的任一部分，它们只是受奴役的工具，但没有指明作什么用。

中成全了律法的人。这些祝福必借神的恩赐得以应验；神之所以荣耀人，把德性给他作奖赏，是因为人就是他自己的像。接下去我们必须考察对违法者和悖逆者的诅咒。

论 诅 咒

21. 他描述了对他们最小之恶的诅咒。第一个诅咒是贫困、寒冷、缺乏必需品以及赤穷状态。他说，庄稼还没成熟就被摧毁，或者成熟收割之际，突然遭受敌军袭击，由此产生了双重的灾难，一是饥了朋友，二是饱了敌人①。要知道，敌人的好运比我们自己的不幸更令人痛苦，或者至少同样痛苦。然而，就算没有敌人的掠夺，大自然所降下的巨大灾害也绝不是可以忽视的。你把种子撒在低地的深土里，必会有蝗虫突然飞至，将它们吃了去；你所播种的，只剩下极少的一部分可以收进②。你种了葡萄园，不惜大量血本，付出无数汗水，指望有所收成，然而当它渐渐丰富，枝繁叶茂，结出丰硕果实的时候，必有虫子来把葡萄吃了③。你看到自己的橄榄园长势旺盛，果实累累，自是满心欢喜，指望有好收成，不想，当你去采摘果子的时候却面临灾难，不如称之为对不虔诚的惩罚更好④。因为橄榄的油脂在不经意中都流光了，徒留外层的皮壳，如同灵魂被掏空了所有德性一样，剩下的只有失望。事实上，凡你所种的庄稼，凡你所栽的果树，都要发霉，连同它们结的果子一同毁灭⑤。

22. 然而，除了这些之外，还有另外的灾祸也虎视一旁，随

---

① 《利未记》二十六章 16 节："你们也要白白地撒种，因为仇敌要吃你们所种的。"
② 《申命记》二十八章 38 节。
③ 《申命记》二十八章 39 节。
④ 《申命记》二十八章 40 节。
⑤ 《申命记》二十八章 42 节。

时准备制造匮乏和荒芜。自然用以向人类提供她的恩惠的天和地都必变成荒凉。种子还未破土，果实还未长成，地就要把它毁灭，使它无法走向完全。天也要变得贫瘠，再没有一年四季，没有春夏秋冬，寒来暑往，界限分明，各司其职，一切都在一种专横跋扈的强力下被迫合并，变得模糊和混乱，胡乱地堆积在一起。没有倾盆大雨；没有零星阵雨；没有毛毛细雨；也没有水滴和露珠，凡有助于植物生长的一切东西都全然没有。相反，一切毁损生长的植物和破坏成熟的果子的因素却一个个冒出来，阻止它们走向完全。因为他说："我必使你头上的天变为铜，脚下的地变为铁"①，这表明天和地都不再像原先那样履行各自独特的职责，发挥自己的功能。试想，铁什么时候能抽穗结子，铜又何时能带来雨水？这些可是一切生命受造物，尤其是人所必不可少的东西啊。这话也暗示，天地不仅带来荒芜，混乱时令，还是战争以及战争所产生的数不胜数和无法忍受的邪恶的源泉，因为铜和铁就是制造武器的材料。地也要生出尘沙，粉末必从天上降下②，引起令人窒息的烟雾，毁灭生命。这样看来，凡是灭绝生命的招术必毫无保留地如数使用。家族原是人丁兴旺，转眼间就断子绝孙；城邑原是繁荣昌盛，顷刻间就荒芜一片③；过去的辉煌只成追忆，接踵而至的是飞来横祸，留下给后人的警示，希望能从他们吸取教训，获得智慧一课。

23. 匮乏实在太大，他们必抛弃一切顾虑，专心致志地吃起同类来，不只吃家族之外的陌生人，还要吃他们最亲近最心爱的人④。父亲必把手放在自己儿子身上，吃他的肉，母亲必吃自己

①《利未记》二十六章19节；《申命记》二十八章23节。
②《申命记》二十八章24节："耶和华要使降在你地上的雨变为尘沙，从天临在你身上。"字面意思："粉末和尘沙从天降在你身上。"
③《利未记》二十六章31节。
④ 这一切参看《利未记》二十六章29节；《申命记》二十八章53至57节。

女儿的内脏，兄弟吃兄弟，孩子吃父母，弱者必常常成为强者手
下邪恶和可诅咒的盘中餐。比起在那些恐怖世代所要发生的巨大
灾难，梯厄斯忒斯（Thyestes）①的故事只不过是小儿科和孩童
的游戏罢了。因为除了这一切之外，正如富足的人渴望活着，享
受他们的恩福，同样，这些邪恶的人也在内心深处强烈地渴望生
活下去，体验无边无际、无穷无尽、全然找不到对付灾难的办
法②。人在绝望的时候用死亡来中断苦难，这应该是一种相对比
较容易的事，那些还有一点儿理智的人往往会采取这种选择。然
而，这些昏头昏脑的受苦者，只想尽可能地延长生命，似乎对巨
大苦难的欲望永不满足。这就是匮乏所导致的必然结果，而匮乏
显然只是按神的审判降下的最轻微的灾难。寒冷、干渴和饥饿当
然难以忍受，但我们若是以为它们必带来毫不迟延的灭绝，就会
常常热切地渴望它们；然而当它们持续不断，把灵魂连同身体都
毁损的时候，必产生令人吃惊的苦难，更甚于那些显然因为极为
令人痛苦在悲剧舞台上再现的苦难。

24. 受自由人奴役，这是最无法忍受的一件事。为避免这样
的事，明智的人宁愿死，并随时准备死，所以不惜冒任何风险与
那些以奴役相威胁的人争斗。然而，难以抗拒的敌人同时也是无
法忍受的东西，如果暴虐的权力和敌意都集中在同一个人身上。
那么，谁还能与他抗衡呢？他的权威使他有权力大行不公正之
事，他的无法消解的敌意使他往往毫无怜悯之心。所以他（摩
西）宣告说，那些蔑视神圣律法的人必把无情无义的敌人当作

---

① 阿特柔斯（Atreus）杀了自己兄弟梯厄斯忒斯的两个儿子，把他们烧了端给
他们的父亲吃。

② 在《利未记》或《申命记》里都找不到这两节的权威来源。斐洛可能非常
熟悉自杀这种逃避苦难的方法，所以他认为，诅咒要完全，就必须使人无法利用这
种逃避方法。

自己的主人①。他们必不只是受到敌人的侵略被俘为奴，还因为
饥饿、匮乏所产生的痛苦自愿、主动向敌人投降②。在有些人看
来，为逃避大的罪恶，可以允许犯小的过错，然而，实在地说，
这里所提到的罪恶，有哪一项是小的？在奴役中，他们的身体必
按残忍的命令行事，更加残忍的是不得不亲眼目睹令人痛苦的场
面频频出现，把他们的灵魂折磨得几近疯狂③。他们必看着自己
建造的房屋、自己栽种的庄稼、自己争得的财产统统被敌人占
有，他们原本拥有的以及预备收获的一切美事都被敌人享受。他
们必看着自己的肥牛肥羊被宰杀和烹饪，掠夺者在被掠夺者面前
尽情享用，畅饮饱餐。他们也必看着自己下聘娶来生儿育女的女
子、贞洁、温顺和可爱的妻子被肆意蹂躏，似乎她们是妓女一
般。他们也想保护她们，但是他们的力量尽失，他们的神经早已
松弛，除了略为挣扎，不可能有任何建树④。她们必成为一切骚
扰、掠夺、抢劫、攻击和中伤的目标，成为伤害、蹂躏和毁灭的
对象。没有腿会变瘸，或者软弱无力，真正的眼睛和手必领它们
到达各自的目的地。

　　⑤他们必在城里和乡村受咒诅，必在自己的家里和农庄受咒

---

　　①　《申命记》二十八章 48 节："你必在饥饿、干渴、赤露、缺乏之中，侍奉你
们的仇敌……他必把铁轭加在你的颈项上。"

　　②　斐洛可能是基于 48 节得出这一思想的，"你必在饥饿等等中，侍奉你的仇
敌"。68 节字面意思有："你必卖己身"这样的话，不过七十子译本中用的是被动形
式："你必被卖。"还有些经文如"人必负轭"。斐洛若是读过这些，可能有助于形
成这一观点。

　　③　《申命记》二十八章 34 节："甚至你因眼中所看见的，必致疯狂。"以下两
节是对 30 至 31 节的复述。

　　④　可能基于 32 节："你的手必变得无力。"字面意思："你手中无力拯救。"

　　⑤　以下两节是对《申命记》二十八章 16 至 19 节的发挥，142 节的最后部分是
解释"你出也受咒诅，入也受咒诅"。参见他在 113 节论到恩福时对那一句型的解
释。最后一句话是对 20 节的直接回忆："因你行恶，因为你离弃我。"

诅。田地必受咒诅，落在田地的一切种子受咒诅，高地肥沃的部分以及各类种植的树木要受咒诅。他们的牛群要受咒诅，叫它们不能生育，断了增多的指望；他们所有的果子都受咒诅，叫它们在正熟透的时候被摧毁。他们那堆满物品和钱财的仓库必变得空空如也；他们的生意必毫无利润；他们的一切工艺，多样的工业，成千上万种谋生方法都是徒劳。他们想实现野心的希望，广而言之，他们所从事的一切事，都因恶行而受挫。他们之所以行恶，就是因为放弃了对神的侍奉。这些就是不敬和悖逆的工价。

25.① 另外，身体的各样疾病必压倒并吞噬各个肢体和器官，损毁整个身架，这些疾病有：热病、冷病、痨病、恶疮、黄疸病、眼睛坏疽，溃疡、化脓、传染，直到破坏整个皮肤，痢疾、肠胃紊乱，肺部管道堵塞，呼吸不能畅通。如果舌头不灵了，耳朵失聪了，眼睛失明了，或者其他器官变迟钝了，功能紊乱了，我们的境况虽然非常可怕，但与以下这些更严重的病症相比，就不显得可怕了。当动脉的血失去了生命力，支气管的气再也不能从它天然的伙伴即外面的空气得到有益的联合，神经变得衰弱，神经质了，这些病症必然导致连接各肢体和谐共处、协调一致的基础彻底破裂。它们已经在一阵又一阵痛苦的风湿病（这种病毒是悄然潜入的）的病痛下艰难挣扎，当它被关闭在狭窄的通道里，没有畅通的出口，勉强通过时就发出很大的压力，产生疼痛，甚至难以忍受的痛苦。这种病又影响脚和关节②，导致病患却迄今没有对症之药，任凭人有多聪明，也找不到治愈它们的良方。这样的情景必会使人惊异不已：那原本身高体胖、身强力壮的人，怎么突然之间就消瘦、萎缩得不像人样，只剩下皮包骨头

---

① 身体上的咒诅主要基于《申命记》二十八章 22、27、35 节，《利未记》二十六章 16 节，并对之作了很大的扩展。

② 基于 35 节："耶和华必攻击你的腿和膝。"

了；一直生活舒适安逸，从小到大享尽荣华富贵，长得娇美优雅的女子①，因为遭受病魔的无情折磨，身体连同灵魂竟变得如此干瘪。

然后，仇敌也必追赶他们，刀剑必向他们复仇。他们必逃到自己的城里，以为找到了安全的地方，不料幻想欺骗了他们，敌人早已埋伏在那里，他们必被一举毁灭②。

26. 倘若这一切都不能使他们学会智慧，仍然偏离引向真理的正道，那么胆怯和恐惧必将在他们的灵魂里面生根。就算没有敌人追赶，他们也要逃跑；流言——往往是虚假的——必使他们一头栽倒，风吹草动也会引起巨大的恐慌和战栗，似乎强大的敌人发动了最残酷的战争③。所以，孩子必毫不顾念父母，父母也必不顾念孩子，兄弟之间谁也不顾念谁，以为相互帮助就会导致毁灭。于是，每个人都只想自己仓皇逃走。然而，恶人的盼望总是落空；那些以为自己已经避开灾难的人必遭受更大的灾难，或者至少不会比那些先一步被俘虏的人命运更好④。而且，就算有人逃过了追捕，也必遇到天敌的后备军，就是比人更加凶恶的野兽，天生就配备了致命的兵器，神在起初创造宇宙的时候就造了它们，目的就是要使那些能接受警告的人感到畏惧，也为了毫不宽容地惩罚怙恶不悛的人⑤。那些看到城邑连同它们的根基一同倾毁的人，必不会相信它们曾经有人居住⑥，一切灾难，不论

---

① 这看起来似乎是对56节的回忆："你们中间柔弱娇嫩的妇人，是因娇嫩柔弱不肯把脚踏地的。"但是上下文却完全不同。

② 《利未记》二十六章25节。

③ 《利未记》二十六章36节。

④ 《利未记》二十六章39节："你们剩下的人必被消灭。"

⑤ 《利未记》二十六章22节。

⑥ 《利未记》二十六章31、32节："我要使你们的城邑变为荒凉……住在其上的仇敌就因此诧异。"

是律法上记载的，不曾记载的①，继富足而光明的日子之后突然降临的，都将成为他们的笑谈②。结核病必侵入他们的肠胃，使他们绝望、痛苦；恐惧一个接着一个，生活动荡不安。可以说，就像套在绳索上，日复一日，夜复一夜，灵魂无有片刻安宁。醒时明明地感受着灾难，睡着时又出现可怕的梦境，致使他们早晨必说巴不得到晚上好，晚上时又说巴不得到早晨才好③。

　　皈依者因其快乐的命运高高升起，必成为四方仰慕的对象；他令人惊异、受人祝福是出于两样最突出的优势，一是他来到了神的会幕，一是他赢得了与他的功绩完全相配的奖赏，就是得了天上一个稳固的位置，其伟大难以用言语描绘；出身高贵但玷污了其纯正血统的人则要被拖进地狱，跌入最深的黑暗。因此，但愿所有人看见这些例子都能变得更加聪明和智慧，晓得神欢迎从卑微出身产生出来的德性，知道他完全不在乎根，只接纳长成完全的茎，因为它已经从杂草变成了丰满的果子④。

　　27.⑤ 当城邑被火焚烧，田地变得荒芜之后，地必开始呼吸，必抬起头来——那地长期以来一直遭受住在其上的人的残暴对待，他们赶走贞洁的安息日，既从田地驱逐出去，也从他们的思

---

① 《申命记》二十八章61节。字面意思："没有写在这律法书上的各样疾病"，七十子译本补充说："以及写上的每种疾病。"

② 《申命记》二十八章37节。字面意思："你要令人惊骇、笔谈、讥诮。"

③ 这一节见《申命记》二十八章65至67节。最后一句"你因心里所恐惧的，眼中所看见的"，斐洛把"恐惧"拿来对应早晨，把"所见"（即梦境）对应晚上或夜。

④ 这一切见《申命记》二十八章43节："在你中间寄居的，必渐渐上升，比你高而又高；你必渐渐下降，低而又低。""天上的位置"当然不是指来世的生命，只是表示强调。

⑤ 以下一节主要是基于《利未记》二十六章33至35节（参见43节）："你们的地要成为荒场，你们的城邑要变为荒凉。……你们的地荒凉，要享受众安息；正在那时候，地要歇息，享受安息……地这样歇息，是你们住在其上的安息年所不能得的。"

想里驱逐出去。自然所指定的惟一的，或者说得谨慎一点儿，主要的节日就是不断循环的安息日和安息年，安息日是给人休息的，安息年是让田地休息的。他们却对这律法规定视而不见，对盐、奠酒、怜悯的坛及公共壁炉视而不见①，这些东西都是用来维系友谊和美好愿望的，它们都由神圣的七产生，并包含在七里面。对人，他们加上沉重的负担，强者压迫弱者，使强迫要做的工没有尽头；对田地，他们出于贪婪和卑鄙的欲望，不停地追求不公正的收获，行为毫无节制，欲望永不满足。这些人实实在在就是他们的兄弟，出于同一个母亲的孩子，与他们共属一个本性，他们却不给这些人规定的节日，就是每六天之后的休息日；不给田地每六年之后的安息年，使它从播种的重负下解脱出来，免得因不断重复劳作精疲力竭，反而鄙视劝人为善的告诫。他们尽其所能，以永无止境的艰辛来压迫众人的灵魂和身体；为积聚财富、满足贪欲，向土地强取贡品，大过它所能生产的，不仅要求它每年的产出达到极限，甚至每日都要有最大量的奉献，由此逐渐削弱深土的肥力，终于使它完全失去生命力。因此，他们必受到上面所提到的全部诅咒和责罚，而由于经历太多暴行变得疲惫不堪的土地，到那时必得以解脱，甩掉邪恶居民加给它的沉重负荷。她环顾四周，再也看不到任何先前那些傲慢而自高的破坏者，看不到她的市场上再有混乱、争战和恶行，所看到的只有宁静、和平和公义。这时，她必重新焕发青春，在这圣七的节日里安详歇息，就像拳击运动员第一回合之后需要休息，恢复体力，以备重整旗鼓。然后，她必像一位慈祥的母亲，怜悯失去的儿女，尽管他们死后，甚至还活着的时候就是父母的伤痛。她必重新年轻、丰富，生育纯洁无瑕的孩子，补偿已经逝去的一代。如

---

① 这里的大意是说，凡能违背安息日和安息年的人也能违背人性，干出任何恶事。

先知所说①，那没有丈夫的必有众多优秀的儿女，这一说法也可以用来比喻灵魂的历史。当灵魂孩子"很多"的时候，即充满情欲和邪恶，享乐、欲望、愚昧、放荡和不公正都聚在她周围的时候，她就虚弱、多病，几近死亡②。但是，当她绝了育，停止生育这些孩子，或者实在地把他们整个儿地抛弃了之后，她就变成一位纯洁的童贞女。然后，她就接受神圣的种子，怀胎、生育新的生命，就是高贵的品质、高尚的情操、智慧、勇敢、自制、公正、圣洁和虔诚，以及其他德性和好的情感。不仅生育了这些孩子是好事，就是对这样的生育有指望也是好的，有指望就能使灵魂振作起来，变软弱为坚强。盼望乃是喜乐前的喜乐，虽然没有成就了的喜乐那样完全，但在两方面比那种喜乐更优越：一是它带给我们慰藉，如同圣油，解除我们的焦虑，润滑我们贫瘠的心灵；再就是它作为一个先行的预报者，告诉我们有大量的好事将要来临。

28. 至此，我已经毫无保留地描述了那些人所应受的诅咒和刑罚，因为他们抛弃关于公正和虔诚的神圣律法，被多神崇拜的信条所引诱，最后至于不敬神，忘却他们民族和列祖的教导；他们原本从小就得到教导要认信太一的本性和至高的神，凡跟从真理而不是虚幻之物的人，必然只能属于这一位神③。然而，他们若是把这些惩罚看作是警诫，而不是以为这样做是刻意要他们下地狱，如果能因羞愧而真心反悔和皈依，那么就会谴责自己偏离正道，就会完全承认自己的一切罪④，首先他们的心要洁净，使他们的良心真诚，去除一切潜在的污点；其次，要以他们的舌头

---

① 《以赛亚书》五十四章 1 节："因为没有丈夫的比有丈夫的儿女更多。"

② 尽管灵魂的比喻是从以赛亚书的经文说起的，但它更与《撒母耳记上》二章 5 节（哈拿之歌）有关："不生育的，生了七个儿子；多有儿女的，反倒衰微。"

③ 关于救赎见《利未记》二十六章 40 节以下；《申命记》三十章 1 节以下。

④ 《利未记》二十六章 40 节："他们要承认自己的罪。"

引导他们的听众改邪归正，到那时他们就会找到神、发现仁慈的救主的恩惠。他已经把那种独特的大恩赐给人类，就是让人与他自己的道有亲密关系。这道乃是人类的原型，神就是按着他的形象造人的。[①] 就算他们住在最偏僻的地方，给那些把他们掳掠走的人为奴，总有一天，可以说，他们身上的某个记号必会给众人带来自由。他们的主人必会对这种身体上的德性皈依大为惊异，惊异之下必释放他们，因为羞于辖制比自己优秀的人。

29. 这些人如今还散居在希腊、外面世界的各岛各地。当他们得了这种意想不到的自由之后，就必起来，从四面八方赶来，目的只有一个，就是要去指定给他们的那个地方。一路上，有神圣而神奇的异象为他们引导。这异象是别人所看不见的，惟有当他们从异乡归向家乡时才向他们显明出来。他们要与父和好，必须诉求于三个代求者。一个是父的仁慈和宽厚，因为他从来喜欢赦免，不喜欢惩罚。第二是人类始祖的圣洁，他们的灵魂已经脱离身体，就以其赤裸裸的单纯表明他们对统治者的忠心，并为他们的儿女们不停地恳求，他们的恳求不是徒劳的，因为父赐给他们特权，让他们的祷告被听见[②]。第三个比任何东西都更能推动前两者的仁爱欣然显现出来，这就是那些被领来立和平之约的人自己的改过自新。这些人经历了太多的苦难后，终于从无路的旷野来到正道，走上这正道没有别的目标，只为要找到神的恩惠，如同儿子寻求父亲的宠爱一样。一旦他们达到了这样的目标，现在还是废墟的城邑必重新成为城邑，荒芜的地必有人居住，贫瘠必变为丰富，他们拥有财富之多之大必使他们的列祖列宗也相形

---

① 这一节及下一节见《申命记》三十章 3 至 5 节。

② 这很可能是基于《利未记》二十六章 42 节："我要纪念我与亚伯拉罕所立的约，与以撒所立的约，与雅各所立的约。"但是，死去的圣徒担当代求者的角色，我认为，在斐洛那里是极为罕见的。

见绌。他们的财富源自神慷慨的恩赐，就如同从常年不断的源泉里不断流出，每个个人和整个共同体都拥有财富的深河，使嫉妒没有立足之所①。

一切事都要峰回路转，神必把诅咒加在这些悔改者的仇敌身上②。仇敌以这国的不幸为乐，讥笑和诽谤他们，以为他们自己得到了永不毁坏的财产，还指望把这财产传给自己的子孙，世世代代无穷时；又以为他们必能永远看着对手陷在牢不可破、永不改变的困境里，世世代代都是如此。他们昏了头，不知道他们曾拥有的短暂的辉煌不是为了他们的缘故，乃是为了叫另外的人得教训，那些人颠覆了祖先的制度，因而就要制造出忧愁——就是看着仇敌的好运所产生的极为痛苦的情感——作为良药，拯救他们脱离地狱。

所以，他们中那些还没有完全毁灭的人，只要以眼泪和叹息来痛悔自己的过失，就必从与祖先过去得富足相反的路径回来。但这些敌人嘲笑他们的叹息，把他们不幸的日子宣告为公众的节日。总之，把别人的不幸当成自己的快乐。然而当这些人开始收获其残酷的报应时，必发现他们的恶行所针对的不是无名小卒，而是出身高贵的人。他们身上还闪现着高贵血缘的星星之火，这星星之火虽然熄灭了一阵子，但必能成为燎原之火，闪出耀眼的光芒。正如植物的茎虽被砍去，只要根还没有完全破坏，就会长出新枝，接替旧的植物；同样，灵魂里若还有一颗小小的种子可能长出德性，尽管别的因素都被剥夺了，从那微弱的种子里还是可以生出人类生活中最美好和最宝贵的东西，由良善公民组成的政府就可以建立起来，国家也可以发展成人口众多的大国。

---

① 《申命记》三十章5节："他必使你的财富（人数）比你列祖多。"
② 《申命记》三十章7节。

善人皆自由

善人皆自由

1. 塞奥多图斯（Theodotus），我们前面论文讨论的题目是"恶人都是奴隶"，我们通过大量合乎情理的、无可争辩的论据对它作了充分论证。现在的讨论与那个主题密切相关，完全是姐妹篇，甚至可以说是孪生双胞，因为在这篇论文中，我们要表明每个有价值的人是自由的。我们知道，圣洁的毕达哥拉斯学派成员（Pythagorean）有许多优秀的思想，其中有一条这样说："不要走大路。"① 这不是说我们应当去爬陡峭的山坡——这学派不是要开方治疗脚足疲劳——而是借这样的比喻指出，我们不可人云亦云，随波逐流。凡是真正热爱哲学的人，都遵从这样的诚命，因为这里面包含了一条律法，或者毋宁说是超级律法，等同于神谕。他们一旦超越众人的纷纭意见，就开启了一条崭新的道路，一条外在世界永远不可能走的路，就是学习并追求真理的路；在这样的路上，他们发现了任何不洁净的人都不可能触及的理想形式。我说的不洁净之人是指从来不曾受过教育的人，或者受过教育，但受的是歪曲的不正规教育，所以把美丽的智慧变成

---

① 参见第欧根尼·拉尔修（Diog. Laert）. Viii. 17，其中列举了毕达哥拉斯提出的许多比喻性的格言或戒律，除了这一条之外，还有诸如："不要用刀点火"，"不要吃你的心"，"不要让鸟爪歪曲"。第欧根尼·拉尔修对其中一些格言作了解释。

丑陋诡辩的人。这些人①因为心眼软弱，被耀眼的光芒照着迷乱
昏惑，不能看见理智之光，就像永远住在黑暗中的人根本不相信
那些住在光明中的人，还以为他们所描述的太阳纯粹的光芒所清
晰显现出来的景象都是疯狂的幽灵似的捏造，不过是木偶戏的虚
幻影子而已。他们心想："可以肯定，这样称谓必是一个谬论，
不过是戏子的诡诈。那些不仅终身住在城邑中心，而且还担当谋
士、陪审员、委员会委员，时常肩负协助市场或管理运动场，或
者其他公共事务重任的人，他们称之为流放的；而那些从来没有
在议员的名单中出现过，或者已经被剥夺了公民权或者被驱逐的
人，却称之为公民②；要知道，这些人被赶出国境，不但不能踏
上国土一步，甚至不能远远地看一眼祖先的土地，否则，就会在
那里被某种复仇的怒火追逼，招致死亡。他们若是回来，必有无
数的执行者等着惩罚他们，既有出于个人的仇恨情感，也是为了
施行律法的诫命。"

2. 他们接着说："可以肯定，你们另外的话也同样违背理
性，充满无耻和疯狂，或者其他莫名其妙、不知所云的东西，甚
至很难找出适当的词来形容这种荒唐、放肆的说法。那些全然匮
乏，一无所有，在可怜、悲惨的生活中苟延残喘的人，那些几乎
无法维持生计，在普遍富裕中几乎饿死的人，那些只以空洞的德
性为食，好像传说中以空气为生的蚱蜢一样的人，你们称之为富
人③。那些腰缠万贯，金银满仓，地产丰富，收成充足，拥有无

---

① 这一节显然是在回忆柏拉图 *Rep.*《理想国》vii. 514 ff，那里把人比作锁在
洞穴里的囚徒，他们面朝壁，背对火，只能看见洞外走过的行人通过火光投在壁上
的影子，这样的人就算解了束缚，走出洞穴，也必被日光照得头晕目眩，什么也看
不见，以致仍然相信原来所看见的那些影子才是真实的。

② 善人作公民与恶人被流放的佯谬似乎没有其他几个佯谬引用得那么频繁。

③ 善人富足、恶人贫穷的佯谬是众所周知的。斐洛始终坚持的瞎子财富与能看
见的财富之间的对比实质上与这一佯谬是相同的。

以计数种种充裕美物的人，你们却称之为穷人；这些'穷人'的财富不仅可以使他们的亲人朋友受益，还可以惠及家族以外的大量同胞和病人，范围更广一点说，可以资助国家，满足它和平时期或战争年代的需要。同样，那些出身高贵，不仅父母、祖父母，追溯到家庭的创始者的每一代父系祖先和母系祖先都极为显赫的人，你们竟然认为这样的人是奴隶；相反，那些祖孙三代皆烙着铁印、戴着脚镣、远古以来就受奴役的人，却将之归为自由人，这完全是痴人说梦。"

他们就是这样想的。不过，如我已经说过的，这一切都是心灵被蒙蔽的人的肤浅说法。这些人被意见束缚，被感觉捆绑，他们的会议反复无常，总是接受求情者贿赂。如果他们能真诚地追求真理，就不应当让自己的聪明才智被身体上有病的人胜过。人生了病，想恢复健康，就会去找医生，把自己交托给医生，但这些人根本不愿意求助于智慧者，把他们缺乏教养的粗俗和迟钝的灵魂之病除去，不愿从智慧者那里学习知识，去掉他们的无知。要知道，知识乃是人类特有的财富。我们从神圣的泰斗柏拉图（Plato）那里得知，在神的乐团中无嫉妒的立足之地①。智慧是最神圣最慷慨大方的，她从来不会关闭思想的大门。凡渴望讲道之甜美之水的人，她向他们敞开大门②，使他们畅饮永不枯竭的纯粹教义之泉流，还劝勉他们陶醉于那永不醉人、清醒持重的醇酒中。当他们获得了充足的启示，初步了解了奥秘后，必会重重指责自己先前的无知，感到以前的日子完全是在浪费时间，意识到缺乏智慧的生活毫无价值。所以，我们完全有理由说，世界各地所有的年轻人都应该首先把他们风华正茂的青春年华用来追求知识、修身养性。无论对年轻人还是老年人，文化都是好的居

---

① Phaedrus《斐德若篇》247 A。
② 参见《斐德若篇》243 D。

所。正如人们所说，新的器皿总能留下第一次装进去的东西的气味，同样，年轻人的心灵对第一次接受的思想总是留下难以磨灭的印象，以后的洪流再大，也不会把它们冲刷干净。所以，它们保守着最初的形式，叫众人看见。

3. 这些问题就谈到这里。让我们回到所讨论的题目，作深入全面的思考，免得我们被所使用的模棱两可的词迷惑，偏离了正题。我们要充分领会所要谈论的话题，一切论证都要围绕它进行，这样才能把我们的观点证明清楚。就奴役而言，一方面可以指身体的奴役，另一方面也可以指灵魂的奴役；身体以人作为它们的主人，灵魂受其邪恶和情欲的奴役。与此相对应，自由也有两种。一种自由使身体脱离强大的人，另一种自由则使心灵脱离情欲的支配。没有人把第一种自由作为考察的主题。人生中有太多的起起落落，许多场合，许多时候，拥有最大德性的人因为命运的打击失去了他们生而有之的自由。我们所要考察的是这样一些人，他们从来没有受缚于欲望、恐惧、享乐、忧愁的轭下。可以说，他们已经挣脱了牢狱和紧紧捆绑他们的锁链。因此，我们要抛弃似是而非的遁词，和那些没有实质含义、只有习惯用法的术语，比如"家养的"、"买来的"、"战争中俘虏的"等，我们要考察真正的自由人，尽管有一大群人自称是他的主人，但事实上，惟有他才真正独立自主。我们来听听索福克勒斯（Sophocles）的声音吧，他所说的话与任何一种德尔斐神谕一样真实可靠：

　　　　我的主是神，不是人①。

一点儿也没错，惟有把神作为自己的头，才是真正自由的人；并且在我看来，这样的人也是其他众人的头，因为他已经从那伟大

---

① 这诗引自亚里士多德 *Eth. Eud.* 《欧德谟伦理学》1242 a 37。

的、不朽的王得了授权，管辖地上的一切受造物；他尽管只是人，却是代表这王行使权力的总督。关于智慧者的主权问题①，我们必须推迟到一个更适当的时候去讨论，现在我们要深入考察他的自由问题。我们若是睁大眼睛洞察事实，就会清晰地看到，没有哪两样东西比独立和自主更为密切相关，因为恶人有许多累赘，诸如热衷金钱、名誉、享乐，但善人毫无累赘。他昂首屹立，藐视情爱、恐惧、胆怯、忧愁，以及诸如此类，如同拳击场上的胜者傲视败者。他已经学会鄙视那些最目无法纪的人加在他身上的种种规定，他对自由的切慕激动着他的心灵，自由的应有之意就是不顺从任何命令，不遵从任何意志，只按它自己的意愿行事。有人称颂写下这诗的作者：

连死都不在意的人，谁能奴役？②

并且认为这位作者完全理解了这诗所蕴含的思想。他的意思是说，没有什么东西比向往生存、惧怕死亡更可能奴役人的心灵。

4. 但我们必须思考的是，什么样的人对奴役具有免疫力？就是那不仅对死毫不在意，对贫困、不名誉、痛苦以及其他大多数人都视为邪恶的东西都无动于衷的人。其实，真正的邪恶存在于这些所谓的多数人心中，表现在他们的论断中，使他们只根据奴仆所从事的工作来考验他，只把眼睛盯在他所做的事上，而不关注他那自由活泼的心灵。凡以卑劣的灵违背自己正当的论断行卑鄙而可耻的事的，就是真正的奴隶。凡调整自己的身心顺应所处的环境，甘心并耐心地忍受命运的打击，认为世上无新事，凭借勤勉的思考使自己相信，凡属神的都拥有永恒的秩序和快乐，凡属人的只能在环境的

---

① 参见第欧根尼·拉尔修 Vii. 122。这可能是最普通的佯谬，斐洛有好几次讲到。

② Plut. De Poet. Aud. 13 引自欧里庇得斯（Euripides）。普卢塔克（Plutarch）与斐洛一样认为，除了死，这话也适用于其他表面上的恶。

浪涛中颠倒失措，摇摆不定，从而高贵地忍受临到他头上的一切事——这样的人，实实在在就是十足的哲学家和自由人。他绝不会任谁的命令都服从，就算用暴力、苦痛、无论多可怕的威胁恐吓他，也不能使他顺服。他必公开大胆地拒斥他：

> 就算你剥了我的皮，吃了我的肉，喝干我的黑血；
>
> 除非星辰落到地下，大地升到天上，你才能从我嘴里听到奉承谄媚的话语。①

5. 我曾观察过拳击摔跤比赛中的运动员如何手脚并用、一拳拳地拼命，每个人都全副武装，凡可能保证得胜的因素全部考虑进去，无一疏漏，但最后一个个都筋疲力尽、垂头丧气地离开竞技场，一无所得。再看他们的对手，全身肌肉结实、刚硬、坚固，像钢丝一般，是真正运动员才有的好体魄，他的筋键绷得紧紧，像一块磐石，或者一块钢板，任人拳打脚踢，他自岿然不动，凭着他健壮的身躯和顽强的忍耐，彻底摧毁敌手的力量，最终获得完全的胜利。在我看来，有德性的人也与此大同小异。他心里有建立在理性基础上的坚定的决意，因而坚不可摧，迫使施暴者精疲力竭地放弃，除非他自己甘心不按自己的论断行事。这样的话在那些不曾有过德性体验的人听来似乎不可思议（对那些不知道拳击摔跤比赛的人来说也是如此），但无论如何，这仍是千真万确的事实。当安提司泰尼（Antisthenes）② 说一个有德性的人搬起来是很重的③，他所指的正是这个意思。因为缺乏理

---

① 参见第 99 节。

② 古希腊哲学家，犬儒学派（Cynics）创始人（公元前 444？—前 365？）。——中译者注

③ 策勒（Zeller），*Socrates*（英译本）（《苏格拉底》），第 334 页，认为这话的意思是说，有德性的人总是令人难以忍受，或者总是使自己成为令人讨厌的对象，因为他们告诉人令人不快的真理，还引用其他类似的犬儒学派格言来加以证明。斐洛在完全不同的意义上理解这话，不过，31 节最后的话似乎也暗示了策勒所意谓的思想。

智就会飘忽轻浮，缺乏稳定性，而有良好理智的则立场坚定，根基扎实，从不摇摆不定，具有不能撼动的重量。犹太人的立法者说智慧者的手是沉重的①，这比喻指出，他的行为不是肤浅的，而有坚实的基础，是出于那永不动摇的心灵的产物。这样的人，既然鄙视痛苦和死亡，任何人都不可能强迫他，按着自然律法说，他已经制服了所有的愚昧人。正如山羊、公牛、绵羊都有牧羊人、牧牛者看管，牛群、羊群不可能反过来命令牧人。同样，众人就像牲畜，需要主人，统治者，应当让有德性的人作他们的首领，担当看管的职责。荷马常常把国王称为"人民的牧人"②，但自然更确切地把这头衔给予善人，因为国王更多时候倒处在羊的位置，而不是牧人的位置。他们受制于好酒、美色，厨师和甜食师精心烹制的珍馐佳肴就把他们制服，更不要说对金银的追逐和勃勃野心了。而善人，没有什么东西能束缚他们，他们若是看见有人落入享乐之罗网，还负有警告他们的责任。

6.③提供服务并不能证明就是受人奴役，这一点在战争时期表现得非常清楚。我们看到，战场上的士兵都是靠自己的力量做事的，不仅自己扛武器，还要像牲口一样背负每种生活必需品，以及出去找水、找柴火和战马的饲料。至于为防御敌人所必须干的活，比如挖渠开沟，砌墙造船，以及其他要使用双手和身体的其他部位的技术工程或辅助性工程，没有必要再详尽叙述。另一方面，和平时期也有战争，一点儿也不比动刀动枪的战争轻松，这是由耻辱、贫困、极端缺乏生活必需品引发的战争；在战争中，人被迫去干最卑贱的活，在地里挖掘和劳作，做不体面的手

---

① 《出埃及记》十七章12节。
② 即 Il. 《伊利亚得》Ii. 243。
③ 32至40节。这几节（40节除外）似乎不是证明惟有善人是自由的这个主题。它们似乎与主要哲学论点无关，要证明的是通常界定奴役和自由的那些标准是不一致的。

艺，一刻不停地劳动仅为挣得菲薄的口粮；还常常在市中心，在那些曾是他们童年和少年时期伙伴的同胞面前忍辱负重。

还有些人生来就是奴隶身份，但由于时来运转，谋得自由人的职业。他们管理房子、地产和巨大财物；还常常成为其他奴隶的管理者。许多主人还把妻子或孤儿托付给他们，认为他们比朋友和家庭的其他成员更值得信任。尽管如此，尽管他们有借贷、有购买、有收成，有人大献殷勤，但仍然不能改变他们奴隶身份。如果情形相反，一个人的好运突然转成了厄运，不得不从事奴仆的工作，这样的人也并不因此改变原来的身份。我们为何疑惑呢？你会说：“因为他顺服别人，所以就失去了自由。”那么孩子不是得听从父母的命令，学生不是得服从教师的指令吗？岂能说他们就是奴隶？因为没有人愿意成为奴隶；并且可以肯定，父母对自己的子女绝不可能表现出这种极端的仇恨，乃至要强迫他们干这样的活——按你的标准，干这样的活就是最明显的奴役的标志。同样，人若是以为被人口贩子贩卖就变成了奴隶，那也完全偏离真理。买卖不能使买者成为主人，也不能使被卖者成为奴隶。无论父亲还是儿子在袭击中被抓走，或者在战争中被俘虏，父亲会为救儿子付赎价，儿子也会为救父亲付赎金。这样的人都是自由人，这是自然律法主张的。要知道，自然律法比我们低级世界的律法具有更坚固的根基。

事实上，在这种买卖中，有些人时来运转，彻底改变了处境，不再是买家的奴隶，反倒成了他们的主人。我常常亲眼看到这样一些年轻女奴，她们天生丽质，能说会道。有了这两样产生力量的源泉，即姣好的脸蛋和说话的天赋，她们的主人大为之倾倒。因为这两件武器对付软弱和没有定力的灵魂特别有效，甚至比摧毁城墙的机器强大。你只要看看，他们的主人如何追求她们，恳求她们，苦苦乞求她们的垂怜，似乎是在祈求财富或者某种使人得救的神魔，就一清二楚了。如果她们轻蔑地拒绝，他们就陷入绝望之中；只要他们看到一个友好的眼神，就会欣喜若狂。要说买卖构成奴役，我们得说，某个买了狮子的人就是所买狮子的主人，然而倘若这野兽转过来用凶残的眼睛盯着他，这可怜的人必马上体验到，他所买来的这个主人身份是多么可怕和残忍。既然狮子都不能被奴役，我们岂能认为智慧者可能被奴役呢？要知道，在他那自由、未受任何损伤的心灵中有一种强大的抗拒奴役的力量，这种力量比他那天生就像奴隶般的身体及其所有体力所能产生的力量都要大。

7. 我们还可以从其他方面来了解善人的自由。没有奴隶真正地快乐。因为还有什么比活着却不能支配任何东西，包括他自己这样的事更可悲的呢？而智慧者是快乐的，坚定的，充满高贵的道德，这使他有力量能支配任何东西。毫无疑问，完全可以肯定，善人就是自由人。此外，谁也不能不承认神的朋友也是自由的。显然，我们必会承认，国王的朋友不仅享有自由，而且也享有权力，因为他们作为首领参与管理和执政。对于那些位高如天上诸神那样的人，我们必不可称之为奴隶。他们爱神，因而也必然是神所爱的人；他们显明了多少爱，也得到多少爱的回报。在论断真理的时候，他们如诗人们所说，是众人的统治者，是诸王之王。犹太人的立法者本着大胆无畏、敢作敢为的精神，在践行他那所谓的"赤裸裸的"哲学①时，论到那拥有神圣的爱并只敬拜②的人时竟然更加放胆地说他已经从人变成了神，当然，事实上，这是人面前的神，不是天上的神，这样，就把诸王之王、诸神之神的位置留给万有的父③。这样一个获得了如此大的提升的人岂不应该称为完全自由的人，难道还认为他是奴隶吗？虽然凭

---

① 这里"赤裸裸的哲学"可能是指"坦率的"或"直言不讳的"意思。
② to on（the Self-existent）. ——中译者注
③ 见《出埃及记》七章1节："看哪，我使你在法老面前代替神。"

着他自己的能力，他不可能列入神的行列，但他既有神作他的朋友，就必然拥有最大的恩福，因为他的声援者绝不是虚弱的，绝不会忽视朋友的权利，作为忠实的朋友，亲密的伙伴，他时刻关注友谊的权利。再者，拿城邑来说，处在寡头政治或者暴君统治下的城邑就处在奴役状态，因为它们残忍而苛刻的主人迫使它们服于他们的权势之下，相反，那些有律法关心和保护的城邑则是自由的。人也同样如此。那些被愤怒、欲望或其他激情，或者任何阴险的邪恶支配的人，就完全处于奴役状态。相反，凡根据律法来规范其生活的人都是自由的。健全的理性①是一种永远正确的律法，这律法不是刻在这个人或那个人身上，不然，人死了，律法也就消失了；它也不是刻在羊皮纸或板皮上，不然，就像它们一样毫无生命；它乃是由不朽的自然刻在不朽的心灵中，永远不会磨灭。然而，如此清晰地把不同事物区分开来的特点，有些人却视若无睹，甚至宣称说，梭伦律法和莱喀古斯（Lyeurgus）律法足以能够保证世界上两个最伟大的共和国雅典（Athens）和斯巴达（Sparta）的自由，因为凡享有公民权的人都忠心耿耿地接受它们的统治，同时否认健全的理性——它是一切律法的根基——能够把自由给予遵从一切规定和禁令的智慧者。这样的人，我们岂能不对他们的鼠目寸光感到吃惊？

除了以上提到的这些，我们还有一个非常清楚的证明自由的证据，就是所有善人彼此谈论时都是平等的。我们认为，以下这句抑扬诗包含了深刻的哲理：

　　　凡有律法的地方就没有奴隶。

又说：

　　　你若是奴隶，就没有说话的权利。

---

　　①　horphos logos.——中译者注

正如音律使所有懂音乐的人能在平等的基础上讨论音乐，语法和几何律使各自领域中的专家能在同一平台上交谈，同样，人类生活和行为中的律法也使那些精通生活问题的人彼此有类似的平等基础。而善人都是这些问题的能手，因为他们对自然本性方面的所有问题都十分内行。有些善人被公认是自由的，因而凡有权利与这些善人平等交谈的都是自由的。这样推导出来的结论就是，没有一个善人是奴隶，善人皆自由。

8. 按着同样的论证也可以证明愚人就是奴隶。音律、语法和一般意义上的艺术规则，使音盲、文盲以及任何不懂艺术的人不可能在同样基础上讨论音乐、文学以及其他艺术。同样，生活和行为的律法也使那些不懂生活问题的人不可能与专家能手平等讨论和交谈。但这种平等讨论的权利——这是律法所赋予的权利——却给了一切自由的人［善人就是自由人］。在生活问题上，恶人都是外行，而智慧者对此最为擅长，所以结论是恶人没有一个是自由的，他们全都是奴隶。芝诺（Zeno）一直按德性生活，到了登峰造极的程度，他更加强有力地证明了恶人没有与善人在同一层面上讨论。他说："恶人若反对善人，岂不要为此懊悔终身？"因而，恶人没有权利平等地对善人说话。我知道，许多人听了这样的话必会破口大骂，以为芝诺的话显示的是傲慢，而有健全的理性。然而，等他们骂完和笑完之后，如果能深入仔细地研究一番，力图清晰地领会这话的含义，那么就会十分惊异地发现，它说得一点儿也没错，没有什么事能比拒不听从智慧者更令人懊悔。比起邪恶以及邪恶所造成的种种后果，没收钱财，剥夺权利，驱逐出会和令人耻辱的鞭打都是小事，不足挂齿。但是大多数人因为盲目的理性，认识不到灵魂所蒙受的损害有多大，只能感受到外在伤害的痛楚，因为他们丧失了判断能力，而惟有判断力才可能使他们领会心灵所遭受的损害。如果他们能恢复视力，注意到愚蠢所带来的欺骗，胆怯所导致的暴行，一切过度行为造成的麻木迟钝，不公正引起的无法无天，看到自己所拥有的最美好的东西陷入了巨大的困境，他们必悔恨不已，甚至拒不接受安慰，临到他们头上的邪恶实在是太大了。

我们完全可以这样设想，芝诺产生这个思想的源泉就是犹太人的律法书。书上记载了两兄弟的故事，一个智慧而自制，另一个放纵无度；他们两人的父亲出于怜悯也为那没有得到德性的儿子祷告，愿他作他兄弟的奴仆①。在一般人看来，作奴仆是万恶之中的最恶，但他认为对愚拙人来说，这可能是最好的恩惠，因为他既失去了自主性，就不会因为对刑罚毫无畏惧而行悖逆之事，他的性情也会在支配他的主的手下有所改善。

9. 至此，在我看来必然能够证明这一命题的话我都已经说了。但是，正如医生常常用更多的治疗方案来对付多样的疾病，同样，如果我们提出的命题，由于不为人熟悉，被认为自相矛盾，我们就有必要使用一系列的证据证明它。显然，有些人只有在不断地拿有力的证据向他证明的情况下才可能明白我们的观点。因而，以下的论证很能说明问题。凡理智行事的人，总能行得好；凡行得好的人，总能行得正当；凡行事正当的，所行的事也必是没有瑕疵、没有错误、无可指责，没有害处，因而，这样的人必有能力做任何事，必能按自己的愿望生活；凡有这样力量的人，必是自由的。而善人总是理智地行事，所以，惟有善人才自由。同样，凡不能被强迫做任何事，也不能被阻止做任何事的，不可能是奴隶；而善人既不可能被强迫，也不可能被阻止，因而善人不可能是奴隶。善人既不能被强迫也不能被阻止这一点显而易见。当人得不到想要得到的东西时，他才是被阻止的，而善人想要的就是源于德性的，他本人就由这些东西构成，所以他不可能得不到。人若是被强迫，说明他的行为与意愿相背。任何

---

① 《创世记》二十七章40节："你必侍奉你的兄弟。"

行为要么出于德性的义行，要么出于邪恶的恶行，也可能是不义不恶的行为。善人行义当然不是出于强迫，而出于自愿，因为他所行的一切都是他认为有利的值得行的事。恶行就是必须避免的事，他绝不会去做。在无善无恶的事上，他自然也不是在强迫下做。对这些事，他的心灵训练有素，就像立在天平上，保持不偏不倚，既不承认它们力量大而顺服它们，也不认为它们可恶而反感它们。由此可以清楚地看出，他从来不做自己不愿做的事，从来不做被迫做的事；倘若他是奴隶，就必然是被迫的，由此可以推出，善人必是自由人。

10. 但在那些与缪斯（Muses）几乎没有接触的人中间，有一些人无法领会逻辑推演的方式，只能基于种种现象得出一般结论。这些人常常会问："你所设想的这种人过去有谁呢，现在还活着的又有谁呢？"比较好的回答就是，在古代，有过这样一些人，他们在德性上超过同时代人，把神看作他们惟一的向导，按照自然的健全理性之法生活，不只是自己享有自由，还把自由的精神传播给邻人。同样，在我们的时代，仍然有这样的人。可以说，他们是根据圣贤的大德所提供的原型塑造出来的。我们不能说，既然拒绝者的灵魂失去了自由，受制于愚拙和别的邪恶，那么人类也是这样。善人并不是成群结队地出现的，这也不足为奇。首先因为至善的样本总是极为罕见，其次因为他们总是避开比较愚蠢的大众，使自己能自由地沉思自然的本来面目①。他们的祈望是，如果可能，他们愿意努力改革别人的生活方式，因为德性原本就是为众人谋福利。但由于诸城里暴行肆虐，灵魂里激情和邪恶力量聚集，所以他们仓皇逃离，免得自己也被这横行的力量卷走，如同被汹涌的浪涛卷走。至于我们，我们如果对良善

———————————

①　关于善人的稀少和远离人群的特点参见 *De Mut.*《论更名》34—38 节，那里的论述与经文"以诺就不见了"有关。

有一点点热情，就当到他们隐藏的地方去追寻他们的足迹，坐在他们面前，恳求他们，劝他们加入到我们中间，教化我们，使我们脱离兽性，过有德性的生活，以和平、自由和其他丰富的恩福取代战争、奴役和一系列祸害恶行。事实上，我们为得钱财彻底搜索每个角落，挖开地上的每条矿脉，为得到金银铜铁以及诸如此类的东西，大部分低地、多数的高地都被开采殆尽。愚蠢的思维方式把虚枉的东西视为神圣，潜入到海底东寻西找，看是否有某种悦人耳目的珍宝藏在其中。当它发现了某些另类的多彩宝石，有的黏在岩石上，有的嵌在贝壳上（这种价值更高），就对这种供人娱乐的玩物极尊敬之能事。但是对于智慧、自制、勇敢、公正，既不曾在陆地上搜寻过，就算大路条条、行走轻松，也不去寻求；也没有在海里探索过，尽管许多船长每年夏季都在海上航行。其实，寻求德性何须在地上远足，在海上远航，它们的造主已经把它的根基立在我们附近，就如犹太人的立法者所说的："在你口中，在你心里，在你手上"，从而用比喻的话指明，它就在我们的话语、思想和行为上①。当然，所有这些都需要栽培者的技能。那些懒散成性，不愿劳作的人，不仅妨碍生长，还使根须枯萎和死亡。而那些认为懒惰行为有害，愿意劳作的人，就像农夫一样对待优质幼苗。他们通过不断地细心培植，使德性长出杆子，直升上天，幼树开出永不凋谢的花，结出并不断结出快乐的果子，或者如某些人所认为的，与其说结出的果子是快乐的，还不如说快乐就在它们自身里面。摩西常常用一个深奥的词来称呼这些事，称之为全果。就地里发出的树来说，既不是树长出果子，也不是果子生出树，其实是在灵魂的平台上，智慧、公正、自制的幼树完完全全变成了果子。

　　11. 既然我们里面有如此的潜能，那我们怎能指责人类没有

---

① 　这一整节都基于《申命记》三十章 11 至 14 节。

的智慧呢？这不是可羞愧的吗？智慧只要有一点点，扇子就可能
把它煽成耀眼的火焰，就像木柴中焖烧的火星一样。然而，这些
原本是我们应当孜孜以求的，与我们紧密相关的，对我们如此真
实的东西，我们却对它们全无热心，漫不经心，漠然以待，终于
使德性消失在萌芽状态。而那些要说有什么长处就是缺乏的东
西，我们却永不满足地孜孜以求。结果，地上海里全是富裕的
人，有名的人，享乐的人，而智慧的、公正的、良善的人却为数
很少。这小群体虽然人数极少，但绝非完全不存在。我们有根有
据，不仅有希腊人的例子，也有希腊之外的其他地方的例子。希
腊曾活跃过圣贤，著名的有七贤，我们完全相信，在他们之前和
之后还有其他圣贤存在，只是时间古远，记忆逐渐消失于岁月的
流逝，至于那些生活年代较近的人，由于他们同时代人的普遍疏
忽，记忆也渐趋模糊了。

　　在外面的世界中，有许多人以言语和行为传播着信息，其中
我们发现大批具有最高德性的人。波斯人中有东方三博士
（Magi），他们默默研究自然，获取真理的知识，通过比言语更
清晰的异象，给出并接受圣善的启示。在印度，有天衣派信徒
（Gymnosophists）①，他们研究伦理哲学和物理哲学，他们的全部
生活就是德性的展示。

　　12. 巴勒斯坦的叙利亚也产生了高尚的道德典范。这个国家
住着很大一部分犹太人，如所记载的，其中包括艾赛尼人
（Essenes），人数超过四千。我想，他们的名称是希腊词 hoiotes
的变体（虽然这希腊词形式不是十分精确）。之所以这样称呼他
们，是因为他们的所作所为表明他们特别虔诚地侍奉神，不仅提
供活物作祭，还立意使自己的心灵成为圣洁。关于这些人，第一

---

　　①　天衣派形成于公元 1 世纪，为印度耆那教派别之一，认为耆那教徒不应有私
财，只能以天为衣，重苦行，靠乞食为生。——中译者注

件值得一提的事就是，他们离开城邑，定居乡村，因为有一些罪恶已经在城市居民中间根深蒂固、无法根除。他们知道，与这样的人相处会对自己的灵魂产生致命的影响，就像传染病通过空气传给别人。他们中有些人在地里劳作，有些人则从事能与人和平合作的手工艺，这样利己又利人。他们聚藏金银、谋取大片田地不是为了从中获取大量收入，而是为了保障生活必需品的供应。他们在整个人类中几乎是鹤立鸡群，因为他们之所以变得身无分文，上无片瓦、下无寸土，不是命运不济所致，而是他们故意放弃钱财土地使然，所以他们被尊为最富有者，因为他们把俭朴和满足看为最大的财富，事实也确实如此。至于飞镖、标枪、匕首，或者钢盔、胸铠、盾牌，你找不到他们中有一人从事这些东西的制造。总而言之，任何人都不会去生产武器、兵工器械，任何与战争有关的工业，就算是与战争无关的行业，只要有可能使人陷入邪恶之中，他们都不会去沾染。他们没有任何商业概念，无论批发，零售，还是海运，凡能引发贪欲的刺激物，统统被消除，失去势力。他们中也找不到一个做奴仆的，所有人都是自由人，彼此交换服务；他们指责拥有奴隶的主人，不只是因为奴隶主违背了平等的律法，这是不公正，还因为他们废除了大自然的规章，这是不虔诚。要知道，大自然就像是母亲，同等地生养众人，使他们成为真正的兄弟，不只是名义上的，而是实质意义上的，但是由于邪恶的贪婪得了胜，这种亲密关系陷入了混乱状态，疏远代替了亲密，仇恨代替了友谊。至于哲学，他们抛弃逻辑学中吹毛求疵、咬文嚼字的部分，认为那对获得德性毫无帮助；摒弃物理学中幻想式的空谈，认为那是人的本性无法掌握的，只保留讨论神的存在和宇宙的创造那部分哲学①。但他们非常勤勉地研究伦理学部分，把先祖的律法看作是他们的教练，因

---

① 这是斐洛常常提到的哲学三分法。详尽的论述见 *De Agr.* 《论耕作》14 ff.

为这样律法若非受圣灵感动，光凭人的心灵不可能构想出来。

他们一有时间就学习这些律法，尤其是在第七天的时候，因为这一天是专门留出来保守圣洁用的。在这一天，他们放弃一切工作，进入神圣场所，就是他们所称的犹太会堂。在会堂里，他们按年龄大小排列，小的坐在下排，大的坐在上排，一个个正襟危坐，侧耳倾听，与这特定的场合极为相配。然后，有一人拿起圣书大声诵读，还有特别精通的另一人站出来诠释不明白的经文。他们的大部分哲学都通过比喻形式学习，并在这种理解上效法古人传统。他们训练虔诚、圣洁、公正、作为国民和公民的正当行为，认识什么是真正的善，什么是真正的恶，什么又是非善非恶的中性，怎样选择应做的，避免不应做的，把三种爱作为他们界定事物的标准，即对神的爱，对德性的爱，以及对人的爱。他们对神的爱通过大量证据表现出来：贯穿终生从不间断的宗教之洁净①，禁止诅咒，说话诚实，相信神就是一切善事之源，在他没有任何恶事。他们对德性的爱表现在：不爱钱财、名誉、享乐，保持自制、忍耐，还有生活节俭朴素，容易满足，谦虚谨慎，尊重律法，坚韧不拔，以及种种诸如此类的品质。他们对人的爱体现在仁爱、平等观念和友好精神。这些都无须用语言描述，当然稍稍描述一下也必不会显得不恰当。首先，没有一个人的家是他自己的家，这意思是说，任何人的家都是与众人分享的；事实上，他们都共居一室，组成一个共同体。另外，凡有其他地方的人来拜访，他们的门也总是敞开，与人分享他们的信仰。

再者，他们只有一笔财富，也共同支出；他们的衣服共同拥有，食物也由公共食堂供应。我们实在找不出还有另外的团体能像他们那样在现实生活中坚定地遵循同吃、同住、共同生活的原

---

① 即仪式上要求的洁净，避免污秽，与通常的生活中的纯洁有区别。

理。那还只是人所能想象得到的。另外，他们每天挣来的全部工资都不留作私人财产，而是放进公共的储蓄罐中，大家各取所需。病人不会因为没有贡献就被忽视，公共财库里预备的钱财足以支付他们治疗的开支。对待老人，他们也像亲生儿女对待自己的父母一样，不失尊敬和关爱，使他们可以从无数的手和无数的心得到充足而慷慨的供给，安享晚年。

13. 这就是追求德性的运动员的哲学实践。他们这种哲学朴实无华，不卖弄希腊文辞藻，这种哲学要求学生身体力行，把哲学理论付诸于可赞美的行为，由此，那永不能被奴役的自由就得以坚固地建立起来。我们举一个例子。许多有权势的人虽然是在各不相同的情形下升到统治国家的位置的，但在本性和行为方式上可以分为两类。一些人嗜血成性，残忍胜过野兽，达到无以复加的野蛮程度，没有哪种酷刑他们不曾试过。他们成批地屠杀臣民，或者像厨师宰杀牲畜一样，把人活活地切成肉片，撕毁肢体，在法官到来之前不会住手；就算有考察民情的法官前来调查，也改变不了苦难和灾情。另一些人则把这种疯狂的嗜好转变成另一种形式的凶残。他们的行为表现出刻骨仇恨，但他们的言语却镇定自若，只是温和语言不能掩盖他们狼子野心。他们表面上摇尾乞怜像群猎狗，暗地里却放出毒汁，造成难以弥补的损害，留下全城的受害者苦不堪言，可见他们邪恶和无情之极。然而，这两种人，无论是极端残忍的那类人，还是十足奸诈的伪君子，都不能对这里所描述的艾赛尼人或圣洁会众有任何指责。他们无法抗拒这些人的高贵品质，不得不视他们是自治的，本性自由的人，称颂他们的公餐制和那种无以言喻的友爱之情，这乃是完全和极乐生活的最明显见证。

14. 然而，有些人认为大规模的德性不可能完全，无论它们怎样发展和提高，到了一定程度都会停滞不前。有鉴于此，我们必须引用一些个别善人的例子作为证据，清楚地证明自由的存在。卡拉努（Calanus）是印度土生土长的天衣派信徒，因拥有比同时代人更大的忍耐，并把德性付诸于实践而受到普遍尊敬，不仅他的本国同胞尊敬他，其他种族的人也是如此，更为非同寻常的是，甚至敌国的君王也不得不尊敬他。因而，当马西多的亚历山大（Alexander of Macedon）想要向希腊世界展示野蛮人的智慧典范——就像原画的一个摹本——就力邀卡拉努与他一道从印度出发游历全球，指望在整个亚洲和欧洲赢得美名。当他的请求被拒绝之后，他宣称他会强迫他与他同行。卡拉努的回答既显得高贵，又显得贴切。"我若是被迫去做我不愿意做的事，那么亚历山大，我还有什么值得你向希腊人炫耀展示的？"这话多么坦诚，更包含了自由的思想。但比这话更为永久的是他写下的信，留下了一种不可能被奴役的精神的明确标记。他写给亚历山大的信是这样写的："卡拉努致亚历山大：你的朋友劝你用暴力强迫印度的哲学家。这样看来，你的这些朋友从来不曾见过、连做梦也不曾想过我们的所作所为。你可以强迫身体从这个地方到那个地方，但是灵魂，你不可能迫使它去做它所不愿意做的事，不然，就无异于强迫砖头或木头说话。火能引起极大的灾难，毁灭活体；我们有过之而无不及：我们活活自焚①。只要是我们不愿意做的事，任何国王，哪个统治者都不能强迫我们去做。我们不同于那些希腊哲学家，他们总是在节日聚会上发表演讲，在我们，怎样说就要怎样做，言行必须一致。我们的行为很快会过去，我们的话语也只有暂时的力量，但德性能保证我们得到恩福和自由。"

这样的声明，这样的论断，足以使我们想到芝诺的格言："除非你把充满气的气囊沉入水底，不然，你不可能强迫义人违

---

① 参见 *De Abr.*《论亚伯拉罕》182 节，其中讲到，天衣派教徒一进入老年就自焚而死。据说卡拉努就是这样结束生命的。

背自己的意志行他不愿做的事情。"那样的人有健全的理性，还有坚定的原理，绝不会屈服或者认输。

15. 义人的自由还有诗人和散文作家作证。在他们看来，希腊人和化外人一样都是从摇篮里长大的，都获得品德上的提高，虽然由于某种错误的培养和生活方式，他们心里的硬币成色有所降低，但渐渐地又重新把每一点金属都补刻回去。比如，在欧里庇得斯的戏剧里赫拉克勒斯（Heracles）说过：

> 烧我吧，你可以烧毁我的肉，喝干我的黑血；除非天上的星辰落到了地下，大地升到了天上，你才能从我嘴里听到奉承谄媚的话语。①

一点儿没错，摇尾乞怜，阿谀奉承，遮遮掩掩，都是言不由衷，所说与所想相互矛盾，这样的人就完全处于奴役状态。自由的言说则是真诚的，不带一点杂质，是从纯洁的良心涌现出来的，与高贵的出身吻合。

我们再来看看，以上这人（即赫拉克勒斯）就是在被贩卖的时候，看上去也没有一丝委琐神色，反倒使观看者感到敬畏，觉得他不仅自由，还可能成为买他的人的主人。② 比如，在回答赫拉克勒斯是否卑微的问题时赫耳墨斯（Hermes）说：

> 卑微？远非如此，恰恰相反，他的举止端庄高雅，没有一点儿自贱自惭，也不像奴隶那样堆积多余的脂肪，显得臃

---

① 这是斐洛第四次引用这段话了，另外三次分别在 *Leg. All.*《寓意解经》iii. 202，*De Jos.*《论约瑟》78 及本文 25 节。

② 这是出自欧里庇得斯的某个羊人剧（Satyric drama）里一段话，显然与阿波罗多洛（Apollodorus）的版本有点儿出入，在那里，赫拉克勒斯因为杀了伊菲图斯（Iphitus），必须为自己的罪行受罚做三年苦力，所以就被赫耳墨斯卖给奥姆法勒（Omphale）。他在做奴时期，又杀了绪来乌斯（Syleus）。因为后者常常强迫外来人开垦他的葡萄园。

肿难看，他的形体是多么整洁敏捷，他能挥动一根棒。

对此另一人回答说：

> 谁愿买一个比自己更强的人，带回去做家里的主人？对你看上一眼，就会使人害怕，你的眼里充满了火，你看上去就像一头公牛，观察着狮子的进攻。

接着他又说：

> 尽管你什么也没说，但你的表情足以证明你是不会顺服的——你的专长是下令，而不是受令。

后来塞勒乌斯（Syleus）买了他，把他派到地里干活，但他的行为表明，他的本性没有一点奴性。因为他杀了畜群里最健壮的公牛，象征性地祭了一下宙斯之后就独自饱餐，然后又拿出大量酒来，非常惬意地躺在那里痛饮美酒。塞勒乌斯赶来之后，非常气愤，既为损失了财产愤怒，也对仆人如此悠闲自得又极其桀骜不驯的行为愤怒，但赫拉克勒斯脸不改色心不跳，也不改变一下姿势，收敛一下行为，反而极为大胆地说：

> 躺下来，让我们来喝一杯，试一试谁能喝不醉，是你，还是我？

我们要怎样描述他与主人的关系？他究竟是仆人，还是主人？他不但敢享受这些自由，甚至向他的主人发布命令，如果他拒绝，就要击倒他，踢翻他，如果他叫别人帮忙，就把他们一并歼灭！这样说来，可以肯定的是，这些所有权证书（卖身契），记载着所谓的买卖关系，其实只是一个笑柄和废物，一旦契约上所立的被卖之人有更大的力量把它们踩在脚下，它们就连白纸都不如，注定要彻底毁灭，不是被虫子咬碎，就是被时间磨破，或者发霉腐烂。

　16. 不过，某个反对者会说，把英雄的成就拿来作为证据，这是不公平的；他们与奥林匹斯山上的诸神（the Olympians）较量，有神的血统，是人与不朽的种子结合生育出来的，完全可以称之为半神，因为他们身上属人的部分已经被属神的部分控制了，所以他们能对那些图谋奴役他们的人嗤之以鼻，并没有非同寻常之处。确实如此！但阿那克萨库斯（Anaxarchus）或埃利亚的芝诺（Zeno the Eleatic）怎么样呢？他们岂是英雄或者诸神的后代？但他们在残忍成性的暴君手上仍然从容不迫、镇定自若，似乎他们所裹着的身体不是自己的，倒是别人的，甚至是仇敌的，他们的镇定自然激起暴君们的恼怒，引发更大的暴行；尽管这些暴君绞尽脑汁想出种种奇异古怪甚至可谓巧妙绝伦的酷刑来折磨他们，他们仍然岿然不动，鄙视种种恐怖的酷刑，蔑视以对。因为他们一开始就借着对知识的爱使灵魂习惯于高高升起，脱离激情的干扰，信靠修养和智慧，所以他们能使它远离身体，以智慧、勇敢和其他德性为家。正因为如此，当芝诺被绑在车轮上、要他说出不可说的秘密时，他表现得比世上最强大的东西即火与铁还要强大。他咬碎自己的舌头，吐在施暴者脸上，免得在酷刑下无意识地说出那为守道义而不能说的秘密①。阿那克萨库斯所说的话表现出最坚韧不拔的忍耐。他说："你可以碾碎阿那克萨库斯的皮肉，但你不能碾碎阿那克萨库斯。"② 这些例子表现出真正的勇气和反抗精神，其价值恐怕远远胜过英雄们世袭的高贵品质。英雄们的荣耀属于他们的出身，不是出于他们自己的选择和意志，而哲学家们的荣耀则仰赖于德性的成就，是他们自由选择的结果，可以说，这些成就使那些真诚地实践德性的人成

---

① 在第欧根尼·拉尔修 ix. 27 里也讲述了芝诺的这个故事，另外还有阿那克萨库斯的故事，同上书，59。

② 这个故事见第欧根尼·拉尔修 ix. 59，那里讲到被碾碎的东西时用的词是 thurakos 即"包"或"袋"。这意思是指，身体就是包着灵魂的袋子，这里也可能是指这个意思，而不是字面理解的"皮肤"的意思。

为不朽。

17. 我知道许多拳击手和摔跤运动员，他们雄心勃勃，切望胜利，就算身体已经软弱无力，仍然鼓足勇气，继续努力拼搏，帮助他们的没有别的，惟有灵魂，他们的灵魂已经习惯鄙视困难，在这样的灵魂支撑下，他们能坚持到最后一口气。这样看来，既然那些训练体力的人都能克服死亡的恐惧，——不论是出于对胜利的渴望，还是为了避免叫人看见自己被斗败的下场——那么那些训练内在不可见的心灵的人，名副其实的人，住在感官所感知的形式里面的人，就是那些以哲学的话语和德性的行为训练心灵的人，我们岂能说他们不愿意为自由而死，从而带着鄙视任何奴役的精神完成他们规定的人生旅程？据说在一场神圣比赛中，有两个运动员旗鼓相当，势均力敌，一个进攻，另一个必回以同样的反击，他们谁也不让谁，直到最后双双倒下死去。"噢，你自己的英勇无畏必将你毁灭"①，这话正适用于这样的人。所以，可以肯定，若说为野橄榄枝或伞形花编成的花冠而死是竞技场上运动员的荣耀，那么为自由而死岂不是智慧者的更大荣耀。一点儿没错，对自由的爱根植在灵魂深处，与其他任何东西都不同，它不是作为偶然的附件，而是灵魂最本质的部分，所以这爱若是被切除，那结果必然是整个系统都遭受重创。考察具有高尚品德典范的学生们歌颂拉哥尼亚男孩（Laconian boy），他拥有一种不容受奴役的精神，这种精神可能是他种族特有的，也可能是他自己的本性赋有的。这男孩被某个安提贡涅（Antigonus）人②俘虏之后，只接受自由人所做的工作，拒绝奴役性的工作，声称他不会成为奴隶。尽管他年纪尚小，还没有得到莱喀古斯律法的干粮，未谙其精义，但就其所了解的有限的知

① 《伊利亚特》vi. 407.
② 安提贡涅（Antigonus Doson），*Sparta*《斯巴达》。

识，他认为死是比他眼前这种毫无价值的生更快乐的事。在解救
无望的情况下，他欣然选择结束自己的生命①。另外还有特洛伊
（Dardanian）妇人的故事，他们被马其顿人（Macedonians）俘虏
后，认为奴役是最可耻的事情，于是就把她们正在哺育的孩子扔
进河的最深处，说："至少不能让你们成为奴隶，趁着你们还没
有开始悲惨的生活，缩短你们的寿命，使你们还能自由地踏上黄
泉之路，这是每个人都必然要走的路。"② 在悲剧作家欧里庇得
斯的笔下，波吕克塞娜（Polyxena）③ 也是个对死亡考虑很少，
对自由想得很多的人，她说：

> 我情愿死，那样就没有人会碰我的肉体；我要真心诚意
> 地说，以上天的名义，让我自由，然后杀了我，好叫我至死
> 自由。

18. 你看，连女人和小孩——前者天生缺乏理性，后者年龄
太小无力保持自己的安全——都如此深爱自由，为使自己不失去
自由，宁愿立即求死，好像死是一种永恒，那么我们岂能说，那
些畅饮智慧之纯酒的人是不自由的？他们恰恰是最自由的，因为
他们心里有一个大无畏的快乐之泉，没有任何邪恶的力量征服过
它，因为主权和王位乃是它永远的权利。

的确，我们听说过有人为保卫自己的自由，同时维护他们对
死去的恩惠者的良好信念，不惜自灭满门。这就是克西人
（Xanthians）近年来传诵的故事。当暗杀尤利乌斯·凯撒（Julius
Caesar）的一个凶手，也就是布鲁图斯（Brutus），带领一支人马

---

① 塞涅卡（Seneca），*Ep.*《书信》77 节也讲述了这个故事。根据塞涅卡，他
是撞墙自杀的。

② 这个故事的出处不明。

③ 特洛伊国王帕里亚（Priam）之女，应阿喀琉斯（Achilles）亡灵的要求献祭
被杀。——中译者注

向他们进发的时候，他们畏惧的不是他们的城池会毁灭，而是担心自己受制于一个杀人者。这人杀了自己的首领和恩公，凯撒原本既是他的首领，也是他的恩公。只要他们还有力量，就顽强抵抗，所以，一开始他们作出了强有力的反击，后来，尽管他们的人数逐渐减少，但仍然坚守岗位。但是当他们竭尽全力，再也无力回天之后，就把女人、孩子和父母赶回各自的家里，把他们全都杀死，然后把尸体堆在一起，用火焚烧，最后把自己也杀死在火堆里。由此，他们在一种自由而高贵的决心的激励下，成全了作自由人的必要条件。这些人为了逃避暴虐的敌人的冷酷无情，选择光荣地赴死，不愿苟且偷生。另一些人则效法赫拉克勒斯的勇气，在环境允许的情况下勇敢求生，耐心忍受，同样表明自己超越于欧律斯特乌斯（Eurystheus）所强加的工作之上。犬儒派的哲学家第欧根尼就是这样的人。他的心灵如此伟大，如此高贵。当他被劫匪掳掠，只能勉强吃一点点食物的时候，仍然镇定自若，不为眼前困境所动，毫不畏惧于那些掌握他命运的人的残忍。"这是多么荒谬啊"，他说："小猪和羊羔在临售之前尚能得到精心喂养，保证它们长得肥肥壮壮，惹人喜爱，而最高等的动物人却因缺吃少喝，长期没有营养，瘦得皮包骨头，结果只能卖个低价。"①后来，他得到了适当的食物补贴。当他即将与其他俘虏一起被领到市场上时，坦然安坐，兴致勃勃地就餐，还把食物分给他周围的人。他们中间有一个人无法随遇而安，确切地说，神态极为沮丧，于是他说："不要这样垂头丧气，凡事要往好的方面看，

> 就连金发的尼伯（Niobe）也想吃饭，
> 尽管她已经在歌剧场里失去了十二个儿女，
> 六个儿子，六个女儿，个个都是青春年华。"②

---

① 见 37 节。
② *Il.*《伊利亚特》xxiv. 602 ff.

后来，一个有意买他的人问他有什么特长，他十分大胆地说："擅长治理人"，这回答显然发自他里面的灵魂，表明了自由、高贵和天生的王者风范。另外，我们还看到，在众人都为之忧郁和沮丧的环境里，他以一贯的放肆制造诙谐。比如，他看到买主中间有一人嗜好女人味，全无男子汉气概，就走到这人面前，说："你应该把我买了去，因为在我看来，你需要一个丈夫。"这人听了这话，良心大受震动，深感羞愧，就悄然退下。其他人对他的勇气和机敏的戏谑都惊异万分。对于这样的人，我们能用奴役或者其他词语而不是用自由这个词语来形容吗？

他的自由言论被卡依瑞斯（Chaereas），一个有教养的人效仿。当卡依瑞斯住在埃及的亚历山大里亚（Alexandria）时，曾惹怒托勒密（Ptolemy）国王，后者用极其恶毒的话语威胁他。卡依瑞斯认为自己天生的自由一点儿也不比那人的国王身份低下，所以他回应说：

> 你虽是埃及国王，我却毫不在意，你的忿怒何足挂齿。①

高贵的心灵都有王者气质，它的光辉不是贪恋财富的人所能遮挡。正是这种气质使他们力求与那些具有最高权威的人站在平等的起点上，并以自己的自由言论抗拒傲慢。

有一个故事是讲塞奥多瑞斯（Theodorus）的，他的别名是无神论者。他被驱逐出雅典之后，来到了吕塞马库斯（Lysimachus）这里。一个权贵质问他的到来，指出他之所以逃到这里，是因为他被定为无神论者和败坏青年的人而遭驱逐。他回答说："我是被驱逐的，但我与宙斯（Zeus）的儿子赫拉克勒斯遭受的命运相同，他也被阿尔戈号船员（Argonauts）扔出船外，不是因为他做了什么错事，而是因为惟有他本人是足以使船

---

① *Il.* 《伊利亚特》i. 180 f.

超载的货物和压舱物，这使其他船员恐慌，担心船舱进水失事。我被迫离开自己的家乡，也是也于同样的原因，因为雅典的政治家无法跟上我高远而宏伟的理智；另外，我也是嫉妒的对象。"吕塞马库斯又问："那驱逐你是出于对你的嫉妒吗？"他回答说："不，不是因为嫉妒，而是因为我的天资太卓尔不群，这为我的国家无法容忍。正如塞默勒（Semele）怀狄奥尼索斯（Dionysus）的时候，难以承担腹内胎儿的重量，直到分娩的时候，宙斯惊愕地从她的肚腹里取出早产的胎儿，把它列为天上的诸神之一，我也是这样。我的国家太小，无法容纳这样一种宏伟的哲学思想，某个低级或高级的神就让我离开那里，决意让我转移到一个比雅典更有利的地方。"

19. 智慧者的自由，与人的其他所有美好恩赐一样，也可以在非理性的动物身上体现出来。公鸡就常常勇敢无畏地格斗，就算体力不占优势，但勇气可嘉。它们绝不会屈服和退缩，而是格斗致死。雅典名将米泰亚德（Miltiades）对此深有观察。当波斯王征集全亚细亚的精兵强将，带领百万雄师跨入欧洲，企图不战而胜，吞并希腊的时候，米泰亚德就在泛雅典娜节（the Panathenaea）上召集他的人马，让他们看公鸡格斗，相信这一场景必能产生语言所不能的煽动效果。他的判断没有错，当他们看到非理性的受造物都表现出这种不可战胜、致死不渝的英勇和忍耐品质时，备受感动，拿起武器就冲上战场。遇到这样的对手，敌人只能是尸横遍野；他们不惧伤害，不畏杀戮，只想保家卫国。如果他们倒下了，至少他们脚下的国土还能自由。没有什么能像那些比我们人卑微的受造物产生如此大的向上动力，使人取得出乎意料的成就。悲剧作家伊翁（Tragedian Ion）也在下面的话里提到了公鸡格斗的事：

> 身体受到重创，双眼都已变瞎，
>
> 他重整旗鼓，鼓足勇气，虚弱不堪了仍然啼鸣不已，

因为他宁死也不受奴役。

既如此，那我们岂能不认为智慧者最高兴的是选择死亡，而不是受人奴役？如果说年轻而天资极高的灵魂在德性的比赛中竟然输给鸟类，屈居第二，并且还是勉强为之，那岂不是全然乱套，哪还合乎理性？

　　对每个稍有文化的人来说，这是众所周知的真理：自由是可敬的，奴役是可耻的；可敬的都与善人相关，而可耻的总与恶人相连。因此，可以清楚地推出，凡真正高贵的人，没有一个是奴隶，尽管受到一大串所有权要求者的威胁——他们造出契约来证明自己的主人身份；也没有一个愚拙的人是自由的，就算他是大富豪、大财主、某个弥达斯（Midas，能点物成金的人），或者帝王本人。

　　20.① 自由是可贵和可敬的，奴役是可恶和可耻的，这一理论得到许多城邑和国家的证明。这些城邑和国家都比较古老而持久，对可朽的人来说，也可以说是不朽的，对不朽者来说，他们的每一句话都是真的，这是他们存在的一条法则。元老院和公民大会几乎每天聚在一起，讨论得最多的就是如果他们已经拥有自由，该如何巩固；如果还没有拥有，该怎样获得。希腊与外部世界一直处在国与国之间的结仇和战争之中，为了什么目的？不就是为了避免奴役，赢得自由吗？所以，在战场上，无论是军长，团长，还是连长，在劝勉士兵和鼓动士气时基本上使用这样的模

---

① 137 至 143 节。这几节里，斐洛似乎抛弃了自己的理论，转而接受公众的自由、奴役观。一般人认为，奴役是万恶之最恶，使人丧失参加雅典宗教仪式的资格，不能在阿尔戈号上服务，但根据本文所宣讲的理论，这种奴役并不是对智慧人的奴役。可以说，如果一般的自由被认为是美好的，那哲学意义上的自由就更是美好的——雅典人的庆典上和阿尔戈号上把通常意义上的奴隶排除在外，这确实不经意地教导了这样的真理："自由"人可能干着卑微的粗活，但一点儿也没有失去真正的自由。不过，那些思想只是暗示在里面的。

式："士兵兄弟们，奴役是万恶中最可恶的，我们必须赶走它。自由是人最宝贵的恩福，我们绝不能失去它。自由乃快乐的源头和泉源，一切其他益处都是从它流出。"我想，也正是出于这样的原因，雅典人，希腊人中最富理智的人——因为雅典之于希腊，如同眼球之于眼睛，理性之于灵魂——在为纪念可敬的女神①而举行庆祝游行时，不许奴隶进入队伍，只雇用自由的男女施行各种庄严仪式。这样的选择不是偶然的，正是表明他们热切地追求纯洁无瑕的生活。出于同样的原理，宴会的面包必须由经过严格选拔的年轻人定制，而这些人也把这项工作看作是尊严和荣耀，事实就是如此。不久前，有几个演员在表演一出悲剧，背诵了欧里庇得斯的诗：

> 自由的名字值得整个世界；
> 人若少有自由，就当多思想自由，

我看到全场观众都激情澎湃，难以自抑，乃至一个个高高地站立起来，敞开嗓门发出阵阵欢呼喜叫，赞美的格言和诗句混合，盖过了演员的歌唱。他们不仅赞美自由所包含的内容，就连它的名字也被由衷称颂。我也敬佩阿尔戈英雄，他们的船员全都由自由人组成，不接纳奴隶，甚至那些必须做的粗活也不雇用奴隶，只欢迎自由的姐妹提供服务。但愿我们能在聆听诗人（的诗篇）中得称为义——为什么不能呢？他们是我们终身的教导者，父母在私人生活中教导自己的孩子智慧，他们在公共生活中教导他们的城邑智慧——我得说我们是相信他们的，甚至相信"阿尔戈号"，就是伊阿宋（Jason）率领的船只，富有理性和灵魂，充满自由之爱的存在，也不愿让受缚的奴仆上到她身上。所以，埃斯

---

① 得墨忒耳和帕尔塞福涅（Persephone）。前者是农神和丰产女神，婚姻和女性的庇护者；后者是宙斯与得墨忒耳之女，后被冥王劫持娶为冥后。——中译者注

库罗斯（Aeschylus）论到她时说：

　　阿尔戈号的神圣响声在哪里？在于说话。①

对某些人的威胁姿势和恐吓语言，智慧者完全视之等闲，像长笛表演家安提戈尼达（Antigenidas）② 那样回答他。有一个专业对手愤怒地向他吼叫，他就非常机智地回答那人说："我要把你买回家，这样，我就可以教你怎样演奏。"同样，高贵的人可以告诉他未来的买主："你买了我去，我就可以教你学会什么是自制。"如果有人以驱逐相威胁，就可以说："每块地都是我的祖国。"如果以失去钱财威胁，就可以说："一般的生活水平足以使我满足。"如果拿拳头甚至死亡威胁，就可以说："这些吓唬小孩子的吓不倒我。我并不比拳击手或摔跤手逊色，他们只看见真正德性的暗淡影子，因为他们只培养了身体上的强壮，而我在两方面都接受了勇敢的训练。我里面支配身体的心灵充满勇气，斗志昂扬，精神振奋，足以承受并且战胜任何痛苦。"

　　21.［因此，我们必须小心，免得带回这样一种野兽，它不仅力大无穷，而且在它恐怖的外表后面，还显示出不屈不挠的可怕本性。］③

---

　　① 这是指这样一个传说：雅典娜（Athena）在阿尔戈号的船头插入了一块会说话的多多那（Dodona）橡树板。见阿波罗多洛（Apollodorus）i. 9. 19，他提到了这块板说的两次话，其中一次就是抱怨说赫拉克勒斯使它超载，见128节。
　　② 安提戈尼达是著名的忒拜（Theban）音乐家，约活动于公元4世纪。
　　③ 显然，这一节放在这里不可能是没有意义的。玛塞比亚（Massebieau）提出这样的理论，32至40节应当接在146节之后，147节之前。从现在的32至40节看来，它们的相关性不是十分清楚，但在我看来，要是插在这里来，还是比较突兀的。147节与40节究竟有什么关联呢？40节讲的是狮子是拥有它们的人的真正主人，从中引出的道德教训是，智慧人更是真正意义上的主人。如果接着警告人不要买狮子，那显然是极为不当的。出于什么样的偶然原因把它插到这里来，这是无谓的猜测。不过，它很可能是属于某个专题讨论的，其中把包藏情欲比作收养野兽。这样的一个探讨很可能会出现在姐妹篇"that every fool is a slave"《愚人皆奴隶》的某个地方。

用作圣所的地方常常为受缚的奴仆提供避难所，使他们安全得到保障，可以放胆言论，就好像他们与其他人拥有同样的权利和特权。我们可以看到，那些祖祖辈辈不知道从哪一代开始就沦为奴隶的人，当他们坐在圣殿里作为恳求者时，就能自由自在地高谈阔论，全无一点儿畏惧之心。有些人不仅显得与人平等，在与自己的主人讨论公正问题时还表现出精力过人、神情傲慢。因为作主人的，不管出身何等高贵，完全有可能因为受到良心的责备而沦为奴隶，而恳求者，既在不可侵犯的圣所中得到了身体上的安全保障，就在灵魂上展现出自由和高贵的品质①。事实必是这样，否则，若有人认为虽然这些地方给人勇气，能自由说话，但这没有涉及最富有神性的东西，德性——无论是这些地方还是其他分有智慧的一切都是借着德性才成为神圣的——这样说岂不是完全没有道理吗？事实上，那些以所谓的神圣不可亵渎之地作为避难所，只把自己的安危托付给那些地方的人，结果仍受缚于数不胜数的顾虑，诸如被礼物诱走的妻子，蒙羞受辱的孩子，爱情婚姻的背叛。然而，那些在德性里避难的人，就像躲进了固若金汤和坚不可摧的堡垒，无视悄悄逼近他们的情欲的刀剑。有了这种力量作坚强的后盾，人就可以自由大胆地说话，别人都成了环境的受害者，惟有我可以与悲剧诗人说：

> 我可以顺从我自己，可以命令我自己。
> 我按德性之法度量一切事。

据说，当克娄苏（Croesus）命令普里耶涅的比阿斯（Bias of Priene）吃洋葱时，他极为鄙夷地驳斥了他的威胁②。吃洋葱就是"流泪"的意思，因为一吃洋葱眼泪就会滚滚而下。在智慧

---

① 这里的论点似乎是这样的：身体上的豁免权可以使达观的奴隶处在平等的起点上，但惟有精神上的自由才能使人在讨论中胜人一筹。

② 参看第欧根尼·拉尔修 i. 83。

者看来，没有什么比德性更高贵，它是人终身的首领，人就如战士为它而战。在这种精神支配下，他们不惧怕任何被他们看作是部下的人的命令。所以，两面和诡诈的人往往被认为奴颜婢膝，奴性十足。这样的观点在另一对句中也表达得很清楚：

> 奴隶的头从不直立在他的肩上，
> 总是缩在他扭曲的项上

因为狡诈、虚伪和欺骗者十足卑鄙可耻，而正直、单纯、真诚和表里一致者则高贵可敬。有些人认为，只要自己脱离了与原先主人的主仆关系，就是自由人了，我们完全可以嘲笑这种人的愚昧无知。他们既然已经被解雇，就的确不再是原先的仆人了，但他们仍然还是奴隶，并且是最卑劣的奴隶，不是人的奴隶，作人的奴隶倒还不算是最可怜的，他们却成为最不名誉的没有生命的东西的奴隶，受制于好酒、调味草和烤肉，以及厨师和甜食师精心制作的各类食品，折磨可怜的肠胃。因而，犬儒派哲学家第欧根尼一看到某个所谓的自由人精心装扮、同时许多人殷情赞美，就大叹判断能力和辨别能力的缺失。他说："一个人完全可以说他的某个仆人从这天开始已经成为语法学家、几何学家，或者音乐家，尽管他事实上对艺术浑然不知。"他这样宣称并不能使他仆人真的成为有知识的人，也不能使他们得自由，因为自由乃是一种恩福的状态。惟有自由才能使他们不再是奴隶。

22. 因此，我们要放弃这种无谓的幻想，有太多的人无力地求助于这样的幻想，但我们必须把爱投注于最神圣的财富即真理，绝不可以认为公民身份或自由就是所谓的公民权利，或者以为奴役就是奴仆的本性，不论是家养的，还是买来的，我们要抛弃人种和所有权证书的问题，以及一切属肉体的问题，研究心灵的本性。如果心灵受欲望驱动，或者受享乐诱惑，或者因为恐惧偏离自己的正道，或者伤心颤抖，或者愤怒无助，那么它就使自已处于奴役状态，使拥有这心灵的人成为一群主人的奴隶。但是它如果以健全的理性征服无知，以自制克服放纵，以勇敢克服怯懦，以公正战胜贪婪，那它就不仅赢得了自由，还获得统治权的恩赐。当然，灵魂若还没有获得任何品质，既没有奴役的品质，也没有建立自由的属性，那它就还是婴儿，一无所有。这样的灵魂必须给予照顾和哺育，先给它灌注流质，代替牛奶，就是让它接受学校的各门课程；然后，再喂以硬一些的精肉，就是教它哲学。通过这样的喂养使它成长为男子汉，富有强健的体魄，最终到达快乐的顶点，这就是芝诺，或者比芝诺更高的神谕吩咐我们追求的走向自然的快乐生活。

论沉思的生活或恳求者

论沉思的生活或恳求者

（论德性第四部分）

1. 我已经讨论了爱色尼派信徒，他们锲而不舍地追求积极的生活。在一切方面，或者更确切点儿说，在大多数方面都表现得出类拔萃。现在我要按照题目的内在逻辑开始对那些拥有沉思生活的人说些必须说的话。这样做的时候，我不会像诗人和历史学家那样，因为所记载的生活和实践缺乏亮点，就常常在事实之外添加自己所要的东西；我不会添加任何自己的东西，只绝对忠实于事实本身。我知道，这样做会使最伟大的演说家也失去信心，但我们还是必须坚持这样做，不得拒绝争论，回避冲突。要知道，这些人所表现出来的伟大德性必不会容许勒住别人的舌头，强迫他们不做声，因为有些人就坚持认为，凡是非同寻常的事，都不可缄默不语。

这些哲学家所从事的职业可以从他们的头衔上一目了然。他们被称为塞勒庇特（Therapeutae）、Therapeutrides，这个名字源自 therapeuo，它的意思之一是"治疗"，因为他们声称精通某种治疗技能，比城邦中所通行的治疗方法更好，后者只能治愈身体的疾病，他们的治疗则同时针对积郁成疾的灵魂，以及可谓难以治愈的顽症，这些顽症是由享乐、欲望、忧愁、恐惧，由贪婪、愚昧、不义和其他数不胜数的情欲和邪恶引起的。这名称的另一个意思就是"敬拜"，因为人的本性和神的律法都教导他们，使他们知道要敬拜那存在①，他比善者更良善，比太一②更纯洁，比单一体③更基本④。在那些自称虔诚的人中间，有谁能与这些人相提并论呢？

有些人尊敬宇宙的基本元素土、水、气、火，在别民族中这些元素有另外的名字，火的名字叫赫菲司托斯（Hephaestus），因为它能点燃；气的名字叫赫拉（Hera），因为它能上升，升到高处；水叫波塞冬（Poseidon），可能是因为它能湿透，而土被称为得墨忒尔，则因为它显然是一切动植物的母亲。我们能对那些人作出比较吗？智者们（Sophists）可以为这些元素起这样的名称，但元素本身只是无机的质料，其自身不会移动，它们是创造主所设计的所有形象和性质的本原。

那些敬拜基本元素所构成的形体——太阳、月亮，或者别的星辰、恒星、行星，或者整个天空和宇宙——的人怎么样呢？要知道，这些形体没有自生的，它们乃是一位拥有最完全知识的建筑师所造。

敬拜半神半人的怎么样呢？可以肯定地说，这极其荒唐可笑。同一个人怎么可能既是必死的，又是不朽的呢？更不要说他们的出生原本就可谴责，事实上，其出生带着放荡青春留下的淫乱痕迹，而他们厚颜无耻地把这种淫乱归咎于极乐而神圣的权能，臆想彼此热恋、不受一切情欲困扰的神圣三一体也曾与凡人

---

① to on（the Self-existent）.——中译者注
② henos.——中译者注
③ monados.——中译者注
④ 关于单一体与太一在毕达哥拉斯学派（Pythagoreanism）中的区别，请参看策勒，*Presocratics*（英译本）《前苏格拉底》vol. i. p. 309 f. 一般来说，其要点似乎是这样的：单一体与双（Dyad）相对，前者是数的"父"，后者是数的"母"，而太一表示神，超越于一切之上。但是，也有一些人把单一体置于太一之上，斐洛这里可能也有这个意思。

女子交媾。

敬拜各种偶像的人怎么样呢？其实，这些偶像不过是木头和石头。就在不久前，它们还在树上和矿山，根本没有成像，采石工人和伐木工人把它们砍下来、采下来，塑成像，而它们的其他"弟兄"，就是从同样地方砍采下来的别的木头、石头，则成了缸，做了脚盆，或者成为某些在黑暗中而不是在光明中使用的卑贱器皿。

至于埃及人的神祇，可以说，即使稍微提及它们都已是不雅。埃及人把非理性动物尊为神圣，其中不仅有驯养的家禽，还有最凶恶的野兽，都是从世上各类可见的活物中选取出来的。他们从地上的受造物选取狮子，从水里的受造物选取他们本地的鳄鱼，从空中的飞鸟选取鹰和埃及伊比斯（ibis）。他们明明看见这些受造物有生有死，觅食、吞吃，满身污秽，分泌毒液，撕食人肉，遭受各种疾病的侵袭，不仅有自然死亡的，更有相互残杀致死的，而竟然崇拜它们。受文明熏陶的人却崇拜蒙昧的野兽，有理性的人去崇拜没有理性的动物，赋有神性的人去崇拜丑陋无比、连瑟赛蒂兹（Thersites）①都不如的受造物，治理宇宙的主人去崇拜天生卑微的奴隶。

2. 既然这些人的愚昧不仅沾染了他们自己的同胞，还波及他们的邻人，那么他们必是不可治愈的，因为他们已经丧失了最重要的感觉器官，视觉。当然我不是指肉体的视觉，乃是指心灵的视觉，惟有它才能提供分辨真假的知识。所以，塞勒庇特（Therapeutae），就是总是一开始就教导如何使用视觉的人，理所当然地渴望看见存在②，飞越我们感觉的太阳，但绝不会离开这

① 荷马史诗《伊利亚特》中的一名最丑陋、最会骂人的希腊士兵，在特洛伊战争中嘲笑阿喀琉斯而被杀。——中译者注

② tou ontos theas（the Existent）。——中译者注

一带着他们走向极乐的队伍。那些致力于这种工作的人，不会只跟从习俗，也不会只听从别人的劝告和警示，而是出于上天的炽热之情的引导，像酒神崇拜者或者精神狂乱者那样全神贯注，处在迷狂状态，直到看见自己渴望的对象。

他们如此渴望不朽、有福的生活，乃至以为他们现世的生活已经终结，所以把财产都留给儿女，或者别的亲属，主动把承受天上产业的时间向前推移；而那些没有亲属的人就把财产留给同人和朋友。可以说，已经得着、在手边备有视觉能看见之财富的人，必征服那些没有心眼、无法看见的人的盲目财富①。希腊人颂扬阿那克萨戈拉（Anaxagoras）和德谟克利特（Democritus），因为他们怀着追求哲学的愿望，任自己田地的作物为羊吞噬②。我本人也敬仰他们，认为他们本身确实比财富更可贵。然而这些人不是任自己的地产成为牲畜践踏之地，而是使它们产生益处，满足他人、亲属和朋友的需要，使贫乏成为富足，这样不是更好吗？这两种做法，前者显得没有头脑，甚至疯狂，但这样做的人却得到希腊人的尊敬；后者则显得头脑清醒，经过深思熟虑，极其理智。敌军所做的不就是割掉对方国家的庄稼，砍光其树木，迫使他们因匮乏而投降吗？某个德谟克利特就是这样对待他的骨肉至亲的，对他们人为地制造贫穷、匮乏，也许没有什么恶意，但是缺乏深谋远虑，没有考虑别人的利益。而这些人一方面毫不缺乏学习智慧的热情，同时对别人的宽宏大量，而非漠不关心，他们不是浪费自己的财产，而是捐出来，利己又利人。于别人，有了丰富的物质资源；于自己，可以更好地研究哲学，这样的人

① 参见注7。

② 关于阿那克萨戈拉的这个故事，斐洛在 De Prov. Aucher，第 52 页也讲过。柏拉图比较含糊地说（Hipp. Mai.《大希庇亚篇》283 A），他把所有财产都浪费掉了。第欧根尼·拉尔修则说（ii. 6）他把财产都给了亲友。德谟克利特因为抛弃田地和祖传财产，西塞罗的 Tusc. Disp. V. 114 就把他与阿那克萨戈拉联系起来。

岂不更良善、更值得敬佩？因为家政很花时间，能充分利用时间是一桩了不起的事，正如医学之父希波克拉底（Hippocrates）所说："生命短暂，艺术长存。"① 我想，荷马在《伊利亚特》第十三卷开头表达的是同样的意思②：

> 米西安人（Mysians）肩并肩作战，高贵的马勒（Mare）就是喝奶的人——
>
> 惟有奶维持他们这些完全公义的人的生命。

它所表达的意思是：不公正产生自生计和赚钱的焦虑，公正则是因为坚持并遵从相反的信条。前者必然包含不平等，而后者必然包含平等，这是制定自然财富③的原理，因而其地位高于虚妄意见的财富④。

他们既已抛弃一切所有，不再有财物网罗他们，就义无反顾地逃离，离开自己的兄弟、孩子、妻子、父母，离开广大亲朋好友，离开生他养他的本土，因为亲情的吸引力太大，熟悉的诱惑力太强。他们离开家园，但并不移居到另一个城市，因为他们完全不同于不幸或者不中用的奴隶，奴隶要求主人卖掉他们，只是

---

① 这是希波克拉底的著名格言，不过，这里的艺术是指医术。

② 看到这句精确的引文确实有点奇怪。因为他在引用荷马时，绝大多数情况下都根本不指出出处。有时候引文被明确归为 ho dokimotatos ton poieton，另外地方至少有三次提到荷马的名字。这里之所以偏离常规，也许是因为引文本身的性质。大多数引文都是比较著名，是人所熟知的，但这一句引文所选自的段落不大会引人注目，因为它只是用来勾勒两个词（abios 和 dikaios）的一种关联，其实大多数人都不会想到这种关联。

③ 希腊文为 tes physeos proaireseos。洛布丛书斐洛译本译为 nature's wealth，与 the wealth of vain opinion 相对。因此，我们这里把它译为自然财富。——中译者注

④ "自然财富"就是水、面包这些简单的生存条件，这是每个人都能同等地得到的东西，这种财富与"属视觉财富"（seeing wealth），即属灵的德性和智慧之财富是不可同日而语的，但比起"盲目的财富"，也就是这里所谓的"虚妄意见的财富"，它又是高出一层的。

想要变换主人，而不是为了获得自由。每一个城市，就算是治理得最好的，也充满数不胜数的骚动和混乱，凡已接受了智慧之指导的人，没有能够忍受这一切。所以，他们没有迁往城市，而是在野外寻找荒凉的园子或僻静的乡村度日。他们这样做，不是想要习惯遁世的苦涩，乃是知道与志趣完全不同的人交往是何等的不利和有害。

3. 这种情况存在于世上有人居住的许多地方，因为完全的圣善必须让希腊人和希腊之外的其他地方的人共同享有。在埃及各省这种情况非常普遍，尤其是亚历山大里亚的四周。不过，这些最为优秀的修士游历四方是为了找到一个非常适合的地方，可作为他们的定居之所。这个地方就位于玛勒欧提湖（the Mareotic Lake）的上面，坐落在一座有点儿低矮的山岭上，因为此处环境安全，空气清新宜人，是个极乐之地。说它安全是因为周围都是农舍和村庄，说它空气宜人是因为流入大海的湖面以及附近的海面不断有微风吹拂。海风轻，湖风紧，两者可谓天作之合，形成了最利于健康的气候。

因而这群人建造在这里的房子极其简单，只安装了对付两大最直接危险的设施，一个是防炽热的太阳，另一个是防冰冷的空气。这些房子彼此不是靠得很近，像在城里的那样，因为对向往孤独、追求这种愿望的满足的人来说，住得太近令人生厌和不悦。但它们也相距不太远，因为他们怀着团体感，珍视真诚的友谊，一旦遇到强盗袭击，也好彼此照应。每座房子里都设有一个视为神圣的房间，叫做圣所或者密室（祈祷室），他们把自己关进密室祷告，以此逐步了解神圣生活的奥秘。进入密室时，他们不带任何东西。水、食物或者别的生活必需品，一样也不带，他们只带众先知之口传下来的律法和神谕，还有诗篇和一些培养、完善知识和虔诚的书卷。他们时时记念永生之神，从未忘怀，甚至睡梦所见也惟有神高尚的德性和权能。确实，有许多人就是在酣睡的时候说出他们神圣哲学的荣耀真理。他们每天祷告两次，一次在早晨日出之时，一次在黄昏日落之时。早晨，他们祈求日子美好快乐，祈求天上的光充溢他们的心灵，这是真正的美好和快乐。黄昏，他们祈求灵魂完全脱离感觉和感觉对象的压迫，安坐于她所在的法庭和议会，寻求真理。晨昏之间则全部用于灵修。他们诵读圣经，从祖传哲学中寻求智慧；他们把圣经看作一个巨大的比喻，认为字面的经文只是某些隐蔽之事的符号，要通过研读才能揭示文字背后的真正含义。

他们还有老一辈人、奠基他们的思维方式的鼻祖所留下的作品，这些人留下了许多有关如何寓意解经的记载。他们把这些记载看作一种范型，仿效贯彻寓意解经原理的方法。所以，他们没有是囿于沉思，还创作赞美神的诗篇；为使诗篇更加庄严高雅，他们创作时尽可能把各种韵律、旋律、节拍都用进去。

在上文提到的密室中他们独自待了六天，寻求智慧，绝不出大门一步，甚至不投去远远的一瞥。但是第七天，他们就出来聚在一起，举行盛大集会。按着长幼顺序他们正襟危坐，双手放在衣服里面，右手放在胸和下巴之间，左手收在腿侧。然后，他们中的长者，当然也是他们所公认的最了解教义的人，走上前来作逻辑严谨、充满智慧的演讲。他不像今天的演说家或智者那样炫耀巧妙的修辞，而是力求用词得当，表达准确，所以他的话不只是停留在听众的耳边，而是经过听觉进入灵魂，在里面生根发芽。其他人都静静地危坐聆听，只用表情或点头表示赞同。

他们每个礼拜天都在公共圣所举行这样的聚会。这公共圣所被分隔为两个场地，一个场地为男人使用，另一场地则留给妇女。因为妇女也怀着同样的热情、同样的蒙召感定期参加聚会。两个场地之间一墙相隔，这墙有三四肘尺高，是以窗下墙的形式建的，墙顶的空间敞开着。这样安排的目的有二：既保全了女性应有的端庄稳重，同时使坐在隔壁的妇女也能听清所讲的话，因为没有任何东西能使讲话者的声音模糊不清。

4. 可以说，他们把自制设立为灵魂的根基，在此之上再去建立其他德性。太阳落山之前，他们谁也不会把食物或水送到嘴边，因为他们认为沉思哲学应当在白天，满足身体的需要应在晚上。他们把白天分配给哲学沉思，只把晚上的小部分时间用来满足身体的需要。他们中有些人学习智慧的渴望比较强烈，甚至三天后才想起进食。还有些人在智慧所提供的丰富而豪华的真理大宴上尽情享受、尽情喜悦，坚持两倍的时间，直到六天之后才补充维持生命必需的食物。他们渐渐习惯了禁食，就像蚱蜢①，据说只以空气为生。我想，这是因为他们的吟唱使他们的食物成了微不足道的小事。但是到了第七天，因为他们认为这一天是最神圣、最喜庆的，所以就授予它应得的特权。他们既已在过去的六天中为灵魂提供了饕餮大餐，就在这一天也让身体得到必要的补充。他们对待自己的身体，就如同对待牲口，让它在持续劳作之后得到一定的休息和放松。但即便如此，他们也不吃任何昂贵的东西，只吃普通的面包蘸点儿盐，再加上牛膝草调调味，那就算是美味佳肴了；他们所喝的水是泉水。既然自然把饥渴配给必死的身体作了爱人，那就得抚慰它们，但不是挖空心思去求宠，以取得它们的好感，只是给予这些确实必需的、没有它们生命就无法维持的东西。所以，他们吃够饭，免得饥饿，喝足水，免得干渴，但憎恨暴饮暴食，把这种行为看作是灵魂和身体的邪恶敌人。

至于两种遮蔽方式，即穿衣和住房，我们已经说过，房子是毫无装饰的，建造起来只是作为权宜之计临时之用。同样，他们

① 这里斐洛更加明确地跟从了柏拉图。见 *Phaedrus*《斐德若篇》259C。蚱蜢只吃空气（或者更多的是吃露水），不吃任何食物的观点可以追溯到赫西奥德（Hesiod）的 *Shield*《盾》395ff。

的衣服也是最经济的，仅够他们防热御寒，冬天是一件厚厚的粗毛大衣，夏天是一件背心或者麻布衬衫。因为他们遵循的是彻底的简单，知道简单是真理的源泉，而它的反面即奢华①则是谬误的源泉；知道这两者都是别的事物的源头，从谬误流出各种邪恶，从真理流出人性与神性之善的大量支流。

5. 我还想讨论他们的集会和宴席的欢乐，并与其他人的集会和欢宴作比较。有些人一旦灌满了烈酒，其行为就疯狂之极，似乎他们所喝的不是酒，而是巫婆施了魔法的饮剂，充满狂热和其他可以想象的更加致命、失去理性的东西。他们像野狗一样嚎叫，相互攻击、撕咬，咬掉鼻子、耳朵、手指以及身体的其他器官。他们这种撕咬人肉的行为恰恰见证了奥德修斯（Odysseus）②和库克罗普斯（Cyclops）③的故事，如诗人所说的，并且他们比库克罗普斯残忍。因为库克罗普斯只报复那些他怀疑是他仇敌的人，而他们报复的却是自己的熟人、朋友，有时甚至连自己的血肉至亲也毫不例外。他们一边泼洒和平的奠酒，一边参与争斗，就像那些体育比赛的参与者，他们只是伪造了男人运动。这样的人绝不是摔跤运动员，只是无耻之徒而已。这个称呼于他们而言可谓名副其实。头脑清醒的运动员在竞技场上，在光天化日之下，在全希腊人众目睽睽之下，怀着得胜和赢得冠冕的希望，施展自己的技能，但这样的行为被寻欢作乐者贬低了意义。这些人不停地设宴聚会，在晚上黑夜里狂欢，喝得酩酊大醉，精神涣散，惟有心机加害他们所攻击的对象，侮辱、谩骂、诽谤他们。如果没有人出来担当裁判，阻止、驱逐这些人，他们就会更加放

---

① 指追求虚妄之事的倾向。
② 一译"俄底修斯"，古希腊荷马史诗《奥德赛》中的主人公，伊塞卡国王，特洛伊战争中领袖之一，曾献木马计，使希腊军获胜。——中译者注
③ 希腊神，独眼巨人。——中译者注

肆地将这样的比赛进行到底，其结果只能是鱼死网破，两败俱伤。因为事实上，他们自己所遭受的一点儿也不比他们所施加给人的少，只是他们浑然不觉，沉醉于喝酒，痴迷于损毁，不仅损毁别人，也损毁自己。所以，有一些人，刚来宴会时还身体健康、心地良善，不久之后离开时却已经心怀仇恨，身体伤残了——心灵的仇恨需要律师和法官解决，身体的伤残则需药房和医生帮助。另一些人——我们可能以为属于比较自制的一派的——则处于满溢状态。一口口的烈酒在他们就像是曼德拉草，他们抬起左手肘，仰起脖子（仰到一个恰好的角度），一杯杯痛饮，然后沉沉入睡，双眸迷醉，双耳失聪，仅剩一种感觉还在起作用，那就是最可鄙的味觉。我认识这样一些人，他们在还只是半醉，还没完全失去知觉之前，不忘安排捐赠和赞助的物品，认为现在得到令人兴奋的东西，将来就有望得到狂喜。这样，他们的一生都没有温暖，没有家，成为父母、妻子、孩子以及国家的敌人，也与他们自己为敌。因为毫无节制的放荡生活人人讨厌。

6. 有些人也许会赞赏如今在世界各地盛行的宴请方式，渴望意大利式的昂贵和奢华，无论是希腊人，还是非希腊人，都效仿这种做法，追求各种摆设不是为了欢庆，而是为了炫耀摆阔。卧榻有三四套，甚至更多，都是由龟壳、象牙，甚至更加贵重的材料制成，大多数还镶嵌着宝石；床罩染成紫色，用金丝钩镂嵌，或者织有各种色彩的花纹图案，引人注目；一大堆酒杯陈列出各种款式，有无柄大口杯、连盖单柄杯、酒壶，还有各种形状的高脚杯，经技术娴熟的工匠镂刻，显得极其精致、华美。在一边侍候的仆人也装扮非常俊美、耀眼，让人以为他们不是来服侍客人的，只来露露脸，让观众饱饱眼福而已。有些仆人还只是童子，他们负责倒酒；拿水的仆人都是成熟的小伙子，他们刚刚沐浴完毕，胡子刮得干干净净，脸上抹粉，眼睑上油，头发编成好看的辫子，紧紧束牢。因为他们的头发从来不剪，又长又多，最多把额发修修整齐，修成完美的弧线形。他们的衣服质地精良，如蜘蛛网般透明，有炫目的白色腰带高高提起；前摆垂到膝下，后摆稍稍在膝下一点，两摆用卷曲的丝带沿衣服缝线连接起来，然后让褶折斜斜垂下，拓宽两边的凹陷部分。另有一些成年小伙站在不太引人注目的地方，脸上新长出绒毛，双颊容光焕发，刚刚成为鸡奸者的宠爱，精致的打扮是为了接受更大的任务。这一切都是为了证明那些雇用他们的主人的豪富，事实上却恰恰反映了他们的低级趣味。

除此之外，还有各色烤肉，美味菜肴，各种调味品，都是厨师和调配师辛苦劳作的结果；他们一丝不苟地工作，不仅要取悦客人的口味，还要使各种食物看上去精美雅致，让客人赏心悦目。会上的客人左顾右盼，贪婪地看着丰盛的大餐，闻着肉食发出的弥漫香气。当他们看够了，也闻够了之后，就开始对如此款待以及款待者的慷慨不啬赞美之词。整个宴会至少有七桌甚至更多的菜肴，食谱包括各样肉类，有地上爬的，海里、河里游的，空中飞的，有兽，有鱼，有鸟，每一样都经过精心挑选，专拣那身强体壮的，每一桌的品种都各不相同，烹饪方法也各有特色。可以说，凡是自然界中看得到的，都可能出现在餐桌上。最后上来的是满满的水果，另外还有那些留作饮酒比赛用的酒水，以及他们所谓的宴后吃的食物。有些桌子被贪婪的食客吃得空空如也，他们就像鸬鹚，张开大嘴狼吞虎咽，甚至连骨头也啃得一干二净。另外一些桌子各色菜肴皆被糟蹋、啃咬，留下残羹冷炙，杯盘狼藉。他们已经吃得筋疲力尽，食物撑到了喉咙口，仍然欲壑难填；既然没有力气吃了，那就改为喝。如今，这些行为受到许多头脑清醒的人的谴责，认为人的欲望原本可以找到有效的途径控制，这样做只会为发泄欲望提供更多的通道，既然如此，我们为什么还要详细叙述呢？因为人应当适当地祈求一点儿饥饿和干渴，尽管大多数人不愿遭遇这样的事，而不是祈求在这类宴席上所看到的奢华、过量的食物和酒水。

7. 希腊人所举行的各类宴会中，有两个著名的、极为引人瞩目的例子。这就是苏格拉底所参加的两个宴会，一个在卡利亚斯（Callias）家举行，为庆祝阿忒勒库斯（Autolycus）取得胜利、赢得冠冕；另一个在阿伽松（Agathon）家举行。这两次宴会值得纪念，这是色诺芬（Xenophon）和柏拉图的论断。从他们的品格和言论可以看出他们是哲学家，他们记载这些宴会，认为它们是值得记载的，并且推断说它们必成为后代举行快乐宴会的模式。然而，如果与我们这些拥有沉思生活的人的宴会相比，他们的宴会只能成为笑柄。这两次宴会的主要特点都是快乐，不过色诺芬记载的宴会更多涉及普通的人性。宴会上有吹笛的姑娘，有跳舞、耍杂技、说笑话的，这些人都对自己的说笑和逗乐天赋引以为豪，还有其他更加肆无忌惮的搞笑活动。

在柏拉图的宴会上，话题几乎全都围绕爱展开。这爱不只是男子对女子的苦苦爱恋，或者女子对男子的苦恋，它是自然法所认可的情欲，还包括男子对别的与他们只有年龄差异的男性的爱恋。如果我们在其中找到某个细微之处，显然是在巧妙地谈论天上的爱神和阿佛洛狄忒（Aphrodite）①，那也只是为了表现一点儿幽默而已。主要部分所涵盖的都是一般的庸俗爱情，它使男人丧失勇气，而勇敢则是生活中——无论是和平时代还是战争时代——最有价值的德性；人要获得勇气，变得勇敢，应当各方面都经受磨炼，学会克制，但这种爱情却使他们的心灵沾染柔弱的女子气，成为不男不女的人。由于童年时代的极大混乱，把男孩降低到女孩的层次和状态，受到爱人的缠磨，这种爱给人带来了危害，最主要体现在三个方面：身体的、灵魂的，以及财产的。因为爱人的心灵必然专注于他所爱的对象，它的眼睛只关注他，

---

① 爱与美的女神，相当于罗马神话中的维纳斯。——中译者注

对其他事务，无论是私人的还是公共的，都视而不见；他的身体因为欲望变得衰弱，尤其是如果他的求爱没有成功；而他的财产则因为两个原因也渐渐变少了，一个是因为无心管理，另一个则是在爱人身上花销太大。我们还看到一种附带产物，就是涉及整个国家利益的更大的恶。城市荒废了，优秀的人越来越少，不孕不育、无子无孙随之而来，因为这些人对嫁娶一无所知，不是把种子播在低地的深土里，就是撒在盐碱地里，多沙石、难耕作的地方。这些地方不仅不会长出任何果实，还会把藏在它们里面的种子破坏殆尽①。

我不讨论双身人（double-bodied men）的神话故事，这些人最初由合力联结、黏合在一起，后来各自分开，就如同聚集在一起的人。一旦松开了他们集合起来的纽带，他们也就分散了②。所有这些故事都极具诱惑力，以为借着新奇古怪的念头就可以蒙骗人的耳朵了。然而摩西的门徒从小就接受训练，热爱的是真理，视它们为最可鄙视的东西，从来没有受骗上当过。

8. 既然关于这些人所周知的宴会的故事充满了诸如此类的荒唐事，凡不听从传统意见和广泛流传的报告（即宣称它们本来就应该是这样的）的，都把它们视作自定有罪，那么我就要相比照地描述另一些人的欢庆会。他们全身心地致力于追求、沉思自然的真理，遵循先知摩西真正神圣的教导。首先，所有这些人都在七七四十九天③之后聚会，因为他们尊敬七；不只是尊敬

①　斐洛很可能想到了柏拉图的 Laws《法律篇》838E，那里也描述了同样的做法，把种子播在岩石和沙砾里。他在 Spec. Leg.《寓意解经》iii. 34 里用大量同样的语言描述与不能生育之女子交配的行为。

②　这里暗示男女的结合。

③　我想，这里是指五旬节。但斐洛写得非常谨慎，没有告诉我们这七个星期是从什么时候开始算起。在 Spec. Leg.《寓意解经》ii. 176 里他曾说，这时间是从"Sheaf"，就是逾越节后第二天的节日算起，这里很可能也是这样的。

七，还尊敬七的平方数，他们知道这个数是神圣的，贞洁的。这次聚会是五十大庆的前夕。五十是最神圣的数字，深深地根植于自然之中，由直角三角形的平方形成，而直角三角形是整个宇宙产生的源头。

于是他们聚集到一起，穿着洁白的衣服，带着既欢喜又极其严肃的表情。他们并不急着就座，先根据某个轮流值班员——这是对担当这些事务的人的通称——的信号，按一定顺序站成规范的行列，举目向天，双手也举向上天。眼睛向天是因为他们一直接受训练要双眼凝视值得沉思的事物；双手朝天表示他们是洁净的，没有做获利的事，也没有被任何赚钱之道玷污。就这样，他们站立着向神祷告，祈求他们的宴会为他所悦纳，并按他的旨意进行。

祷告完毕，各人根据入会时间前后就座，因为他们不认为长者就是年龄大、白头发的人。如果这样的人只是近期才爱上这种生活法则，那就可以说，他们还只是孩子；而那些从小到大大部分时间都在追求沉思哲学——这实在是哲学中最高贵、最富神性部分——的人，才是真正的长者。宴会上也有女子，她们大多数是大龄的未婚女。她们保持贞洁不是出于迫不得已，如某些希腊女祭司那样，而是出于自己的自由意志，因为她们热切渴望智慧。她们既切望智慧作生活伴侣，就摒弃了肉身的享乐，不求可朽坏的子孙，只求永恒的后裔。惟有贴近神的灵魂才有能力独自生产这样的孩子①，因为父已经在她里面播下灵性之光，使她能够看见智慧的真理。

9. 按照就座顺序，男子主动坐在右边，女子主动坐在左边。也许有人会想，对那些出身好、品德高、践行哲学的人，应该提供虽非昂贵但比较柔软的长榻。但事实上，他们睡的是普通木头

---

① 这意思可能就是"不需要借助助产婆的技能"。

制作的木床，上面垫一层极其便宜的本地莎草纸，抚手处稍稍抬高，可以挂点儿东西。当他们想多少缓和一下斯巴达式的艰苦和严酷时，也常常且处处奉行与自由相配的易得的满足，竭力反对引发爱欲的享乐。他们没有仆人侍候左右，因为他们认为主仆关系完全违背本性。按本性说，人生而自由，只是有些人追逐邪恶的源头即不平等，行恶劣而贪婪之事，把他们的轭强加在弱者身上，使强者有权力欺凌弱者。在这神圣的宴会上，如我已经说过的，没有奴仆，各样事务都是自由人做的。他们作为帮助者履行任务，不是出于强迫，而是出于自愿；不是等候吩咐，而是自觉主动、满腔热情地预想可能产生的需要。因为派来从事这些事务的并不是任何一个自由人，而是精心挑选出来的年轻会员，他们有特别的功绩，奋力追求最高德性，成全他们良善而高贵的品德？他们满怀喜悦和自豪地从事这些工作，就如同儿子服侍真正的父亲、母亲，把他们看作在家共同的父母，甚至比血肉之亲还亲密，因为对心地正直的人来说，没有比高贵的生活更紧密的纽带了。他们尽职时不束腰带，衣服下垂，这样的装束表明他们身上没有一点儿迹象能让人误以为是奴仆。

在这样的宴会上——我知道有些人会讥笑，但惟有那些所作所为需要用眼泪和悔恨来洗刷的人才会如此——从头至尾都没有酒①，惟有水。这是最清澈最干净的水，给大多数客人喝的是冷水，给年老体弱者喝的则是温水。桌上也没有任何一种动物的肉食；摆上来的食物就是面包，加点儿盐作为调味，有时候也有牛膝草，那就是美味佳肴了。祭司献祭时要禁酒，这是完全合理的，他们在一生中都不近酒色。因为酒就像药，会使人做出荒唐

---

　　① 不可以为这里暗示着其他场合就可以喝酒，这只是为了与其他人的宴会相对比。

之事，昂贵的菜肴则会激起动物般的最贪得无厌的欲望①。

10. 这就是预备程序。当客人们都按安排好的顺序就座，如我已经描述的那样，服侍者们各就各位。一切都准备停当后，大庭上一片安静——这里也许可以问，什么时候有过喧哗？——比此前任何时候都安静，静得人不敢发出一点声音，连呼吸也不敢粗声粗气。就在这样的安静之中，大会主席开始讨论某个有关圣经的问题，或者解决某人提出来的问题。他丝毫没有炫耀的意思，因为他没有野心想要以机敏的演讲获得名誉，只是想对某些具体问题获得更深入的洞悉；获得这样的洞悉也不是要私下里自己保留，不与别人分享，因为别人即使没有他那样的清晰洞察力，至少有了解的同样强烈的愿望。他的讲授风格自由随意；他慢慢讲说，娓娓道来，不断重复，放慢节奏，延长时间，这样，思想就会牢牢地烙在听众的心灵里面。如果讲说者滔滔不绝，连口气也不换一下，那么听众就难以跟上他的话语，感到迷茫，不知道他所说的意思。他的听众几乎一动不动地保持同样的姿势，双眼盯着他，耳朵竖起来，点头和扫视表示理解和领会；脸上慢慢换成欢快的神色，表示赞赏；头稍稍移动、伸出右手的一个指，则表示有理解的困难。站在一旁的年轻人专心致志，一点儿也不逊色于坐在椅子上的人。讲解圣经是用比喻来讨论内在的含义。对这些人来说，整部律法书看起来就像是一个活生生的受造物，直接的指令是给身体的，给灵魂的则是储存在措辞里面的隐秘含义②。正是在这种含义中，理性灵魂开始沉思与自身同样的事物，透过仪文就如同镜子一样看见律例的炫目之美，展开、除

---

① 这个表达可以追溯到柏拉图的 *Timaeus*《蒂迈欧篇》70E。

② 很难说这里的"nous"应该译成"心灵"，还是如通常那样译成"含义"。我想，斐洛对这两者几乎不加区分的，不过，"nous"主要还是指"含义"，而"en hoi"主要包含"心灵"的意思。

去象征性的覆盖物，展现思想于日光之下，使那些只需稍稍点拨就通的人能够透过外在、可见的东西辨别里面隐藏的事物。

当主席认为自己已经讲得差不多了，两边的人也都确信已经达到了各自目标，说者取得了预期效果，实现了自己的目的①，听者领会了演讲的要旨，明白了所听的意思，于是，全体鼓掌，表示大家都兴奋地期待下一个节目。接着，主席就起身唱献给神的赞美诗，所唱的赞美诗可能是他自己刚刚创作的，也可能是早期诗人们留下来的老歌。他们留下了许多圣歌，包括各种韵律和旋律，有六韵部的，抑扬格的，抒情诗的，适用于列队行进祈祷，或者奠酒时、上祭坛时吟唱，也用于歌队站立诵唱，或者边舞边唱。这些圣歌在选用格律时都十分仔细，必要时可以作各种适当的变化。主席唱完之后，其他人按着安排好的特定顺序——吟唱，一个人在唱时，其他人都十分安静地聆听，惟有唱到末句或叠句时，众人都放声歌唱，男女齐声应和。当各人都唱完了，年轻人就摆上上面刚刚提到过的餐桌，桌上放着真正纯洁的食物，即发酵的饼，加上盐和牛膝草作调料，表示对放在圣殿前厅的圣桌的尊敬，因为圣桌上放着的就是面包和盐，没有任何辛辣作料，面包是未发酵的，盐是未掺杂的。应该说，把最单纯、最洁净的食物分配给最高等级的人，即祭司，作为对他们事工的奖赏，这是理所当然的。其他人虽然也向往同样的特权，但不得像他们一样，要让高贵者保留他们的优先权。

11. 晚餐后，他们举行神圣的祈祷守夜仪式，具体过程是这样的。他们全体起立，站在餐厅中央，自动分成两个歌唱队，一队是男的，一队是女的，各队选出的领导人和领唱者是他们中间

---

① 按我（英译者）对这个句子的理解，这样翻译更加忠实于原文："对他来说，按着他的意图进行的演讲已经达到了预期目标，对听众来说，所听到的内容似乎也是符合他们的目的的。"等等。

最有名望的，也是最富有音乐天赋的。接着他们就颂唱各种韵律、各种旋律的圣歌，有时候齐声合唱，有时候启应轮流吟唱，手脚合着音乐打拍子伴奏；他们热情高涨，时而列队前进祈祷，时而止步吟唱，时而踏着舞步左右旋转合唱。

当两队在宴会上各自尽了本分，按着酒神节（Bacchic）仪式喝了表示神之爱的烈酒，他们就合为一队，仿照从前在红海边建立的合唱队，那是为纪念在那里所行的神迹奇能建的。想当初，神一声命令，海就成为一方的得救地，另一方的毁灭地。当强大的力量把海水推回，把它一分为二，相对的两边海岸上就升起类似于高墙一样的坚体，它们之间的开阔空间拓展为一条平坦而干燥的大路，人在公正的引领下走上这样的道路，一直走向对岸的高地。但当海水回流，奔腾汹涌时，从两边冲过原来显现为干地之所，把追赶的敌人淹没毁灭。这是一种令人叹为观止的景象和体验，超越言语、思想和盼望。无论男女都满怀狂喜地组成合唱队，吟唱圣诗，赞美和感激神他们的救主，男人在先知摩西的引导下，女人则在女先知米利暗（Miriam）的引导下。

总而言之，正是照着这样的模式，塞勒庇特的合唱队，包括男队和女队，声声相和，句句相应，女声的高音混合着男声的低音，形成了最悦耳的和声，最纯正的音乐。思想是美好的，言语是高尚的，歌唱者是可敬的，思想、言语和歌唱者的目的也同样是虔诚的。他们不断歌唱，直到黎明，如痴如醉，但这种陶醉没有一丝羞耻，他们也没有变得头重脚轻，双眼迷离。相反，他们比刚来参加宴会时更加警觉，更加清醒了。他们脸和身体面东站立，看到太阳升起时，就把双手伸向天空，祈求明媚的日子、真理的知识和敏锐洞悉事物的能力。祷告完毕后，他们就分开，回到各自的私人圣所，去他们所惯常的哲学田地里继续努力工作，辛勤耕耘。

关于塞勒庇特就讲到这里。这些人已经真心爱上了沉思的生活（沉思自然），喜欢它所要教导的法则，只过灵魂的生活，作天国的公民；他们借着其忠诚的保人"德性"，得以站立在父和万有之造主面前；德性还为他们求得神的友谊，外加一重恩赐，就是真正良善的生活。这是胜过一切好运的恩惠，是最高的福祉。

译名对照表

Aaron　亚伦

Abel　亚伯

Abraham　亚伯拉罕

Achilles　阿喀琉斯

Ada　亚大

Adam　亚当

Aeschylus　埃斯库罗斯

Agathon　阿伽松

Ahiman　亚希幔

Alexander of Macedon　马西多的亚历山大

Alexandria　亚历山大里亚

Aphrodite　阿佛洛狄忒

Aminadab　亚米拿达

Ammonites　亚扪人

Anaxagoras　阿那克萨戈拉

Anaxarchus　阿那克萨库斯

Antigonus　安提贡涅

Antigenidas　安提戈尼达

Antisthenes　安提司泰尼

Apollodorus　阿波罗多洛

Arabians　阿拉伯人

Argonauts　阿尔戈
Aristotle　亚里士多德
Athena　雅典娜
Athens　雅典
Atreus　阿特柔斯
Attic　阿提卡
Autolycus　阿忒勒库斯

Balaam　巴兰
Babel　巴比伦
Bacchic　酒神节
Bias of Priene　普里耶涅的比阿斯
Bilhah　辟拉
Brutus　布鲁图斯

Cain　该隐
Calanus　卡拉努
Callias　卡利亚斯
Chaereas　卡依瑞斯
Chaldaean　迦勒底人
Cohn　柯哈
Croesus　克娄苏
Cyclops　库克罗普斯
Cynics　犬儒学派

Dardanian　特洛伊
Delphi　德尔斐
Demeter　得墨忒耳

Democritus　德谟克利特
Deucalion　丢卡利翁
Diogenes Lartius　第欧根尼·拉尔修
Dionysus　狄奥尼索斯
Dothaim　多坍
Gnosticism　诺斯底主义

Egypt　埃及
Eleusis　埃琉西斯
Elizabeth　以利沙巴
Enoch　以诺
Enos　以挪士
Epicurus　伊壁鸠鲁
Er　珥
Esau　以扫
Essenes　艾赛尼人
Euphrates　幼发拉底河
Euripides　欧里庇得斯
Eurystheus　欧律斯特乌斯
Eve　夏娃

Gaidad　盖大得
Gaius　盖尤斯
Gymnosophists　天衣派信徒

Hagar　夏甲
Hebrews　希伯来人
Hebron　希伯伦

Hephaestus　赫菲司托斯
Heliopolis　希吕波利城
Hera　赫拉
Heracles　赫拉克勒斯
Hermes　赫耳墨斯
Hesiod　赫西奥德

Iliad　伊里亚特
Indian　印度的
Iphitus　伊菲图斯
Israel　以色列
Issac　以撒

Jacob　雅各
Jason　伊阿宋
Jethro　吐忒罗
Jobel　雅八
Joseph　约瑟
Joshua　约书亚
Jubel　犹八
Julius Caesar　尤利乌斯·凯撒

Keturah　基土拉
Korah　可拉

Laban　拉班
Laconian boy　拉哥尼亚男孩
Lamech　拉麦

Leah　利亚
Levites　利未人
Loeb　洛布
Lot　罗得
Lyeurgus　莱喀古斯
Lysimachus　吕塞马库斯

Macedonians　马其顿人
Maiel　马伊利
Mahujael　米户雅利
Maltes　马耳他
Marah　玛拉
Mare　马勒
Mareotic Lake　马勒欧提湖
Massebieau　玛塞比亚
Mathuselah　玛土撒利
Mesopotamia　美索不达米亚
Midas　弥达斯
Midianites　米甸人
Miltiades　米泰亚德
Miriam　米利暗
Moabites　摩押人
Moses　摩西
Muses　缪斯
Mysians　米西安人

Nahor　拿鹤
Naasson　拿顺

Niobe　尼伯
Noah　挪亚
Noeman　拿玛

Odysseus　奥德修斯
Omphale　奥姆法勒
On　安
Onan　俄南
Olympians　奥林匹斯诸神

Palestinian　巴勒斯坦的
Panathenaea　泛雅典娜节
Peitho　比东
Persephone　帕尔塞福涅
Phinehas　非尼哈
Phaedrus　斐德若
Philo　斐洛
Pindar　品达
Plato　柏拉图
Plutarch　普卢塔克
Polyxena　波吕克塞娜
Poseidon　波塞冬
Priam　帕里亚
Protagoras　普罗泰哥戈拉
Ptolemy　托勒密
Pythagoreanism　毕达哥拉斯学派

Rachel　拉结

Rameses 兰塞
Rebecca 利百加
Reuben 流便

Sarah 撒拉
Sarai 撒莱
Scylla 斯库拉
Sella 洗拉
Semele 塞默勒
Seneca 塞涅卡
Seth 塞特
Sheshai 示筛
Socrates 苏格拉底
Sodom 所多玛
Solon 梭伦
Sophist 智者
Sophocles 索福克勒斯
Sparta 斯巴达
Stoic 斯多亚
Sychem 示剑
Syleus 塞勒乌斯
Syria 叙利亚

Talmai 挞买
Tamar 她玛
Theban 忒拜
Theodorus 塞奥多瑞斯
Theodotus 塞奥多图斯

Theognis　塞奥尼根斯

Therapeutae　塞勒庇特

Thersites　瑟赛蒂兹

Thobel　土八

Thyestes　梯厄斯忒斯

Tragedian Ion　悲剧作家伊翁

Triptolemus　特里普托勒摩斯

Xanthian　克西人

Xenophon　色诺芬

Zeller　策勒

Zeno　芝诺

Zeno the Eleatic　埃利亚的芝诺

Zeus　宙斯

Zilpah　悉帕

Zoan　锁安城